KB061439

서울대 심리학과 권석만 교수가 들려주는
대학생활 이야기

인생의 2막
대학생활

권석만 저

프롤로그

　커튼이 · 올라간다. 축하의 · 박수를 · 받으며 · 당신이 · 대
학 · 캠퍼스 · 무대에 · 등장한다. 인생의 · 2막 · 대학생활
이 · 시작된 · 것이다······. 신입생 · 환영회, 개강파티, 수강신
청, 강의, 시험, 리포트, 학점, 동아리활동, MT, 축제, 술과
담배, 미팅, 연애, 아르바이트, 배낭여행, 해외연수, 군대생
활 · 등 · 수많은 · 장면들이 · 이어진다······. 그렇게 · 4년여
의 · 세월이 · 흘러간다······.

　마침내 · 4학년 · 졸업반. 대학에서의 · 마지막 · 학기. 졸업
후 · 진로를 · 준비하며 · 떠날 · 채비를 · 한다. 마침내 · 사각
학사모를 · 쓰고 · 졸업식을 · 맞이한다. 인생에서 · 단 · 한 ·
번뿐인 · 대학생활이 · 끝난 · 것이다. 당신은 · 졸업장을 · 받
아들고 · 대학 · 캠퍼스 · 무대에서 · 퇴장한다. 인생 · 2막
의 · 커튼이 · 내려간다.

3

인생은 한 편의 드라마. 드라마의 제목은 나의 인생My Life. 당신은 드라미의 주인공. 인생의 2막 대학생활은 당신이 펼치는 인생 드라마의 하이라이트. 인생에서 가장 푸른 계절 20대의 대학생활. 젊음과 패기, 자유와 낭만, 우정과 사랑, 방황과 좌절, 도전과 성취. 가장 드라마틱한 장면들이 펼쳐지는 인생의 2막 대학생활.

그런데 당신은 아무런 준비도 연습도 없이 인생의 2막에 오른다. 1막과 너무나 다른 무대 환경에 당신은 당황한다. 당신에게 주어지는 배역도 낯설다. 다양한 역할을 맡은 수많은 조연 배우들이 등장한다. 예상치 못한 사건들이 발생한다. 모든 것은 즉흥극이다. 수많은 시행착오를 겪는다. 무대와 배역에 익숙해질 무렵, 어느새 인생의 2막은 막바지에 이른다. 정들었던 대학 캠퍼스 무대에서 퇴장할 때가 된 것이다. 당신은 후회와 미련, 보람과 긍지, 불안과 걱정, 기대와 희망이 뒤섞인 마음을 안고 인생 3막의 무대로 옮겨 가야만 한다. 다시는 돌아오지 않을 인생의 2막 대학생활과 영원히 작별하게 된다.

필자는 대학에서 17년째 교수로서 대학생활을 하고 있는 임상심리학자다. 임상심리학은 인간이 겪는 심리적 문제와 장애를 연구하고 치료하는 심리학의 전문분야다. 이러한 분야를 전공한 인연으로 필자는 대학생의 대학생활을 지원하는 보직을 맡아 수많은 학생들의 인생 드라마를 가까이에서 지켜볼 수 있었다. 정말 다양한 사연을 지닌 학생들이 캠퍼스에 등장하여 우여곡절의 드라마를 펼치고 퇴장하는 모습을 지켜보았다. 어떤 학생은 대단한 성취와 성장을 이루고 축하의 박수 속에서 퇴장하는가 하면, 어떤 학생은 쓰라린 좌절과 상처만을 안은 채 초라한 모습으로 퇴장하기도 했다. 일부 학생의 경우에는 졸업 후에도 그들이 사회생활을 통해 인생의 3막을 펼쳐 가는 모습을 오래도록 지켜볼 수 있었다.

대학의 학창시절은 인생에서 매우 중요한 시기다. 부모와 교사의 지도 속에서 생활해 온 초·중·고등학교 시절과 달리, 대학생은 자유와 자율 속에서 생활하게 된다. 이런 점에서 대학생활은 새로운 삶이 열리는 인생의 2막이라고 할 수 있다. 졸업 후에 학생 신분을 벗고 사회인으로 활동해야 할 인생의 3막을 준비하는 소중한 시기다.

많은 학생들이 입시지옥에서 해방되어 대학생활에 대한 장밋빛 희망만을 앉은 채 대학 캠퍼스에 등장한다. 하지만 고등학교 생활과 전혀 다른 대학생활에 직면하면서 대다수의 학생들이 다양한 어려움을 겪는다. 한국의 대학생들은 대학 캠퍼스에서 방목되다시피 하고 있다. 대다수의 교수들은 연구와 강의에 바빠 학생 개개인에게 따뜻한 관심을 기울이지 못한다. 대학은 외형적인 발전에 관심을 집중할 뿐 학생들의 대학생활 적응에는 깊은 관심을 기울이지 않는다. 매년 초 신입생을 위한 오리엔테이션을 하고 있지만 매우 피상적인 내용을 형식적으로 전할 뿐이다. 신입생의 대다수가 대학생활에 대한 이해가 부족한 가운데 수많은 시행착오를 겪으며 방황하고 있는데도 말이다. 최근에는 대학생활에서 심각한 부적응 문제를 나타내는 학생들이 증가하고 있다. 심지어 폐인족이라고 일컬어지는 대학생들이 늘어나고 있다.

서울대학교의 경우, 30~40%의 학생들이 상당한 심리적 부적응을 겪고 있는 것으로 추산되고 있다.[1) 약 7%의 학생들은 자해 또는 자살 충동을 지닌다는 연구결과가 있으며, 3~8%의 학생들은 전문적인 도움이 필요한 상태로 여겨지고 있다. 통계자료에 따르면, 매년 800명 내외의 학생들이 성적부진으로 학사경고를 받고 있으며, 매 학기 20% 이상의 학생들이 휴학을 하고 있다. 매우 불행한 일이지만, 매년 300~400명의 학생들이 성적부진으로 인한 학사제적, 자퇴, 미등록, 자살, 사망 등의 사유로 학교를 떠나고 있다.

한국사회의 뜨거운 교육열은 대학입시로 집중되고 있다. 한국 부모의 교육열은 소위 명문대학에 자녀를 입학시키는 데 모아지고 있다. 부모뿐만 아니라 학생 역시 명문대학에 입학하기만 하면 행복한 인생이 보장되는 듯이 여긴다. 그러나 이러한 생각은 환상이다. 대학은 인생의 여정에서 잠시 머물다 지나가는 하나의 정거장일 뿐이다. 중요한 것은 어떤 대학에 입학했느냐가 아니라 대학생활을 어떻게 했느냐. 명문대학에 입학했지만 대학생활에 적응하지 못하고 폐인이 되다시피 하여 졸업하는 학생들이 있는가 하면, 원했던 대학에 입학하진 못했지만 충실한 대학생활을 통해서 자신의 능력을 꽃피우는 학생들도 있다.

이 책은 한국의 대학생들이 좀 더 즐겁고 보람찬 대학생활을 영위하도록 안내하기 위한 것이다. 특히 대학에 진학하는 새내기 대학생들이 대학생활을 이해하고 준비하는 데 도움을 주기 위한 것이다. 대학교는 학생들이 지智 · 덕德 · 체體를 두루 갖춘 성숙한 사회인으로 성장하도록 육성하는 최고의 교육기관이다. 대학교는 자격증 시험을 준비하거나 학술적인 공부만을 하는 곳이 아니다. 미래의 인생을 위해 전인적인 내공을 쌓는 곳이다. 지식의 습득뿐만 아니라 자기수양, 인간관계, 인생관 탐색을 통해 좀 더 성숙한 인간으로 성장하기 위한 훈련장이다. 이러한 훈련장에서 어떻게 생활을 하느냐가 인생의 많은 부분을 결정한다. 아무쪼록 이 책이 대학생활의 길라잡이가 되어 한국의 대학생들이 인생의 2막 대학생활을 즐겁고 보람차게 영위하는 데 도움이 되기를 소망한다.

2009년 12월

저자 권석만

차 례

1 대학생활 입문하기

② 대학생활의 4대 과제

3 성공적인 대학생활을 위한 7가지 노력

대학생활 입문하기

　　인생에서 가장 짜릿한 행복감을 느끼는 순간은 언제일까? 한국의 대학생들은 대부분 자신이 지망한 대학에 합격한 사실을 확인한 순간이라고 말한다. 입학시험을 치르고 결과를 기다리던 초조한 나날들…… 그리고 드디어 다가온 합격자 발표일 아침…… 수험생과 가족들은 애써 태연한 척하지만 숨을 죽이며 초조하게 결과를 기다린다. 수험생의 머릿속에는 무척이나 고생스러웠던 오랜 수험생활이 주마등처럼 스쳐 지나간다. 그 모든 노력이 오늘의 결과에 따라 천국행과 지옥행으로 갈라지게 된다. 애간장을 태우며 결과를 기다리는 시간은 그야말로 일각이 여삼추, 길기만 하다……. 그리고…… "띵동!" 하는 소리와 함께 문자메시지로 날아든 합격통지. 합격이다! 와우!

　　합격 사실을 확인하는 순간, 예비 대학생들은 그야말로 하늘로 솟을 것 같은 희열과 환희를 느낀다. 지난 수년간 입시의 중압감에 시달리며 공부해 왔던 치열한 노력이 열매를 맺는 순간이기 때문이다. 입시를 위해 고생했던 지난 세월의 기억들이 스쳐 지나간다. 끝없이 이어지던 야자수업, 수많은 시험들, 오르락내리락하며 속을 썩였던 성적, 부모님과의 신경전과 갈등, 밤늦게까지 다니던 학원생활 등등. 아울러 가족과 친지들로부터 쏟아지는 축하, 입시 중압감으로부터 벗어난 해방감, 자유와 낭만으로 가득 찬 대학생활에 대한 기대, 행복한 미래가 열릴 것이라는 희망…… 한국 대학생의 경우, 합격 사실을 확인하고 나서 대학생활을 시작하는 3월 초까지의 기간이 인생에서 가장 여유롭고 행복한 시기일 것이다.

2월에 접어들면, 대학으로부터 여러 가지 통지가 날아든다. 신입생을 위한 오리엔테이션, MT와 새터 모임에 참석하라는 것이다. 대학생활을 안내하고 선배들과의 만남을 주선하는 여러 모임이 열린다. 대학생이 되었다는 것이 실감나지 않지만 들뜬 마음으로 선배, 동기, 교수들을 만나게 된다. 흔히 교외로 나가 2~3일간 숙식을 같이하며 진행되는 새터 모임이나 MT에서는 술판이 벌어지고 밤새도록 대화가 이어진다. 대학생활을 함께 시작하게 될 신입생 동기들을 처음 접하면서 낯설고 어색하지만 동기라는 친밀감이 느껴진다. 자기소개 시간은 긴장되지만 다른 학생들의 면면을 접할 수 있어 흥미롭다. 침착하고 의젓하게 자기소개를 하는 동기생의 모습을 보면서 감탄과 더불어 한편으로는 주눅이 든다. 쟤, 신입생 맞아? 재수생? 삼수생? 뭐, 아니라고? 그런데 하나도 떨지 않고 말을 저렇게 잘 하나? 유식하게 아는 것도 많고…… 정말 대단한 친구들이 많다는 생각과 더불어 그에 비하면 부족함이 많은 자신에 대한 열등감이 스쳐 지나간다. 이어서 선배들이 자신의 경험에 근거하여 대학생활의 이모저모를 들려준다. 정말 생생한 정보들이다. 어떤 과목이 널널하고 학점도 후한지, 수강하면 반드시 피를 보게 되는 과목은 어떤 것인지, 어떤 교수를 조심해야 하는지, 어떤 동아리가 분위기도 좋고 재미있는지, 미팅할 때는 어떻게 해야 하는지 등등. 선배들이 전해 주는 무용담과 전설(?)을 들으며 대학생활에 대한 호기심과 의욕이 샘솟는다.

 그렇게 2월이 지나고 3월 초 입학식. 울긋불긋 다양한 색상의 학위모와 학위복을 착용한 총장단과 보직교수들이 근엄하게 입학식장으로 입장한다. 멋있고 장엄하다. 정말 대학교는 중·고등학교와 다르구나. 이어지는 총장님의 환영사…… 교가 제창…… 입학식이 끝났다. 이제 정말 명실공히 대학생이 되었다. 가족과 친지들의 축하와 꽃다발 그리고 사진 찍기. 대학생이 된 자녀를 대견스럽게 바라보며 흡족해하는 부모님. 입학식 날의 대학·캠퍼스는 화사한 꽃다발과 북적이는 인파로 가득한 축제 분위기다.
 그러나 그다음 날의 캠퍼스는 전혀 딴판이다. 냉랭한 겨울날씨 속에 수업을 듣기 위해 등교한 첫날. 드넓은 캠퍼스. 수많은 건물늘. 바삐 움직이는 많은 사람들. 교문을 들어선 나는 어디로 가야 하나? 강의실이 어디에 있지? 수업이 없는 시간은 어떻게 보내야 하는 거지? 과연 대학 캠퍼스에서 무엇을 하며 하루를 어떻게 보내야 하는 거지? 드디어 인생의 2막 대학생활이 본격적으로 시작되는 순간이다.

인생의 2막 대학생활은 이렇게 시작된다. 한국에는 매년 약 60만 명(일반대학 40만 명과 전문대학 20만 명)의 대학생이 탄생한다. 4년여의 대학생활을 하는 동안 매우 다양한 많은 일들이 벌어진다. 태어날 때는 누구나 비슷하지만 세월이 흐르면서 각자의 모습이 달라지듯이, 대학생활을 시작하는 신입생의 모습은 누구나 비슷하지만 학년이 올라가면서 대학생활을 영위하는 모습은 크게 달라진다. 한국의 대학생들은 대학생활을 어떻게 하고 있을까? 과연 열심히 공부하고 있을까? 대학생활을 즐기며 행복하게 살고 있을까?

대학생활의 천태만상 *

1 학교 가기를 두려워하는 대학생

대학교 1학년 남학생인 K군은 요즘 학교에 가는 것이 두렵다. 아침에 눈을 떠 학교에 갈 생각을 하면 가슴이 답답하고 무겁다. K군은 대학에 입학한 지 1년이 되도록 친하게 어울릴 수 있는 친구가 거의 없다. 그래서 학교에 가면 혼자 수업에 참석하고, 혼자 점심식사를 하고, 공강시간에는 혼자 캠퍼스를 배회하다가 저녁시간이 되면 힘없이 집으로 돌아온다. 1년째 이러한 생활을 쳇바퀴 돌듯이 반복하고 있다.

* 여기에서 소개되는 대학생 사례들은 실제의 사례에 근거하였으나 개인의 사생활 보호를 위해서 필자가 각색하였음을 밝혀 둔다.

K군은 고등학교 재학시절에 교사와 친구들의 주목을 받는 우수한 학생이었다. 학교에 가면 늘 반 친구들이 있었고, 공부를 잘했기 때문에 교사들의 칭찬을 한 몸에 받았으며, 친구들 역시 풀리지 않는 문제가 있으면 물어오곤 했다. 스스로 유능한 사람이라고 생각하며 자신감 속에서 공부에 매진했다. 부모 역시 K군은 매사를 혼자 알아서 잘 하는 기특한 아들이라고 여기며 많은 기대를 하고 있었다.

K군은 자신이 원했던 대학교에 합격하고 기대에 부풀어 대학에 입학했다. 넓은 대학 캠퍼스에는 학생들이 버글거렸지만, 자신에게 관심을 보이는 학생은 한 명도 없었다. 수업을 듣기 위해 강의실로 들어가면, 다른 학생들은 서로 인사를 나누며 떠들썩하게 이야기를 나누는데 자신은 항상 외톨이였다. K군에게 고통스러운 시간은 점심시간이다. 식당 앞에 길게 늘어선 줄에 섞여 기다리다가 혼자 식사를 한다. 주변 학생들은 삼삼오오 재미있게 떠들며 식사를 하는데 혼자서 밥을 먹는 자신의 모습이 처량하게 느껴진다. 수

업이 없는 시간에도 같이 어울릴 친구가 없어 캠퍼스를 배회하거나 도서관에서 이 책 저 책을 뒤적거리다 수업에 들어가곤 한다.

전공학과의 과방에 가끔씩 들려도 자신에게 먼저 말을 건네는 학생이 없다. 그러면 어색하게 잠시 머무르다 나오곤 한다. 친구를 사귀기 위해 자신이 먼저 말을 건네고 대화를 해 보려고 시도하지만, 한두 마디 가벼운 인사를 하고 나면 할 말이 없다. 외톨이인 자신이 친구를 사귀기 위해 마치 구걸하는 느낌이 들어 자존심이 상한다. 시간이 흘러가다 보면 자연스럽게 친구가 생길 것이라고 생각했지만, 1년이 다 지나가도록 친구다운 친구가 한 명도 없다.

수업에 들어가도 강의내용을 이해하기 어려워 집중이 잘 되지 않는다. 학교에 가는 것이 힘들고 재미가 없기 때문에, K군은 강의가 없거나 수업이 적은 날에는 아예 학교에 가지 않는다. 나름대로 열심히 공부했지만 학점도 기대 이하다. 고등학교 시절에는 수재라는 말을 들으며 여러 사람의 주목을 받았지만, 대학에 진학한 후로는 자신이 외톨이 열등생이라는 생각을 지울 수가 없다. 다른 학생들은 친구들과 어울리며 즐겁게 대학생활을 하는데 자신만 외톨이가 되어 비참한 생활을 하고 있다는 생각이 들어 견딜 수가 없다.

고등학교 친구들은 좋은 대학에 들어간 K군을 부러워하는 눈치지만, 이처럼 비참한 대학생활을 하는 자신을 생각하면 친구모임에도 나가기 싫다. 부모님은 가문을 일으켜 세울 기둥이 될 것으로 잔뜩 기대하고 계시는데, 자신이 겪고 있는 대학생활의 어려움을 토로할 엄두가 나질 않는다. 아직도 3년이나 남은 대학생활을 이렇게 해야 한다면, 차라리 자퇴를 하고 싶은 마음이다. 오늘도 K군은 드넓은 캠퍼스에서 하루를 어떻게 보내야 할지 막막하기만 하다.

2 학업 스트레스로 탈모증이 생긴 여학생

인문사회계열의 한 학과에 다니고 있는 3학년 여학생인 P양은 요즘 탈모증세로 고민이 많다. 머리를 감거나 빗을 때마다 한 무더기씩 머리털이 빠져 숱이 눈에 띌 정도로 적어졌다. 그래서 요즘은 항상 모자를 쓰고 다닌다. 피부과를 방문하여 의사에게 진찰을 받아 보았지만 스트레스성 탈모증세이므로 정신과에 가보거나 스트레스를 받지 않도록 하라는 처방이다.

P양은 공부를 매우 열심히 하는 학생이다. 거의 모든 과목에서 A학점을 받는 최상위권 수준의 성적 우수자다. P양은 이혼한 어머니와 함께 살고 있는 외동딸이다. 고등학교 교사인 어머니는 P양을 어린 시절부터 직접 가르치며 딸의 성적에 강한 집착을 보였다.

어머니는 P양이 좋은 성적을 거두면 매우 기뻐했지만 기대에 미치지 못하는 성적을 거두면 깊은 한숨을 내쉬며 슬픈 표정을 짓곤 했다. P양은 자신을 위해 헌신하는 어머니를 행복하게 해드리기 위해서 공부에 매진했고 다

행히 원하던 대학에 입학하게 되었다.

대학에 입학한 후에도 어머니는 P양의 성적에 대한 관심의 끈을 놓지 않았다. 1학년 시절에 B학점 두 개를 받은 성적표를 보고 어머니는 또 깊은 한숨을 쉬었다. 모두 A학점을 받아야만 표정이 밝아지곤 했다. 어머니는 P양이 법학전문대학원에 진학하여 판사나 검사가 되기를 간절히 바라고 있기 때문이다.

P양은 모든 과목에서 A를 받기 위해 거의 필사적으로 노력한다. 우선 매 학기마다 학점을 잘 주는 과목들을 물색하여 수강신청을 한다. 보고서 과제가 주어지면 담당교수의 학과에 다니는 대학원 선배를 찾아가서 보고서 주제에 대해 문의하고 참고문헌을 추천받아 도서관에 틀어박혀 관련문헌을 찾아 읽는다. 심지어는 담당교수를 찾아가서 자신이 정한 주제가 적절한지, 어떻게 보고서를 써야 좋은 성적을 주는지, 평가기준은 무엇인지 등을 집요하게 물어 교수가 짜증을 낸 적도 있다. 그러나 P양은 그렇게 하지 않으면 보고서 작성에 자신이 없고 불안해서 견딜 수가 없다.

시험이 다가오면 P양의 불안은 극도로 심해진다. 전년도에 같은 과목을 수강한 학생을 물색하여 작년 시험지는 없는지, 시험문제의 경향은 어떠했는지, 어떻게 답안을 써야 좋은 성적을 얻는지 등을 물어보곤 한다. 혹시라도 강의시간에 교수가 한 말을 제대로 필기했는지를 확인하기 위해서 같은 과목을 수강하는 다른 학생의 노트를 빌려 보곤 한다. 노트를 빌려 주는 것을 주저하는 친구에게는 자신의 노트를 잃어버렸다고 거짓말을 하기도 한다. 이렇게 열심히 공부를 했음에도 시험날짜가 다가오면 시험을 망치거나 F성적표를 받아드는 악몽을 꾸곤 한다. 학기말에 A성적표를 받게 되면, 기쁨은 잠시 바로 다음 학기의 공부를 걱정한다.

P양의 대학생활은 삭막하다. 동아리활동도 하지 않고 미팅도 하지 않는다. 친구들의 저녁모임에도 거의 나가지 않는다. 모두 공부에 방해가 되기 때문이다. 그럼에도 P양은 늘 바쁘고 초조하다. 방학을 하게 되면, P양은 계절수업을 듣고 영어학원을 다니며 다음 학기에 수강할 과목을 미리 준비한다.

요즘 P양은 탈모증세를 경험하면서 공부와 대학생활에 대한 회의를 품고 있다. 대학입시를 준비하던 입시생 시절보다 더 바쁘고 여유가 없는 대학생활이 계속되고 있기 때문이다. 다른 학생들은 즐겁게 동아리활동도 하고, 문화행사에 참여도 하며, 연애도 하고, 여행을 떠나기도 하는데, 자신은 여유를 찾지 못한 채 학점에 연연하며 항상 불안감에 휩싸여 살아가고 있다. 그러나 한숨을 내쉬는 어머니의 모습을 떨쳐버릴 수가 없다.

3 학사경고를 두 번째 받은 남학생

이공계 2학년 남학생인 Y군은 이번 학기에 두 번째 학사경고를 받았다. 인터넷으로 확인한 자신의 성적표에는 D와 F가 대부분이며 한 과목에서만 C를 받았을 뿐이다. 지도교수에게 불려가 면담을 했지만, 자신의 학점이 나쁜 이유를 솔직히 말할 용기가 나지 않아 적당히 둘러댔다. 교수님은 이런 학점이 계속 되면 제적될 수 있으니 공부를 열심히 하라는 지당한 말씀을 주셨다.

Y군은 성적부진을 제외하면 대학생활에 큰 어려움을 느끼지 않고 있다. 친한 친구들도 많고 동아리활동도 열심히 하고 있다. 하지만 입학한 이후로 매 학기 성적이 좋지 않다. 학기가 시작될 때마다 열심히 공부해 보자고 다짐하지만 이러한 다짐이 실행되지 않고 있다.

하숙을 하며 대학생활을 하고 있는 Y군은 아침에 늦게 일어나고 밤늦게 활동하는 올빼미형 생활 패턴을 지니고 있다. Y군에게는 매주 주어지는 이공계 수업의 과제나 보고서를 작성하는 일이 무척 어렵고 힘들게 느껴진다. 그래서 컴퓨터를 켤 때마다 게임을 한 판 하고 나서야 과제를 하는데, 게임을 하는 시간이 점점 늘어났다. 매번 딱 한 판만 하고 나서 과제를 시작하겠다고 다짐하지만, 게임에 빠져들어 여러 시간을 소비하거나 때로는 밤을 꼴딱 새우곤 한다.

더구나 최근에는 밤늦게 게임을 하다가 피곤해지면 포르노 동영상을 보게 되었다. 야한 동영상을 보고 나면 성적으로 흥분되어 자위행위를 하곤 한다. 요즘은 유료 동영상까지 보게 되어 재정적 지출도 늘어나게 되었다. 최근에는 거의 매일 이런 식으로 컴퓨터 게임과 포르노 동영상을 보는 일로 밤을 새고 있으며, 새

벽에 잠이 들어 점심시간이 넘어서야 깨어나기 때문에 수업에 결석하는 일이 잦아지고 있다. 매번 자책을 하면서 내일부터는 공부를 해야겠다고 다짐하지만 번번이 실패하여 요즘은 거의 자포자기 상태다. 이공계 수업은 한두 시간 빠지게 되면 다음 수업을 따라가기가 매우 힘들다. 과제나 보고서를 정해진 기한 내에 제출하지 못할 뿐만 아니라 시험성적도 좋지 못해 학점이 늘 바닥권이다. 그 결과 이번 학기에도 학사경고를 받게 된 것이다. 어려운 경제적 형편에도 학비와 하숙비를 보내 주시는 부모님에게는 면목이 없는 일이지만 자신도 어찌할 수가 없다.

4 이성교제의 상처로 자살을 시도한 여학생

대학교 3학년인 L양은 최근에 자살을 시도했다. 자신은 아무에게도 사랑받지 못하는 무가치한 존재라는 절망감 때문이다. 수면제 30알을 먹고 자살을 시도했지만 다행히 하숙집 주인에게 발견되어 병원에서 응급치료를 받고 소생했다.

L양은 지방의 한 소도시에서 고등학교를 졸업하고 서울에서 하숙을 하며 대학에 다니고 있었다. 대학에서의 첫 학기는 서울 생활에 재미를 붙이며 의욕적으로 시작했다. 하지만 시간이 흐르면서 점차 외로움이 깊어 갔다. 타향에서의 하숙생활이 점차 힘들어졌고, 더구나 몸이 아파서 누군가의 보살핌이 필요하거나 친구와 다투고 난 후 누군가에게 호소하고 싶을 때, 하숙방에서 혼자 지내야

하는 시간이 견디기 어려웠다.

외로움을 느끼던 L양에게 동아리 모임의 한 남자 선배가 가까이 다가왔다. 그 선배는 L양에게 각별한 관심을 보이며 따뜻하게 배려해 주었으며 주말에는 둘만의 데이트를 하기 시작했다. L양 역시 선배에게 호감을 느끼게 되었고 두 사람은 연인 사이가 되었다. 동아리 모임에서도 두 사람이 각별히 가까운 사이라는 것이 알려졌다. 그 선배와 연인관계를 맺으면서 L양의 대학생활은 활기를 되찾았고 외로움도 잊게 되었다.

두 사람의 연인관계가 깊어지면서 그 선배는 L양에게 과감한 애정표현을 하기 시작했다. 육체적인 접촉이 깊어지면서 성관계까지 맺게 되었다. 처음에 L양은 망설였지만 사랑하는 연인이 강렬하게 바라는 것이라면 성관계를 맺을 수 있다고 생각했다. 두 사람은 데이트를 할 때마다 성관계를 맺게 되었고, L양은 선배의 사랑 표현이라고 생각하며 기꺼이 받아들였다.

그렇게 한 학기가 지나가던 어느 날, 우연히 L양은 그 선배가 다른 여학생과 데이트 하는 것을 목격하게 되었다. 너무 놀라서 기가 막혔던 L양은 그다음 날 그 선배를 불러내어 따져 물었다. 선배는 그 여학생과 특별한 사이가 아니라며 여러 가지 핑계를 댔지만 L양은 의심을 믿을 수 없었으며 선배에 대한 불신감이 생겨났다. 그 후로 화가 난 L양은 선배의 전화를 받지 않았고 여러 번의 문자메시지에도 응답하지 않았다. 그렇게 며칠이 지나면서 선배 역시 연락을 하지 않았으며, 동아리 모임에서 만나게 된 그 선배는 L양에게 냉담한 반응을 보였다. 그리곤 한번 만나서 이야기를 하자는 L양의 요청에도 바쁜 약속이 있다며 만나기를 거절했다. 배신감과 분노에 휩싸인 L양은 마음에 깊은 상처를 입게 되었다. 그 후로 동아리 모임에 나가지 않게 되었고 좌절감에 휩싸여 며칠 간 학교에도 나가지 않은 채 하숙방에 칩거하며 괴로워했다. 학기말 시험이 다가왔지만 공부할 의욕이 나지 않았을 뿐만 아니라 공부를 하려 해도 집중이 되질 않았다. 대충 시험을 보았고 그 학기 성적은 바닥권이었다. 그렇게 L양의 첫사랑은 마음의 상처만 남긴 채 끝나고 말았다.

방학이 되어 집에 내려가 아픈 마음을 달래야만 했지만 아무에게도 자신의 괴로운 사연을 이야기할 수 없었다. 새 학기가 되어 다시 서울에 올라온 L양은 마음을 다잡고 대학생활에 충실하려고 노력했다. 하지만 학교에서 인간관계의 중심이었던 동아리활동을 그만둔 L양은 외로웠고 대학생활에 재미를 붙일 수가 없었다. 가끔 집에 전화를 해 보지만 부모님의 관심사는 온통 고3인 동생에게 쏠려 있었다.

그렇게 한 학기를 보내던 L양에게 새로운 남자친구가 나타났다. 같은 과목을 듣는 한 남학생과 조별활동을 하면서 친해지게 되었다. 두 사람은 자연스럽게 자주 만나게 되었고 연인 사이가 되었다. 첫사랑의 아픈 경험이 있는 L양은 조심스럽게 새로운 사랑을 키워나갔다. L양과 마찬가지로 학교 근처에서 하숙생활을 하고 있던 그 남학생과 주말이면 자주 데이트를 하게 되었다. 학기말에는 함께 공부를 하며 열심히 시험 준비를 했고, 그 결과 두 사람 모두 좋은 성적을 거두게 되어 자축하는 의미에서 데이트를 하며 술을 마시게 되었다. 기분이 좋았던 두 사람은 과음을 하여 많이 취했고, 몸을 잘 가누지 못할 정도로 취한 L양을 그 남자친구는 하숙집까지 데려다 주었다. 그날 밤 두 사람은 하숙방에서 충동적으로 성관계를 맺게 되었다.

그 후로 두 사람은 자연스럽게 성관계를 자주 맺었으며 두 사람의 연인관계는 계속 되었다. 방학 중에 잠시 집에 내려갔다 왔지만 영어학원을 같이 다니며 자주 만났다. 그런데 새 학기가 다가올 무렵부터 L양은 몸에 이상을 느끼기 시작했다. 심한 피로감을 느끼게 되었고 식욕도 떨어졌다. 그리고 월경도 중단되었다. 이 사실을 자각한 L양은 갑자기 두려움이 밀려왔다. 피임을 하기는 했지만 매번 그랬던 것은 아니었기 때문이다. 병원을 방문한 결과, 임신이 되었다는 것이다. L양은 심한 충격과 고민에 휩싸였다. 마침내 남자친구를 만나 그 사실을 털어놓았다. 이 사실을 접한 남자친구는 L양보다 더 큰 충격을 받는 듯했다. 놀라움에 한참 동안 아무 말도 하지 못했다. 심한 자책감을 느끼는 듯했고 이 상황을 어떻게 해결해야 할지 난감해했다. 낙태를 해야 하지 않겠냐며 말끝을 흐렸다. 이러한 남자친구의 모습에 L양은 매우 섭섭했을 뿐만 아니라 화가 났다.

그 후로 남자친구는 L양을 멀리 하기 시작했다. L양의 전화를 잘 받지도 않았고 만나도 거의 말을 하지 않았다. 결국 L양은 낙태를 결심하고 서울 외곽지역의 한 산부인과에서 혼자 낙태수술을 받았다. 낙태수술을 받고 병원을 나서면서 L양은 자신의 비참한 모습에 눈물을 쏟았다.

새 학기가 시작되었지만 몸과 마음이 모두 괴로웠던 L양은 부모에게 일리지도 않은 채 휴학을 했다. 남자친구는 먼저 연락을 하지 않았고 전화를 해도 받지 않았으며 학교에서도 만날 수가 없었다. 며칠이 지난 후에 남자친구의 하숙집을 찾아갔다. 하숙집 주인은 남자친구가 하숙을 그만두었다고 했다. L양은 수없이 남자친구와의 통화를 시도했고 문자메시지도 보냈다. 전혀 응답을 하지 않던 남자친구로부터 며칠 후에 문자메시지가 전달되었다. 현재 휴학을 하고 집에 내려와 있으며 곧 군에 입대할 예정이니 더 이상 연락하지 말라는 것이었다. L양은 분노와 배신감에 몸이 떨렸다. 한번 만나서 실컷 따지고 욕이라도 퍼부어 주고 싶었지만 연락을 할 길이 없었다.

그 후로 L양은 마음이 몹시 괴로웠을 뿐만 아니라 몸도 시름시름 아프기 시작했다. 하루 종일 하숙집에 누워 시름을 달래야 했다. 마음을 털어놓을 사람이 아무도 없었다. 연인에게 두 번이나 버림을 받은 자신의 모습이 비참할 뿐만 아니라 어리석다는 자괴감에 휩싸이게 되었다. 이제는 더 이상 어떤 사람을 사랑할 자신도 없었으며 다시는 사랑을 할 수 없을 것이라는 절망감에 견딜 수가 없었다. 차라리 이러한 괴로움에서 벗어나기 위해 죽고 싶다는 생각이 머릿속을 가득 채웠다. 몸이 계속 아파 병원에 갔더니 낙태후유증으로 자궁에 심한 염증이 생겼으니 치료를 받아야 한다는 것이다. 병원에서 돌아와 절망감에 빠진 L양은 소주 한 병을 마시고 마침내 자살을 시도했던 것이다.

대학교 2학년인 C군은 지난 1년간의 대학생활이 허무하다. 열심히 노력했지만 아무것도 남은 것이 없다는 생각 때문이다. 남은 것이라곤 대학 친구들에 대한 배신감과 분노뿐이다.

C군은 고등학교 시절에 공부만 열심히 하는 학생이었다. 학교에서도 자신의 자리에 앉으면 다른 친구들에게 거의 말을 걸지 않고 혼자 공부에만 몰두했다. 쉬는 시간에도 공부만 할 뿐 친구들과 어울리지 않았다. 그래서 성적은 전교 상위권이었다. 고등학교 3학년 때에 C군이 전교에서 1등을 하는 일이 생겨 이를 기뻐한 담임선생님이 학급에 오셔서 이러한 결과를 알리며 학생들에게 C군을 위해 축하의 박수를 쳐 주자고 제안하였지만, 같은 반 30여 명의 학생 중에서 박수를 치는 아이는 대여섯 명에 불과했다. 이때 C군은 커다란 충격을 받았다. 친구들이 자신을 좋아하지 않을 뿐만 아니라 혐오한다는 것을 알게 되었다. 하지만 대학입시를 앞두고 있어 하던 방식대로 공부에 몰두할 수밖에 없었다.

대학에 입학한 C군은 고등학교 시절과는 완전히 다른 방식으로 살아보리라고 마음먹었다. 이제부터는 성적이 아니라 인간관계를 중시하면서 많은 사람들을 사귀며 친구들에게 인기 있는 사람이 되겠다고 다짐했다. 대학에서는 모든 모임에 열심히 참석했다. 입학 초에 1학년 반대표를 선출할 때 아무도 나서는 사람이 없자 C군은 자신이 해 보겠다고 자원하여 선출되었다. 또한 다양한 취미활

동을 하며 인간관계를 넓히고 싶어 운동, 음악, 자원봉사, 종교 등 무려 7곳의 동아리에 가입을 했다. 1학년 초에는 다양한 사람들을 만나며 여러 가지 동아리활동을 하는 것이 새롭고 즐거웠다.

C군의 대학생활은 무척 바빴다. 반대표로서 해야 할 일이 적지 않았다. MT도 가고 공부모임도 조직하고 학과 홈페이지도 관리하는 등 해야 할 일이 많았다. 또한 C군은 다른 반에 뒤지지 않기 위해서 여러 가지 새로운 일을 벌이기도 했다. 혼자서 할 수 있는 일이 아니기 때문에, 반 동료들에게 일거리를 분담하도록 했다. 그런데 반 동료들은 자신에게 맡겨진 일을 충실하게 하지 않았으며 일 진행을 논의하는 모임에도 나타나지 않곤 했다. C군은 화가 났지만 어쩔 수 없이 자신이 일을 도맡아 할 수밖에 없었다. 매번 이런 일이 벌어지자 반 학우들에게 화를 내게 되었고 학우들은 C군에게 더 비협조적인 태도를 보였다.

사실 C군은 인간관계에 대한 의욕만 앞섰을 뿐 사교적인 기술이 미숙한 학생이었다. 고등학교 시절에 거의 친구들과 교류 없이 공부만 해 왔기 때문에 상대방의 입장에서 생각하고 그들의 입장을 이해하여 설득하는 대인기술이 부족했다. 같은 반 학우들의 입장에서 보면, C군은 충분한 상의도 없이 자꾸 불필요한 일들을 벌였으며 일방적으로 학우들에게 일거리를 배분하여 떠맡겼다. 그렇지 않아도 수업, 동아리활동, 아르바이트 등으로 바쁜데, 자꾸 일거리를 줄 뿐만 아니라 잘 되지 않으면 화를 내며 신경질을 부리는 C군이 부담스러웠다.

C군은 반대표 역할과 더불어 7개의 동아리활동도 해야 했다. 동아리마다 임원진이 구성되어 여러 가지 활동과 행사를 하는데, 신입생인 C군은 일부 동아리에서 회장의 지명으로 말단 임원직을 맡고 있었다. 동시에 7개의 동아리활동을 해야 했기 때문에 C군은 정신이 없었다. 행사도 많았고, 일거리도 많았으며, 뒤풀이 모임도 많았다. 여러 동아리활동을 하다 보면 행사와 모임이 겹치는 경우가 많았다. C군은 한 모임에 참석하여 얼굴을 내민 후 슬그머니 나와 다른 모임으로 옮겨 가곤 해야 했다. 어떤 날 저녁에는 두세 개의 동아리 모임이 겹쳐 이곳저곳을 오가며 술을 마셔야 했다.

나름대로는 동아리활동을 열심히 했지만, 몇 달이 지나자 동아리 부원들이 은근히 자신을 싫어한다는 것을 알게 되었다. 무책임하고 불성실하다는 선배들의 말이 들리기도 했다. 여러 동아리의 활동을 하다 보니 한 동아리에 충실하지 못했던 것은 사실이었다. 그리고 어떤 동아리에서도 부원들과 친밀한 관계를 맺을 수 없었다. 너무 바빴기 때문에 자신에게 주어진 일을 제대로 수행할 수 없었고 그 결과 동아리 선배들로부터 야단을 맞는 일이 자주 있었다.

이렇게 반대표 역할과 7개의 동아리활동을 하는 C군은 공부할 시간이 거의 없었다. 여러 가지 모임과 행사로 수업을 빼먹기가 다반사였다. 성적은 바닥권이었다. 지난 1년간 C군은 정말 열심히 살았고 정신없이 바빴다. 그런데 대학생활 1년을 마치고 남은 것은 바닥권 성적과 친구들에 대한 분노뿐이다. 대학에 진학하면 인간관계에 충실하며 즐거운 대학생활을 하겠다던 다짐은 C군에게 좌절감과 공허감만 남겨 놓았다.

6 폭식증에 시달리는 미모의 여학생

대학교 3학년인 B양은 요즘 건강이 좋지 않다. 두통과 소화불량에 시달리고 있으며 최근에는 월경도 매우 불규칙하다. 신경이 예민해져서 사소한 일에도 짜증을 잘 내고 정서상태가 늘 불안정하다. 자주 악몽에 시달리는 등 수면상태가 좋지 않아 항상 피로감에 젖어 있다.

B양은 뛰어난 미모의 소유자로서 성적도 매우 우수한 편이다. 대학 캠퍼스나 길거리에서 지나가는 많은 남학생들이 자신에게 눈길을 주는 것을 스스로도 잘 알고 있다. B양의 주변에는 항상 가까이하기를 원하는 남학생들이 많았고, B양은 자신에게 접근하는 여러 남학생 중에서 가장 마음에 드는 남학생을 선택하여 이성관계를 맺는다. 이렇게 선택된 남학생은 흠모하던 B양에게 온갖 정성을 다하며 헌신한다. B양이 원할 때면 수업이나 약속된 모임에 불

참하더라도 언제든지 달려가서 함께 시간을 보내주고 도움을 준다. B양 역시 그런 남자친구에게 마음을 열었고 둘은 깊은 연인관계로 발전한다. 학교에서 늘 남자친구와 함께 다니며 저녁이나 주말에는 자주 데이트를 한다. 그런데 문제는 이러한 연인관계가 지속되지 못한다는 것이다.

몇 달간 연인관계를 지속하다 보면, 남자친구가 B양의 바람을 충족시키지 못하는 일이 발생하게 된다. 예를 들어, 특별한 약속이 없는 B양이 저녁에 만나자고 제안하지만 남자친구는 취소하기 어려운 다른 중요한 모임이 있어서 오늘은 만나기 어렵겠다고 말한다. 이런 경우에 B양은 자신이 거부당했다고 여기고 배신감을 느끼며 분노한다. 그리고 그다음 날 남자친구가 전화를 해도 받지 않는다. 직접 찾아와 해명을 해도 받아들이지 않는다. B양은 자신을 거부한 남자친구에게 폭언을 퍼부으며 분노를 표출한다. 남자친구의 애원으로 겨우 관계가 회복되더라도, 사소한 좌절에 예민하게 반응하는 B양에게는 이와 유사한 일들이 반복된다. 두 사람 사이에 균열이 생기거나 다툼이 반복되고, 결국 B양이 남자친구와의 관계를 일방적으로 단절하거나 B양과의 관계에서 피곤함을 느낀 남자친구가 스스로 물러난다. 이렇게 연인관계가 종결되면 B양은 자신이 거부당했다는 생각에 심한 심리적 상처를 입고 괴로워한다. 남자친구 역시 B양의 과민반응과 공격행동으로 마음의 상처를 입게 된다. 두 사람 모두 상처를 입은 채 서로를 혐오하고 증오하면서 관계를 청산한다.

B양은 남자친구 없이 혼자 다니는 것을 견디지 못하기 때문에

자신에게 호감을 보이는 다른 남학생을 불러내어 새로운 연인관계를 형성한다. 하지만 연인관계에서 매번 같은 패턴이 반복되고 있다. 대학생활 3년 동안 B양은 5명의 남자친구와 거의 동일한 패턴의 연인관계를 반복하고 있다. 서로 상처를 주고받으며 관계의 파국을 맞을 때마다 B양은 심한 정서적 혼란과 고통을 경험한다.

B양은 유복한 집안의 둘째 딸이다. 평범한 언니에 비해서 예쁘고 공부 잘하는 B양은 부모의 관심을 독차지하며 성장했다. 학교에서도 교사의 애정을 독점하다시피 했다. 부모의 기대를 한 몸에 받고 있으며 경쟁심이 강한 B양은 대학에 진학해서도 다른 친구들에게 지지 않기 위해서 열심히 공부하여 학점도 매우 좋다. 특히 교육열이 강한 어머니는 중ㆍ고등학교 시절에 B양의 성적에 매우 예민한 반응을 보였다. 성적이 좋으면 어머니는 환한 미소를 지으며 칭찬해 주었지만, 성적이 다소 떨어지면 싸늘한 표정으로 B양을 몰아붙이곤 했다. B양은 늘 성적에 대한 강박관념 속에서 많은 스트레스를 받으며 성장했다. 대학에서도 예상했던 우수한 학점이 나오지 않으면 담당교수를 찾아가 따졌으며 평가기준의 부당함을 제기하며 화를 내기도 했다.

주변의 친구들은 예쁘고 공부 잘하는 B양을 선망했지만, 실상 B양 자신은 자신감이 없었고 늘 외로움을 안고 살았다. B양은 매우 날씬한 몸매를 지니고 있었지만 자신의 몸매에 만족하지 못했으며 약간의 체중 증가에도 매우 예민한 반응을 보였다. 평소에도 식사조절에 신경을 많이 쓰며 다이어트를 하고 있었다. 하지만 시험이 다가오거나 남자친구와의 갈등으로 스트레스가 증가하면, 평소의 식사조절이 무너지곤
했다. 초조한 마음으로 밤
늦게 시험공부를 할 때나
남자친구와의 갈등으로
혼자 괴로워할 때면 왠지
심한 허기를 느끼며 군것
질을 해야만 했다. 하지만
쉽게 채워지지 않는 허기 때
문에 정신없이 이것저것 하
나둘씩 먹다 보면 폭식으로 이
어지곤 했다. 포만감에 젖게 되면 먹
은 음식으로 체중이 늘어날 것에 대한 불안감이 엄습했다. 식사조
절에 실패한 자신을 책망하며 변기를 붙잡고 토해 내곤 했다. 대학
에 진학한 이후로 이런 일이 매학기 반복되고 있다.

최근에 또 한 명의 남자친구와의 관계가 심한 갈등으로 끝나게
되면서 B양은 심한 폭식행동과 토해 내기를 반복하고 있다. 요즘
B양은 두통과 소화불량에 시달리고 있을 뿐만 아니라 심리적으로
도 불안하고 우울하다. 무언가 자신에게 심한 결함이 있으며 다른
사람들이 자신을 좋아하지 않는다는 생각을 지울 수가 없다. 자신
의 건강에 관심을 보이는 부모님의 행동이 간섭으로 여겨져 오히
려 짜증만 날 뿐이다.

대학을 5년째 다니고 있는 O군은 오늘도 하루 종일 도서관에서 공부를 하고 있지만 마음이 심란하여 집중이 잘 되지 않는다. 고시는 다가오는데 공부할 분량은 태산 같고 주의집중이 잘 되지 않아 매우 초조하다. 지난 번 시험에 떨어졌기 때문에 이번에 또 떨어지면 끝장이라는 생각으로 마음이 불안하고 조급하다. 마치 절벽 끝에 서 있는 듯한 느낌이다. 하루에 15시간 이상 책상 앞에 앉아 있지만 여러 가지 걱정과 잡념 때문에 계획대로 공부의 진도가 나가질 않는다.

O군은 5년 전 인문사회계열의 한 학과에 합격했다. 합격 가능성을 고려하여 지원한 학과였지만 강의를 듣게 되면서 전공공부에 흥미를 느끼게 되었다. 신입생 시절에는 입시공부 부담에서 벗어나 친구들과 어울리며 그런대로 재미있는 대학생활을 했다. 1학년 말에 접어들자 부모님은 졸업 후의 진로를 언급하며 고시공부를 권했다. 아버지는 젊은 시절에 고시공부를 하다가 실패하여 지금은 작은 회사에 다니고 있다. 꿈을 이루지 못한 아버지는 회사에서 자신이 하는 일에 불만이 많았을 뿐만 아니라 박봉과 퇴직 가능성으로 스트레스를 많이 겪고 있었다. 아버지는 공부를 잘하는 아들이 고시에 합격하여 자신의 꿈을 대신 이루어 주고 안정된 직업을 가진 성공한 사회인으로 성장해 주기를 간절히 바라고 있었다.

그러나 O군은 고시공부가 몹시 힘들 뿐만 아니라 자신의 적성에

맞지 않는다고 생각했다. 또한 자신의
전공공부가 재미있었으며 졸업 후
에도 다양한 진로가 열려 있기
때문에 꼭 고시준비를 해야
하는지 의구심이 들었다.
하지만 아버지는 막무가내
였다. O군이 사회적 현실을
잘 모르고 그런 생각을 하고
있지만 자신의 직장생활 경험

에 따르면 고시가 가장 확실한 성공의 지름길이라고 확신하고 있
었다. O군은 이러한 진로문제로 아버지와 의견대립이 심화되었고
급기야 아버지는 네 마음대로 하려면 집에서 나가라는 엄포를 놓
았다. 중간에서 어머니가 타협점을 찾으려고 노력했지만 두 사람
의 의견대립은 줄어들지 않았다.

한 학기 동안 계속되는 대립 속에서 O군은 진로에 대한 고민이
깊어졌다. 마침내 아버지가 그토록 원하는 것이라면 고시공부를
해 보기로 마음먹고, 고시에 관한 정보를 수집해 본 결과, 적어도
3~4년 동안 고시공부에 몰두하지 않으면 합격하기 어렵다는 것
을 알게 되었다. O군은 전공공부를 포기하고 고시와 관련된 과목
을 수강하며 도서관에 틀어박혀 매일 10시간 이상씩 고시공부에
매달렸다. 고시공부를 시작하면서 O군의 대학생활은 황량하게 변
했다. 다시 입시생으로 돌아간 것처럼 하루 종일 시험공부에 매달
려야 했으며 같은 학과 친구들과도 관계가 소원해졌을 뿐만 아니

라 동아리활동도 그만두었다. 수강신청을 해 놓은 전공필수과목은 수업에 거의 들어가지 않아 학점이 바닥이었고 그다음 학기에는 학사경고까지 받았다. 하지만 고시공부를 하는 O군에게 전공학점은 아무런 의미가 없었다.

부모님은 O군의 고시공부를 위해서 학교 근처로 이사를 했으며 어려운 가정형편에도 전폭적인 지원을 해 주었다. 마치 온 가족이 O군의 고시합격을 위해 모든 것을 '올인'하고 있는 상황이었다. 처음으로 응시한 1차 시험에서 낙방을 했다. 준비기간이 짧았기 때문에 당연한 결과라고 여기며 실망하지 않았다. 하지만 두 번째 시험에서는 심한 부담감을 느끼지 않을 수 없었다. 온 가족이 숨을 죽이며 O군의 시험준비에 촉각을 곤두세웠고 합격을 목이 타게 기다리고 있었다. 그러나 두 번째 시험에서도 낙방하고 말았다. 겉으로는 내색을 하지 않았지만 아버지는 크게 실망하는 표정이었다. O군 역시 열심히 공부했기 때문에 상당한 기대를 걸고 있었는데 낙방에 커다란 좌절감을 느꼈다. 또 한 해 동안 같은 공부를 하며 힘거운 대학생활을 해야 했기 때문이다.

하지만 O군은 이왕 시작한 공부인 만큼 포기할 수 없었고 열심히 공부를 계속했다. 하루에 15시간 정도 비좁은 고시원에 파묻혀 공부에 매진했다. 대학생활과 전공공부는 완전히 포기했을 뿐만 아니라 학사경고와 군대 영장을 피하기 위해서 휴학과 복학을 반복하며 고시공부에만 전념했다. 고시원과 집을 오가며 여러 과목의 두툼한 법학관련 도서들을 반복해서 읽으며 매일 쳇바퀴 도는 생활이 벌써 3년째 계속되고 있다. 대학시절을 이렇게 보내야 하는 것인지 회의가 틈틈이 찾아왔지만 이미 돌아갈 수 없는 외나무다리를 넘어선 상황이라고 생각했다.

세 번째 시험이 다가오면서 O군에게는 이상한 증세가 나타나기 시작했다. 공부를 하면 안경에 자꾸 신경이 쓰였다. 안경에 미세한 이물질이 붙어 있는 것처럼 느껴져서 시야가 흐려지고 집중이 잘 되지 않았다. 이때부터 수시로 안경을 벗어 이물질을 확인하고 닦는 버릇이 생겨났다. 안경점을 찾아가서 전자파로 세척을 하기도 하고 비싼 안경알로 바꾸어 보기도 했지만 소용이 없었다. 안경에 신경을 곤두세우면서 이번에는 안경테가 시야에 들어와 의식되어 집중이 잘 되질 않았다. 커다란 안경테로 바꾸었지만 여전히 신경이 쓰였다. 때로는 안경의 귀걸이가 너무 조여져서 압박감이 느껴지기도 하고 코걸이가 너무 헐거워져서 안경이 흘러내리는 느낌을 받기도 했다. 이처럼 O군은 하루 종일 책을 펴놓고 앉아 있지만 안경에 신경 쓰는 일로 많은 시간을 허비하고 있다. 수시로 안경을 닦고 안경테를 조였다 풀기를 반복하거나 안경점을 방문하여 미진한 부분을 수리하는 일로 많은 시간을 보내고 있다. 시험은 다가오는데 공부는 되지 않고 O군은 매우 초조하고 불안했다. 마침내 정신과를 방문했는데 의사는 강박증이라며 약물을 처방해 주었다. 약물을 복용하고 나서 불안감과 강박증세는 다소 개선되었지만 자꾸 졸음이 오고 의식이 명료하지 않아 공부가 잘 되지 않았다.

O군은 요즘 미칠 것만 같다. 이번에 또 낙방할 경우 크게 실망하실 부모님을 생각하면 차라리 어디론가 사라지고 싶다. 1차 시험에 합격한다 하더라도 더 어려운 2차 시험이 남아 있다. 2년 내에 2차

시험에 합격하지 않으면 1차 시험부터 다시 보아야 한다. 동기생 친구들은 이미 졸업하고 대기업에 취업하거나 대학원에 진학하여 제 갈 길을 가고 있는데, 자신은 아직 1차 시험에도 합격하지 못한 채 헤매고 있는 것 같아 차라리 죽고만 싶다. 3년 전 아버지와 극렬하게 싸워서라도 고시공부를 시작하지 말았어야 했다는 뒤늦은 후회감이 밀려오지만 이제는 돌이킬 수 없는 상황이다. 진퇴양난에 빠진 O군은 이처럼 고통스럽게 사느니 차라리 자살을 해서라도 모든 것에서 벗어나고 싶다는 생각을 하고 있다.

8 종교활동으로 진퇴양난에 빠진 여학생

대학교 졸업반에 접어든 J양은 요즘 정신적인 혼란상태에 빠져 있다. 지난 2년 동안 자신이 헌신했던 종교단체에 회의를 느끼게 되었지만 탈퇴를 할 수도 그냥 머무를 수도 없는 진퇴양난의 상태에 빠져들어 고민을 하고 있다.

대체로 화목한 중산층 가정에서 성장한 J양은 작은 소도시에서 고등학교를 졸업하고 한 광역시에 소재한 대학교에 입학하여 자취를 하며 대학생활을 시작했다. 교사가 되려는 꿈을 지니고 사범대에 입학하여 1학년 때는 같은 학과 학생들과 적극적으로 어울리며 열심히 공부했다. 주말이면 집에 내려가 가족들과 함께 지내다가 주중에는 다시 올라와 대학생활을 하는 평범한 학생이었다.

그러나 2학년으로 진입하면서 J양의 생활이 급격히 변하기 시작했다. 회사에 다니던 아버지가 퇴직을 하게 되어 가세가 기울기 시작했다. 예전과 달리 부모님은 다투는 일이 잦아졌고 화목했던 가정 분위기가 침울하게 변했다. 집안의 경제적 상황이 악화되면서 J양은 생활비와 용돈을 스스로 벌어야 했다. 그래서 편의점이나 카페 등에서 시간제 아르바이트를 시작했다. 1학년 때와 달리 학업부담이 많아진 2학년 시기에는 전공공부를 하는 것이 매우 힘들게 느껴졌다. 그래서 J양은 주말에도 집에 내려가지 않고 자취방에 머물며 공부를 하거나 아르바이트를 하면서 혼자 지내는 시간이 많아졌다. 학과 친구들도 주말이면 각자 자신의 공부와 개인적인 생활로 바빠서인지 자주 만나기 어려웠다. 점차 J양은 대학생활이 외롭고 힘들게 느껴졌다.

그러던 중에 대학 캠퍼스에서 자신에게 친절하게 다가오는 한 사람을 만나게 되었다. 학교식당에서 혼자 밥을 먹고 있는 J양에게 미소를 지으며 다가온 그 사람은 잠깐 이야기를 나눌 수 있느냐고 물었다. 식사하는 것 외에는 마땅히 할 일이 없던 J양은 흔쾌히 승낙했다. 같은 대학교에 다니는 4학년 학생이라고 자신을 소개한 그 여학생은 J양에게서 어두운 그림자가 느껴진다고 말했다. 도움이 필요한 상태인 것 같아 대화를 나누고 싶었다고 했다. 마침 대학생활을 힘들어하던 J양은 귀가 솔깃하여 어떤 이야기를 듣게 될지 호기심이 생겼다.

그 여학생은 자신도 과거에 정신적인 방황을 많이 하면서 괴로워했지만 우연히 접하게 된 한 종교에 귀의하게 되면서 인생의 의미를 찾게 되었고 요즘은 행복감 속에서 활기찬 생활을 하고 있다고 했다. 그래서 자신의 경험을 다른 사람들에게 나누어 주고 종교에 귀의하도록 권히는 생활을 하고 있다고 말했다. J양은 호기심 어린 마음으로 그 여학생의 이야기를 들었지만 특정한 종교에 귀의할 생각은 전혀 없었다. 하지만 열성적으로 이야기하는 그 여학생에게 고개를 끄덕이며 호의적인 태도로 경청하는 모습을 보여 주었다. 식사가 끝나고 수업에 들어가기 위해 일어서려 하자, 그 여학생은 자신이 참여하는 종교단체에 꼭 한번 나와 보라며 안내책자를 전해 주면서 J양의 핸드폰 번호를 알려달라고 하여 알려 주었다.

그날 저녁에 그 여학생으로부터 전화가 걸려 왔다. 오늘 저녁에 모임이 있으니 한번 나와 보라는 것이었다. 하지만 저녁에 아르바이트가 있어 곤란하다고 응답했다. 그다음 날에도 그리고 거의 매일 저녁 같은 전화가 걸려 왔다. 자신 같이 특별할 것이 없는 사람에게 지극한 정성을 보이는 그 여학생의 권유를 매번 거절하는 것이 민망했다. 마침 특별한 일거리가 없는 어느 날 J양은 그 여학생의 권유를 받아들여 종교단체 모임에 참여하게 되었다.

10여 명이 모인 조촐한 모임이었는데 모두들 J양을 반갑게 맞이하며 환영해 주었다. 참가자 대부분이 학생들이었고 모두 종교에 대한 신념으로 가득 찬 밝은 표정들이었다. 특히 자신을 환대해 주는 모습에 J양은 모처럼 즐거운 기분을 느낄 수 있었다. 그 모임의 리더인 남자가 종교의 교리에 관한 이야기를 시작하자 모두들 고개를 끄덕이며 감동하는 모습을 보였다. 하지만 처음 참석한 J양은 그러한 이야기가 매우 낯설게 느껴져서 머쓱한 태도로 조용히 경청하기만 했다. 모임이 끝나자 모든 사람들이 J양에게 따뜻한 관심을 보이며 계속 모임에 참석하기를 권유했다. 외롭고 힘든 대학생활을 하던 J양은 종교에 대한 특별한 관심이 없었지만 좋은 사람들의 모임이라는 생각이 들었다.

그렇게 J양은 종교단체에 참여하게 되었다. 처음에는 종교의 교리에 대해서 반신반의했지만 모임의 참여횟수가 늘어나면서 점차 호의적인 태도로 받아들이게 되었다. 특히 자신보다 나이도 많고 유능한 선배들이 확신을 갖고 종교에 열렬히 헌신하는 것을 보면 무언가 깊은 뜻을 지닌 종교라는 생각도 들었다. 모임의 참가자들과도 친밀해졌다. 경전을 읽고 각자의 의견을 말해야 할 때, J양은 자신도 모르게 다른 참가자들의 의견에 동조하는 발언을 하게 되었고 그때마다 뜨거운 호응을 받았다. 이렇게 J양은 종교모임에서 기쁨을 느끼게 되었고 종교의 교리에도 익숙해지게 되었다. 종교모임이 기다려졌으며 그 모임에서 공감을 얻을 수 있는 말을 하기 위해 경전을 혼자 읽어 가며 교리를 공부하곤 했다. 마침내 J양은 그 종교의 신자가 되기로 서약하고 종교활동에 심취하기 시작했다.

종교활동을 시작하면서 J양의 생활에는 활기가 돌기 시작했다. 무엇보다 자신을 소중한 구성원으로 인정해 주는 모임의 분위기가 좋았고, 특별한 목표 없이 방황하던 대학생활에서 인생의 분명한 의미를 발견했을 뿐만 아니라 죽음을 넘어 내세의 영원한 삶을 기대할 수 있다는 것이 기뻤다. 서서히 종교활동은 J양의 대학생활에서 중심이 되어 갔다. 자신에게 삶의 기쁨과 의미를 주는 종교에 모든 것을 바쳐도 좋다는 확신을 갖기 시작했다.

마침내 J양은 그 모임의 핵심적인 구성원이 되었고 종교단체의 전도모임에도 참여하게 되었다. 그 종교에서는 가능한 한 많은 사람들을 종교단체로 끌어들이는 전도활동의 적극성에 따라 구성원의 신앙을 인정 받았다. J양 역시 자신의 삶을 기쁨으로 변화시킨 종교적 신념을 다른 사람들에게 전하고 싶었다. 그래서 전도지를 들고 대학 캠퍼스뿐만 아니라 길거리를 누비며 사람들에게 열심히 전도활동을 하기 시작했다. 어느덧 J양에게는 대학공부보다 전도활동이 더 중요한 의미가 되었다. 수업에 빠지는 경우가 허다했으며 성적이 곤두박질쳤지만 J양은 전혀 개의치 않았다. 사실상 대학공부와 학업성적은 J양에게 더 이상 별 의미가 없었기 때문이다.

매달 J양이 전도한 사람들의 통계치가 종교기관의 상부에 보고되었고 그에 따라 종교기관 내에서 J양의 위치도 높아졌다. 종교기관의 운영과 전도활동을 위해서 많은 돈이 필요하다는 것을 알게 되었다. 강요를 하지 않았지만 이러한 사실을 알게 된 J양은 자취방 전세금을 빼서 자발적으로 헌금을 하고 합숙소로 옮겨 생활하기 시작했다. 종교생활과 전도활동에 헌신하기로 결심한 사람들이 모여 생활하는 합숙소에서 J양은 새로운 경험을 하게 되었다.

합숙소에서 같은 신앙을 가진 사람들과 함께 생활하면 더 행복할 것이라고 생각했던 J양의 기대는 깨어지기 시작했다. 전도활동과 헌금실적에 따라 신앙도를 평가 받았으며 그에 따라 지위가 결정되는 분위기였다. 따라서 전도를 위한 신도들 간의 경쟁이 이루어졌을 뿐만 아니라 질시와 반목 때문에 갈등이 많았다. 이로 인해서 J양은 심한 스트레스를 받게 되었다. 또한 합숙소에서 생활하면서 종교기관의 운영과 활동에 대한 부정적인 소문을 많이 접하게 되었다. 거룩한 설교를 해 오던 지도자급 인사들의 사생활을 접하면서 종교에 대한 회의와 실망이 생겨나기 시작했다.

합숙소에는 이곳을 빠져나가고 싶어 하는 사람들이 적지 않았다. 하지만 합숙소에 한번 들어오면 나가는 일이 쉽지 않았다. 탈퇴하려면 공식적인 절차를 밟아야 하는데 그 과정에서 구성원들로부터 배신자나 변절자 취급을 받으며 심한 경멸을 감내해야 했기 때문이다. 교사의 꿈을 이루기 위해 학교생활로 복귀하고 싶었지만 이 역시 쉽지 않은 일이었다. 그동안 학교공부에 소홀했기 때문에 성적은 바닥권이고 학과친구들과의 관계도 모두 단절되었다. 또한 종교생활에 몰두하면서 가족들과의 관계도 소원해졌고 부모님 몰래 자취방 전세금마저 기탁했기 때문에 이 사실을 어떻게 알려야 할지 난감했다. 또한 합숙소를 나가게 된다 해도 빈털터리라서 마땅히 숙식할 곳도 없기 때문에 요즘 J양은 이러지도 저러지도 못하는 진퇴양난의 상태에서 고민만 깊어 가고 있다.*

> * J양의 사례로 대학생의 종교생활을 지원하는 대다수 종교기관에 대한 오해가 없기를 바란다. J양이 참여했던 종교기관은 유사 종교단체로서 여러 가지 비리가 언론에 보도되어 경찰조사를 받은 바 있다.

9 대학을 9년째 다니고 있는 남학생

졸업을 앞두고 있는 H군은 지나간 대학생활을 돌아보면 너무 허무하다. H군은 9년째 대학에 다니고 있다. 군복무 기간 2년을 제외하고도 7년째 대학을 다니고 있는 셈이다. 어느덧 나이가 20대 후반에 접이든 상태에서 졸업을 앞두고 있지만 졸업 후 진로는 막막하기만 하다.

9년 전 대학에 입학한 H군은 입시공부로부터 해방되어 자유롭고 낭만적인 대학생활을 꿈꾸며 희망에 부풀어 있었다. 첫 학기에는 공부도 열심히 하고 동아리활동에도 적극적으로 참여하면서 대체로 만족스러운 대학생활을 했다. 2학기에 접어들어 대학생활도 안정되고 여러 가지 활동으로 씀씀이가 늘어나면서 아르바이트를 하기 시작했다. 처음에는 중·고등학생의 과외지도를 하면서 용돈을 벌었다. 매사에 적극적인 H군은 열심히 가르쳤고 학생들의 성적이 향상되었을 뿐만 아니라 학부형들 역시 만족스러워했다. 점차 입소문이 나면서 과외지도를 요청하는 학부형들이 늘어났다. 대학생활로 바빴지만 자신의 능력을 인정받는 것 같아 기분이 좋았고 점차로 지도학생의 수를 늘려 갔다. 어떤 학부형들은 상당한 고액의 과외비를 제시하면서 자녀의 지도를 간청하기도 했다. 지도학생 수가 늘어나면서 매달 상당한 금액을 저축 할 수 있을 만큼 아르바이트 수입이 증가했다.

한 명 두 명 지도하던 학생 수가 급기야 다섯 명으로 늘어났고 자신의 대학공부와 병행하기 어려운 상태에 이르렀다. 하지만 학부형들의 간청과 그들이 제시하는 고액의 과외비를 외면하기 어려웠다. 특히 서너 명의 학생들을 모아서 가르치는 집단과외는 매우 짭짤한 수입원이 되었다. 가정형편이 넉넉하지 않았던 H군은 경제적인 여유를 갖게 되었을 뿐만 아니라 매달 저축액수가 증가하는 통장을 바라보면서 점차로 아르바이트에 재미를 붙이게 되었다. 하루에 두 건 이상의 과외지도를 하게 되고 시간에 쫓기게 되면서 이동시간을 줄이기 위해 소형차를 구입하기에 이르렀다. 이런 상태가 되면서 대학생활과 학교공부는 뒷전으로 밀려나고 과외지도에 빠져들게 되었다. 2학년 2학기에는 과외지도로 대학공부를 하기 어렵게 되자 휴학을 하기도 했다.

급기야 저축액수가 상당한 규모로 늘어났고 이 돈을 통장에만 모아 두기보다 적절한 투자처를 찾아야겠다는 생각을 하게 되었다. 그러던 차에 한 친구가 주식에 투자하여 재미를 보았다는 말을 듣게 되었다. 주식투자에 관한 책을 사서 읽게 되었고 어떤 투자자는 소액으로 시작하여 단기간에 수억대의 거금을 벌었다는 이야기를 접하게 되었다. H군은 증권회사에 통장을 개설하고 조금씩 투자를 하기 시작했다. 주가가 오르면서 몇 달 사이에 수입이 급격히 증가하는 것에 재미를 붙여 저축액의 전부를 주식에 투자했다. H군은 점차 주식투자에 빠져들게 되었고 컴퓨터 앞에서 주가의 변동상황을 지켜보는 시간이 늘어났다. 하지만 주가가 항상 오르기만 하는 것은 아니었다. 어떤 달에는 상당한 손실을 경험해야 했다. 주가는 오르락내리락하기를 반복하면서 애간장을 태웠다. 주가하락이 예상될 때는 손실이 발생하더라도 적당한 수준에서 주식을 팔아 투자금을 보존하는 '손절매'를 해야 한다는 것을 알고 있었지만 그럴 수가 없었다. 과외지도를 하며 힘들게 번 돈이 주가하락과 더불어 감소하는 것을 견딜 수가 없었다. 손실을 보게 되면 그것을 회복하기 위해서 심지어 과외비를 선금으로 받아 '물타기'를 하곤 했다.

H군의 대학생활은 대부분 과외지도와 주식투자로 채워지게 되었다. 공부는 뒷전으로 밀려났고 휴학과 복학을 반복했다. 워런 버핏과 같은 세계적인 투자자가 되는 꿈을 지녔던 H군에게 대학공부는 별 의미가 없었다. 대학에서 공부를 하는 것은 결국 졸업 후에 직장을 얻어 돈을 벌기 위한 것인데, 과외지도로 직장인에 버금가는 수입을 벌어들일 뿐만 아니라 주식투자로 큰 돈을 벌게 된다면 굳이 대학졸업장에 집착할 필요가 없다고 생각했다.

하지만 과외지도로 벌어들인 돈은 주식통장으로 들어갔고, 주식통장의 잔고는 점차 줄어들기만 했다. 하루 중 많은 시간을 컴퓨터 앞에 앉아 주식을 사고파는 단타매매에 몰두하곤 했다. 금방 주가가 회복될 것 같은 기대감에 심지어 신용카드로 대출을 받아 투자하기도 했지만 주가는 애간장을 태우며 오르내렸고 점차 손실액수가 커져 갔다. 주식투자에 몰두하면서 과외지도는 투자금을 대기 위한 행위로 변질되었고 학생지도에 대한 열성은 사라지고 형식적으로 시간을 때우기에 급급하게 되었다. 학생들의 성적은 예전처럼 오르지 않았고 학부형의 불만은 늘어 갔으며 지도하는 학생 수가 점차 줄어들었다.

마침내 H군의 주식잔고는 거의 바닥을 드러내기 시작했다. 몇 년간 학교공부를 희생하고 시간에 쫓기면서 과외지도를 하여 번 돈이 물거품처럼 사라지고 오히려 카드 빚만 떠안은 상태로 전락했다. 소위 '깡통'을 차게 된 것이다. 대박의 꿈이 쪽박의 결과로 나타난 것이다. H군은 괴로운 마음에 몇 달간 술로 세월을 보내다가 모든 것을 정리하고 군입대를 결정했다.

2년간의 군복무 기간 동안 H군은 차라리 마음이 편했다. 아르바이트로 시간에 쫓기고 주식투자로 애간장을 태우며 초조해하지 않아도 되었기 때문이다. H군은 마음을 비우고 군대생활에 전념했으며, 마침내 제대를 하게 되었다. 복학을 하면서 H군은 허황한 꿈을 버리고 대학생활에 충실하기로 마음먹었다.

그러나 복학을 하여 대학 캠퍼스에 돌아오니 상황은 많이 변해 있었다. 동기생들 대부분은 졸업을 했고 낯선 후배들과 같이 강의를 들어야 했다. 입학한 지 7년째가 되었지만 휴학을 반복하여 3학년으로 복귀한 H군은 후배들로부터 '늙은 복학생' 취급을 받았기 때문에 가까이 하기가 쉽지 않았다. 미팅의 기회도 거의 없고 동아리활동에 참여하기도 거북했다. 전공공부에도 어려움이 많았다. 군복무를 하기 전에도 대학공부를 방치하여 학점이 매우 나빴으며 복학한 후에도 다시 공부에 전념하기가 어려웠다. 무엇보다도 H군은 졸업 후 진로에 대한 고민이 깊었다. 한때 큰돈을 벌어 보기도 하고 세계적인 주식투자자의 꿈도 지녔던 H군에게는 어떤 직업도 그다지 끌리지 않았다. 여러 가지 자격증 시험 준비를 해 보기도 했지만 공부가 만만하지 않아 포기했다.

복학 후 H군의 내학생활은 황량했다. 친구다운 친구도 사귀어 보지 못했고, 연애다운 연애도 해 보지 못했으며, 공부다운 공부도 해 보지 못했다. 그저 매 학기 학점을 따기 위해 수업에 들어갈 뿐 재미없는 대학생활을 하며 방황 속에서 2년을 보내고 이제 졸업을 눈앞에 두고 있다. 미래에 대한 뚜렷한 목표의식 없이 마지막 학기를 보내며 지난 9년간 방황했던 대학시절을 후회하고 있다.

10 역경을 딛고 보람찬 대학생활을 일구어 낸 대학생

졸업을 앞두고 있는 S군은 요즘 희망으로 가득 차 있다. 지난 6년 간의 대학생활이 결코 순탄하지 않았지만, 얼마 전에 대학원 합격 통지를 받고 자신이 그토록 바라던 공부를 계속하게 되어 기대감에 부풀어 있다.

S군은 지방의 소도시에서 고등학교를 졸업했으나 성적이 그다지 좋지 못해 자신이 원하던 대학의 학과에 진학하지 못했다. 일단 입학이 가능했던 한 대학에 들어와 대학생활을 시작했지만, 원하던 대학에 입학하고 싶어 대학을 다니면서 입시공부를 다시 하였다. 그러나 대학공부와 입시공부를 병행하는 일은 쉽지 않았다. 그래서 2학기에는 휴학을 하고 입시공부에 매달렸다. 하지만 뜻한 바대로 성적이 나오지 않아 입시에서 또 좌절을 맛보게 되었다.

S군은 원하지 않는 대학이었지만 다시 입시에 쏟아 부을 노력을

대학공부에 투자한다면 좋은 결과가 나올 것이라고 생각하며 복학을 했다. 이공계 전공생인 S군은 나름대로 열심히 공부했지만 전공공부에 재미를 붙일 수가 없었다. 우선 전공공부가 적성에 맞지 않아 어렵고 힘들었다. 무엇보다도 전공공부의 내용에 대해서 의미감을 느낄 수가 없었다. 졸업 후에 취업을 하여 직장을 얻는 데는 도움이 되겠지만 전공공부가 자신의 삶에 어떤 의미를 주는지 발견할 수가 없었다. 매주 재미없는 어려운 강의를 들어야 했고 보고서를 써내기 위해 허덕거려야 했으며 겨우 학점을 따는 일들이 반복되었다.

하지만 동아리활동을 하며 친구들과 어울리는 일은 재미있었다. 2학년 때에는 같은 동아리의 한 여학생과 사귀게 되었고, 그 여학생을 만나면 세상을 다 얻은 듯이 즐거웠다. 두 사람 사이는 점차 가까워져서 연인 사이가 되었다. 첫사랑을 하게 된 것이다. 꿈 같은 몇 달의 시간이 흘러가면서 여자친구의 태도가 점차로 변하기 시작했다. 함께 만나도 이야기에 집중하지 못하고 건성으로 S군을 대하는 모습이었다. 데이트 제안을 해도 바쁜 일이 있다며 미루곤 했다.

그러던 어느 날 여자친구가 먼저 만나자는 연락을 해 왔다. 무언가를 말하기 어려워하며 뜸을 들이던 여자친구는 마침내 그만 만나자고 말했다. 그 말에 S군은 심장이 멎는 듯했다. 난생 처음으로 이성을 알게 되고 사랑을 키워 가고 있었는데, 여자친구의 갑작스러운 절교선언에 정신을 차릴 수가 없었다. 그 이유를 캐물어도 여자친구는 대답하지 않았다. 며칠 후 S군은 여자친구가 같은 동아리 선배와 다정하게 팔짱을 끼고 가는 모습을 멀리서 목격하게 되었다. S군은 놀라움과 배신감에 치를 떨었다. 자신과 사귀면서 그 여자친구는 다른 사람과 사귀고 있었던 것이다. 그것도 S군이 잘 아는 동아리 선배와 사귀고 있었던 것이다. 그날 S군은 정신을 차리지 못할 만큼 술에 취했다. 하지만 마음의 상처는 아물지 않았다. 그 일이 있고 나서 S군은 아무런 의욕도 느낄 수 없었다. 공부도 학점도 동아리활동도 아무런 의미가 없는 듯이 느껴졌다. 며칠 동안을 자취방에서 두문불출하며 괴로워했다. 하지만 마음의 상처는 쉽게 가라앉지 않았다. 불면증에 시달렸고 학교에도 가지 않았으며 술로 괴로움을 달래고 있었다. 그렇게 폐인상태로 지내고 있는 S군에게 한 친구가 상담을 받아 보라고 권했다.

처음에 S군은 상담에 대해서 냉소적인 태도를 지니고 있었다. 상담을 받는다고 해서 이미 떠나 버린 여자친구가 돌아오는 것도 아니고, 그렇다면 자신의 상처는 치유될 수 없다고 생각했기 때문이다. 하지만 마냥 이렇게 폐인처럼 지낼 수만은 없다고 생각한 S군은 마침내 학교의 상담실을 방문했다. 상담자 선생님 앞에서 S군은 자신의 괴로움을 솔직하게 털어놓았고 선생님은 진지한 태도로 경청하며 S군의 아픔을 공감해 주었다. 그동안 혼자 가슴속에 담아 두었던 고통과 분노를 이야기하면서 S군은 오랜만에 마음이 가벼워지는 것을 느낄 수 있었다.

그 후로 S군은 상담자를 만나면서 여자친구와의 실연 경험뿐만 아니라 자신의 성장과정, 부모님과의 관계, 대학생활과 전공공부에 대한 불만족 등을 이야기하며 자신의 삶을 되돌아보게 되었다.

상담자는 어떠한 제시도 하지 않았지만 이야기를 나누는 과정에서 S군은 자신의 헝클어진 삶이 정리되는 느낌이 들었다. 대학생활과 앞으로의 인생을 어떻게 영위해야 할지가 분명하게 드러나기 시작했다.

무엇보다 현재의 전공이 자신에게 적합하지 않으며 흥미와 의미를 느낄 수 있는 전공분야를 모색하는 노력이 필요하다는 것을 알게 되었다. 여러 전공분야를 탐색한 결과, 자신의 적성과 흥미는 이공계가 아니라 인문사회계 분야라는 것을 알게 되었다. 그래서 관심이 있는 인문사회계 과목을 수강하게 되었고 매 시간의 수업에 흥미를 느끼게 되었다. 강의 내용이 재미있을 뿐만 아니라 수업시간이 기다려지기까지 했다. 상담자의 권유로 강의 담당 교수님을 찾아뵙고 그 학문분야의 현황과 진로에 대해서 그리고 전공을 바꾸기 위해서 어떤 노력이 필요한지를 알게 되었다. 결국 복수전공을 하거나 전과를 하는 방법이 있다는 것을 알게 되었다. S군은 전과를 하기로 결정했다. 전과를 하고 대학원에 진학하여 자신이 하고 싶은 사회적 역할을 하는 전문가의 길을 가야겠다는 뚜렷한 목표의식이 생겨났다.

상담을 하는 과정에서 S군은 자신이 대학생활을 계획 없이 마구잡이로 해 왔다는 것을 깨닫게 되었다. 수강신청도 즉흥적으로 하고 친구를 따라 이리저리 휩쓸려 다니며 특별한 계획도 없이 하루하루를 살아가고 있었던 것이다. S군은 일정관리를 돕는 수첩을 사서 자신의 생활을 체계적으로 관리하기 시작했다. 한 학기의 계획을 수립하고 매달 그리고 매주 무엇을 할 것인지 구체적인 목표를 세워 대학생활을 하기 시작했다.

S군은 자신의 인간관계에 대해서도 개선할 점이 많다는 것을 알게 되었다. 둘째 아들인 S군은 바쁘게 사시는 부모님 밑에서 성장하면서 애정에 대한 굶주림이 있다는 것을 깨달았다. 그래서 친구들과 만나면 관심을 끌기 위해 튀는 행동을 하여 오히려 친구들을 불편하게 만들었으며, 여자친구와의 관계에서도 상대방의 마음을 보살펴 주기보다 자신의 생각만을 늘어놓으며 상대를 독점하려 했던 것이다. 아마도 여자친구는 그러한 자신의 모습에 실망했거나 힘겨워했는지 모른다는 반성을 하게 되었다. 상담자 선생님의 모습을 보면서 어떻게 대화를 나누는 것이 상대방을 편안하게 해 주고 호감을 얻게 되는 것인지 배울 수 있었다. 마구 떠들기보다 상대방의 이야기를 진지하게 들어주고 그의 마음을 공감해 주는 것이 얼마나 중요한 것인지를 알게 되었다. S군은 친구와의 관계 속에서 이러한 깨달음을 실천에 옮기기 시작했다. 가능하면 자신의 말을 줄이고 상대방의 이야기를 성실하게 들어주려고 노력했다.

이러한 노력 속에서 S군의 대학생활은 서서히 변하기 시작했다. 전과한 전공공부에 열정을 지니고 공부할 수 있었고, 시간관리를 통해서 학업과 대인관계를 효과적으로 병행할 수 있게 되었으며, 친구들과의 관계도 훨씬 원만해졌다. 틈틈이 아르바이트를 하며 자신의 용돈과 자취비용을 벌어 부모님의 경제적 부담도 덜어드렸다. 성적도 조금씩 향상되어 3학년 2학기에는 장학금도 받게 되었다.

4학년이 된 S군은 대학원 진학을 위해서 체계적인 노력을 기울였다. 자신이 공부하고자 하는 분야의 학문적인 권위자가 재직하

는 대학교의 대학원에 진학
하기로 목표를 세웠다. 그
교수님의 연구논문을 구
해 읽고 대학원에서의
연구계획도 세워 보았
다. 그리고 대학원 진
학을 위해 필요한 전공
공부와 외국어 공부에도
몰두했다. 이렇게 분명한 목
표의식을 지니고 열심히 공부하게 되면서 학
업성적도 급격하게 향상되었다. 대학원 입시가 다가오면서 S군은
진학하려는 대학교의 교수님에게 자신의 열망과 연구계획안을 이
메일로 전하면서 개인 면담을 신청했다. 며칠 후에 그 교수님으로
부터 연구실로 찾아오라는 연락을 받았다. 자신을 인상 깊게 소개
할 수 있도록 면담 연습을 몇 번이나 한 후에 떨리는 마음으로 교수
님을 찾아갔다. 그 교수님은 따뜻한 태도를 S군을 맞이했고 30여
분간 진지한 이야기를 나눌 수 있었다. 대학원에 지원자가 많으니
준비를 철저하게 잘 하라며 격려해 주셨다.

마침내 S군은 소망하던 대학원에 합격했다. 자신이 그토록 하고
싶었던 학문분야를 깊이 공부할 수 있는 기회를 얻게 된 것이다. 부
모님도 몹시 기뻐하셨고 친구들도 부러워하며 축하해 주었다. 요즘
S군은 같은 학과의 한 후배 여학생과 교제를 시작했다. 대학원 합
격사실이 알려지자 어떻게 준비했는지를 물어오던 눈망울이 맑은

후배 여학생에게 마음이 끌렸다. 그 여학생도 S군에게 호감을 느끼며 잘 따랐다. S군은 후배 여학생을 따뜻하게 배려하며 신중하게 관계를 발전시키려고 노력하고 있다. 졸업을 앞둔 S군은 요즘 행복하다. 지나간 대학생활 기간 동안 좌절과 역경도 많았지만 그것을 극복하는 과정에서 자신이 참 많이 성장했다고 느낀다. 아직 미숙함이 많지만 앞으로 무엇을 위해 어떻게 살아야 할지 조금은 알 것같다. 무엇보다 대학생활을 통해 얻게 된 가장 소중한 것은 앞으로 닥쳐올지 모를 어떠한 어려움도 이겨 낼 수 있다는 자신감이다.

대학생활에서 길을 잃게 되는 이유

　'맨땅에 헤딩하기'라는 말이 있다. 대학생활이 별건가? 중·고등학교 시절처럼 그저 열심히 하면 되는 거 아닌가? 제 아무리 대학공부가 어렵다 해도 입시공부에 비하랴? 일단 들어가기만 하면 누구나 졸업하는 거 아닌가? 대부분의 학생들이 이러한 생각으로 아무런 준비 없이 대학생활에 뛰어든다. 그야말로 맨땅에 헤딩하는 자세로 대학생활을 시작하는 것이다. 그러나 이러한 생각으로 대학생활을 시작한다면 쌍코피를 흘릴 가능성이 높다.

　한국의 대학교는 들어가기가 어려울 뿐 일단 들어가면 졸업하기는 쉽다고들 말한다. 그렇다. 대다수의 대학생들은 졸업장을 받는다. 그러나 졸업장을 받기까지 어떤 우여곡절이 있는지를 잘 이해하는 신입생은 드물다. 통계자료에 따르면, 한국 대학생의 약 40%가 휴학 경험을 지니고 있으며 4년제 대학을 졸업하는 데 걸린 기간은 군복무기간을 제외하고 평균 5년 3개월이다. 대학을 5년 또는 6년 동안 다니는 학생들이 흔하다는 이야기다. 그만큼 대학생활에는 고민과 방황이 많다.

대학생활을 무난하게 이끌어 나가는 것은 결코 쉽지 않다. 더구나 대학생활을 성공적으로 만족스럽게 영위하는 것은 더욱 쉽지 않다. 앞에서 소개한 대학생의 부적응 사례는 극히 일부에 불과하다. 중·고등학교 생활이 정해진 길을 따라 나아가는 육지여행이라면, 대학생활은 드넓은 망망대해로 떠나는 항해와 같다. 대학생활에는 많은 암초와 풍랑이 기다리고 있다. 잘 닦여진 도로도 없고 길안내판도 없다. 자신만의 나침반으로 방향을 잡으며 거친 파도를 헤쳐나가야 한다.

특히 신입생 시기에 대학생활의 어려움을 호소하는 경우가 가장 많다. 신입생 시절에 첫 단추를 잘못 끼우면 대학생활을 하는 동안 어려움이 계속될 수 있다. 그렇다면 대학생활은 왜 이렇게 어려운 것일까? 그저 고등학교에서 대학교로 진학하는 것인데…… 초등학교에서 중학교로, 중학교에서 고등학교로 진학하듯이 그저 한 단계 높은 수준의 교육기관으로 옮겨 간 것일 뿐인데 대학생들은 왜 그렇게 많은 어려움을 겪는 것일까? 그 첫째 이유는 대학교의 생활환경이 중·고등학교와는 매우 다르기 때문이다.

1 대학교, 중·고등학교와 어떻게 다른가

인생은 크고 작은 변화의 연속이다. 대학 진학은 인생에 있어서 커다란 변화에 속한다. 대학생활이 이전의 학교생활과는 현저하게 다르기 때문이다. 대학생활의 특성을 잘 이해하지 못하면 대학생들은 커다란 어려움에 처하게 된다. 특히 신입생들이 그러하다. 왜냐하면 학생들이 그동안 생활해 온 중·고등학교와는 매우 다른 대학교의 생활환경에 적응하는 일이 어렵기 때문이다. 그렇다면 대학생활은 중·고등학교 생활과 어떻게 다른 것일까? 대학교는 우리 사회에서 매우 특이한 구조를 지닌 기관이다. 한 사람이 평생 동안 거치는 다른 조직가족, 유치원, 초등학교, 중학교, 고등학교, 회사나 직장과 비교하면, 대학교는 매우 독특한 구조를 지닌 기관이다.

우선, 대학교에는 정해진 등·하교 시간이 없다. 대학생은 아침에 일찍 등교하지 않아도 된다. 1교시오전 9시에 시작하는 수업시간에 수업이 없으면, 중·고등학생처럼 매일 아침 일찍 학교에 가지 않아도 된다. 오후에 수업을 하는 수강과목들을 선택하면 오전은 자유시간이 된다. 대학생은 하루 또는 일주일의 수업시간을 스스로 선택하여 조절할 수 있다. 대학생에게는 중·고등학교 시절에 비해서 자유시간이 대폭 증가한다. 사실 대학생 시기는 아침 일찍 일어나지 않아도 될 뿐만 아니라 인생에서 가장 많은 자유시간이 주어지는 시기다. 직장을 갖게 되면 아침 일찍 출근해야 하는 것은 물론 빡빡한 삶이 시작되니까 말이다. 그러므로 대학생활의 성패는 많은 자유시간을 어떻게 보내느냐에 따라 결정된다고 할 수 있다.

둘째, 대학교에는 학생 개인을 위한 지정석이 없다. 대학생에게 는 지정된 좌석이 주어지지 않는다. 중·고등학교에서는 자신이 속한 학급의 교실에 자신이 앉을 자리가 주어진다. 아침에 등교하면 당연히 자신의 학급을 찾아가 자신의 자리에 앉아 수업을 받는다. 그러나 대학에서는 그러한 지정좌석이 없다. 대학생은 자신이 수강하는 강의시간에 강의실을 찾아가서 수업을 듣고 강의가 끝나면 나와야 한다. 따라서 수업이 없는 공강시간에는 도서관, 과방, 휴게실 등과 같은 곳에서 시간을 보내며 다음 강의시간을 기다려야 한다. 대학생은 강의실을 찾아 이리저리 옮겨 다니며 캠퍼스를 떠도는 유목민과 같은 생활을 하게 된다. 자신의 자리가 없다는 점역시 대학교만의 독특한 특성이다. 가정이든 중·고등학교든 직장이든 개인이 머무는 모든 곳에는 자신의 자리가 주어지지만 대학교에서만은 지정석이 주어지지 않는다. 이런 점에서 대학생활은 마치 정처 없이 떠도는 항해와 같다. 드넓은 캠퍼스에서 이 강의실 저 강의실을 옮겨 다녀야 하기 때문이다. 대학교는 한곳에 정을 붙이며 뿌리 내리기 어려운 구조를 지닌 기관이다. 넓은 대학 캠퍼스에서 정을 붙이고 정박할 항구를 마련하지 못하면 외로운 방랑자가 될 수밖에 없다.

셋째, 대학교는 학생에게 정해진 수업시간을 부여하지 않는다. 그 대신 학생이 수강할 과목을 선택하여 스스로 수업시간을 짜야한다. 중·고등학교에서는 월요일 아침 1교시부터 정해진 수업시간에 따라 담당교사가 교실을 찾아와 수업을 하고 돌아간다. 그러나 대학생은 자신이 선택한 수업시간에 강의실을 찾아가 담당교수의 강의를 들어야 한다. 학교를 음식점에 비유한다면, 중·고등학교는 정해진 세트메뉴를 제공하는 식당인 반면, 대학교는 고객이 원하는 음식을 취사선택할 수 있는 뷔페식 식당이라고 할 수 있다. 중·고등학교에서는 고객인 학생이 자신의 좌석에 앉아 있으면 정해진 세트메뉴수업시간표에 따라 종업원담당교사이 들어와 음식수업을 제공한다. 그러나 대학교에서는 고객인 학생이 다양하게 펼쳐 놓은 강의를 스스로 찾아다니며 선택해서 들어야 하기 때문이다. 대학교만큼 자율적인 선택이 중요한 곳도 없다. 어떤 교수의 어떤 강의를 선택하여 수강하느냐에 따라 대학에서 받는 교육의 내용이 달라진다.

넷째, 대학교에는 매일 고정적으로 만날 수 있는 담임교사나 학급친구가 없다. 대학교에서도 학생에게 지도교수가 배정된다. 그러나 지도교수는 중·고등학교 교실에서 매일 긴밀하게 접하는 담임교사와는 매우 다르다. 자신의 연구실에 머무는 지도교수를 학생이 스스로 찾아가지 않으면 만나기가 어렵다. 대학교에서도 학생들은 특정한 학과나 학생반에 소속된다. 그러나 중·고등학교와 달리, 같은 학과나 반의 동료들을 늘 만날 수 있는 것은 아니다. 각자 자신이 선택한 수업을 듣기 위해 캠퍼스를 떠돌기 때문이다. 대학교에서는 학생에게 주어지는 인간관계의 틀이 거의 없다. 스스로 노력하지 않으면, 대학교에서는 인간관계를 맺기가 어렵다. 이미 알고 지내는 사람이 아무도 없는 상태에서 대학 캠퍼스에 갑자기 던져진 신입생들은 외로움을 느끼기 쉽다. 만약 드넓은 캠퍼스에서 강의를 같이 듣고 공강시간을 함께 보내며 이야기를 나누고 점심식사를 함께할 수 있는 마땅한 친구가 없다면, 대학생활이 어떠할지 상상해 보라. 캠퍼스 유목민이 유랑생활을 함께할 동료마저 구하지 못한다면 대학생활은 매우 외롭고 삭막할 수밖에 없다.

마지막으로, 대학교에는 학생의 사생활에 규제를 가하는 사람이 없다. 대학교에는 정해진 교복이 없다. 명찰도 없다. 야자도 없다. 두발과 복장은 자유다. 경범죄에 해당되는 경우만 아니라면 무제한의 자유가 허용된다. 중·고등학교 시절 매일 아침 등교할 때 규율부장 선생님으로부터 두발과 복장에 대한 지적을 받지 않을까 가슴 졸이는 일 같은 것은 없다. 뿐만 아니라 흡연, 음주, 연애, 성생활, 수면패턴 등 모든 것이 학생의 자율에 맡겨진다. 수업시간에 지각하거나 결석하는 것도 자유다. 과제를 하지 않는 것도, 시험시간에 나타나지 않는 것도 자유다. 다만 담당교수는 이를 체크하여 학점에 반영할 뿐이다. 간혹 학생들에 대한 각별한 애정을 지닌 일부 교수들이 관심을 보이며 충고를 하기도 하지만, 대다수의 교수들은 모든 것을 학생의 자율에 맡긴다.

● 어느 신입생의 하루

3월 중순의 어느 날 아침. 가족과 함께 아침식사를 한다. 고등학생인 동생이 7시에 제일 먼저 집을 나선다. 7시 30분에 아버지가 출근을 하신다. 8시가 되도록 미적거리는 나에게 어머니가

"학교 안 가냐?"고 물으신다. 오전에 수업은 없지만 할 일 없이 집에만 머무르는 것도 눈치가 보여 8시 30분쯤 집을 나서 학교로 향한다.

제법 쌀쌀한 날씨다. 9시경 학교 정문에 들어선다. 캠퍼스에는 많은 사람들이 발걸음을 서두르며 제 갈 길을 가고 있다. 어디로 간다? 마땅히 가서 머무를 곳이 없다. 과방에나 가볼까? 과방에는 학생 서너 명이 떠들며 잡담을 나누고 있다. 간단히 인사를 나누고 벽에 붙은 벽보에 눈길을 보낸다. 잠시 머물지만 딱히 할 일이 없다. 도서관에나 갈까? 10시경, 칸막이 독서실에는 이미 취업준비생, 고시생 선배들이 자리를 차지하고 있다. 서가를 배회하며 이 책 저 책을 빼어 본다. 서가를 가득 메운 많은 책들이 위압적이다. 전공서적들이라서 재미가 없다.

1시에 강의가 있는데, 어디 가서 시간을 보낸다? 캠퍼스를 이리저리 배회한다. 많은 사람들이 오고가지만 아는 사람이 없다. 11시 50분, 허기가 느껴진다. 점심시간이 되었지만 식사를 함께 할 사람이 없다. 학교 식당에서 혼자 식판을 받아 밥을 먹는다. 조금 허전하고 쓸쓸하다. 고등학교 때는 반 급우들과 함께 떠들고 장난치며 점심식사를 했었는데……. 1시에 강의실로 들어선다. 이미 많은 학생들이 강의실을 가득 메우고 있다. 드디어 교수님이 강의를 시작하신다. 설명을 체계적으로 잘 해 주시지만 강의 내용이 조금 딱딱하고 이해하기가 어렵다. 식곤증 때문인지 졸음이 쏟아진다. 졸음을 참으며 강의에 집중하려 애쓰지만 교수님의 목소리가 잘 들리지 않는다.

　오후 4시, 드디어 3시간짜리 수업이 끝났다. 수강생들은 모두 제각기 어디론가 흩어진다. 귀가하기엔 조금 이른 시간이다. 무얼 한다? 마침 같은 과 동기생이 지나간다. 말을 건넨다. 강의 들으러 가는 중이라며 서둘러 가 버린다. 싸늘한 빈 강의실에서 오늘 수업을 정리하고 교재를 읽는다. 5시 40분, 배도 고프고 춥다. 집으로 향하는 마음이 왠지 무겁다. 오늘 하루 종일 학교에서 말을 몇 마디도 못한 것 같다. 문득 고등학교 시절이 그리워진다. 학교에 가면 항상 이야기하며 떠들 수 있는 친구들이 있었는데……. 6시 30분, 집에 도착했다. 인사를 하자 어머니가 물으신다. "어떠니? 대학생활 재미있니?"

2　대학생활의 함정

　대학생활의 가장 큰 특징은 자유다. 대학교는 학생에게 최대한의 자유를 허용하며 거의 모든 것을 학생의 자율적인 선택에 맡긴다. 졸업을 위한 전체 이수학점과 교양과목 및 전공과목의 필수 이수학점을 제외하면 아무런 규제가 없다. 교수는 담당과목을 수강하는 학생들에게 강의를 하고 평가기준에 따라 학점을 줄 뿐이다. 학생은 매 학기 정해진 이수학점을 따게 되면 졸업장을 받을 수 있다. 학점과 관련된 몇 가지 규정 이외에 모든 것은 학생의 자유다. 이런 점에서 대학생 시기는 인생에서 가장 많은 자유가 주어지는 시기다.

현대인은 평생 동안 크고 작은 조직에 소속되어 살아간다. 태어나면서 가족에 소속되어 부모의 보호와 통제를 받으며 성장한다. 중·고등학교에서는 교사와 부모의 감독을 받으며 엄격한 규율 속에서 생활한다. 하지만 대학에 진학하면 거의 무제한의 자유가 주어진다. 그러나 대학교를 졸업하고 사회인으로 취업하게 되면, 급격하게 자유가 제한된다. 엄격하게 출퇴근 시간을 지켜야 하고, 상사의 감독하에 주어지는 업무를 해야 하기 때문이다. 직장에서 은퇴를 할 때까지 이러한 삶을 살아야 한다.

자유의 측면에서 보면, 대학생활은 인생의 단층지대다. 통제가 심한 중·고등학교 생활에서 직장생활로 넘어가는 중간지대에서 무제한의 자유를 누리는 시기가 대학생 시기다. 이런 점에서 대학생 시기는 인생에서 매우 특수한 단층지대다. 필자가 대학생활을 인생의 2막이라고 칭하는 이유가 여기에 있다. 〈표 1〉에 요약되어 있듯이, 대학생활은 그 이전의 중·고등학교 생활과 현저하게 다를 뿐만 아니라 그 이후의 직장생활과도 매우 다르다. 대학생활은 간섭과 통제가 가장 적은 반면, 자유와 자율이 가장 많이 주어지는 시기인 것이다. 그래서 대학생활은 학생에 따라 천차만별 천태만상으로 나타나게 된다.

표 1 대학생활의 특성

	인생 1막 초·중·고교생활	인생 2막 대학생활	인생 3막 직장생활
출퇴근시간의 엄격성	높음	낮음	높음
지정좌석의 유무	있음	없음	있음
시간활용의 자율성	낮음	높음	낮음
인간관계의 친밀도	높음	낮음	중간
감독자의 규제수준	높음	낮음	중간
재정적 이해관계	학비를 냄	학비를 냄	월급을 받음

인생의 2막 대학생활의 가장 큰 특징은 자유다. 자유는 대학생활의 가장 큰 매력이자 특권이다. 대학생은 자유로운 생활을 통해서 마음껏 자신의 개성과 능력을 발휘할 수 있다. 인생과 세상에 대한 다양한 학문분야를 마음껏 탐색하며 배울 수 있다. 젊음의 열정과 패기를 발산하며 낭만을 즐기고 인생의 다양한 측면을 체험할 수 있다. 다양한 탐색과 도전을 통해서 창의성을 마음껏 발휘하고 성취를 이룰 수 있다. 미래의 희망과 비전을 나름대로 키우며 행복한 미래를 마음껏 꿈꿀 수 있다. 이러한 대학생활을 통해서 자유를 성숙하고 생산적으로 누릴 수 있는 성인으로 성장하게 된다. 이것이 우리 사회의 최고 교육기관인 대학교가 무제한의 자유를 허용하는 이유일 것이다.

그러나 모든 것에는 양면성이 있는 법, 자유는 대학생활의 가장 큰 매력인 동시에 가장 위험한 함정이기도 하다. 자유를 누릴 준비가 되어 있지 않은 사람에게는 갑자기 부여되는 자유가 혼란과 방종으로 이어질 수 있기 때문이다. 자유는 선택의 자율성을 의미한다. 인생은 크고 작은 수많은 선택과 그 결과로 이루어진다. 현명하지 못한 선택은 파괴적인 결과를 초래한다. 자유를 건설적으로 누리기 위해서는 자신의 삶을 주체적으로 이끌어 나갈 수 있는 주도성과 독립성이 필요하다. 또한 자신의 충동을 스스로 조절할 수 있는 능력과 더불어 자신이 한 선택의 결과를 예측하고 책임지는 역량이 필요하다. 이러한 역량을 갖추지 못한 대학생에게 부여되는 자유는 재앙이 될 수도 있다. 대학생활의 자유는 충동적이고 무절제한 행동, 나태하고 무책임한 태도, 무계획적이고 무질서한 생활로 이어질 수 있기 때문이다. 중·고등학교까지 모범생이었던 학생이 대학에 진학한 후에 폐인족으로 전락하는 이유가 여기에 있다.

대학생활의 성공과 실패는 자신에게 주어진 자유를 어떻게 자율적으로 잘 관리하느냐에 달려 있다. 대학교는 미성년으로 입학하여 성인으로 졸업하는 곳이다. 대학졸업의 진정한 요건은 이수학점이 아니라 자유를 감당하는 능력인 것이다. 인생의 대소사를 자율적으로 선택하여 결정할 수 있을 뿐만 아니라 그 결과에 대해서 온전한 책임을 질 줄 아는 사람이 바로 진정한 대학인大學人이라고 할 수 있다.

3 대학생활이 쉽지 않은 또 다른 이유

대학생활이 쉽지 않은 이유가 중·고등학교와 현저하게 다른 환경적 요인 때문만은 아니다. 인생의 2막 대학생활에서 우여곡절을 많이 경험하는 또 다른 중요한 이유가 있다.

우선, 대학생 시기에 해당하는 청년기 초기는 인생의 발달단계에서 가장 많은 변화를 경험하는 불안정한 시기다. 청소년에서 성인으로 전환되는 변화기이기 때문이다. 마치 작은 실개천을 따라 살아오다가 갑자기 드넓은 바다로 진입하는 것과 같다. 대학생은 스스로 선택하고 결정해야 하는 다양한 삶의 과제에 직면하게 된다. 난해한 전공공부를 비롯하여 음주와 흡연, 이성교제, 성생활, 친구관계, 군복무, 아르바이트, 소비활동, 진로선택과 취업준비 등과 같이 스스로 해결해야 할 다양한 과제와 도전에 직면하게 된다. 이러한 과제들은 학업에만 전념했던 중·고등학교 시절에는 경험하지 못한 새로운 과업이기 때문에 해결하기가 쉽지 않다. 따라서 고민과 갈등이 늘어나고 정서적인 불안정과 혼란에 빠지기 쉽다. 대학생활은 인생의 다양한 과제에 대해서 스스로 결정하고 책임감 있게 행동하기를 요구하기 때문이다.

둘째, 대학생 시기는 인생에서 대인관계가 가장 활발한 시기다. 가족과 학교친구로 제한되었던 중·고등학교 시절의 인간관계에 비해, 대학생활에서는 그 폭과 깊이가 갑자기 현저하게 확대된다. 교우관계의 경우, 학과 친구를 비롯하여 동아리, 학회, 동창회 등 다양한 인연으로 맺어지는 동료와 선후배들로 확대된다. 인간관계는 행복의 원천인 동시에 불행의 근원이기도 하다. 성장배경과 개성이 다른 많은 사람들과 교우관계를 맺게 되면, 새로운 긍정적 경험도 늘어나지만 고립, 소외, 갈등, 대립, 반목의 부정적 경험도 늘어난다. 특히 중·고등학교 시절에 원활한 인간관계 기술을 발달시키지 못한 대학생의 경우에는 많은 어려움과 갈등을 겪게 된다.

셋째, 대학생 시기는 특히 이성교제에 대한 관심이 급증하는 시기다. 이성교제는 대학생이라면 누구나 열망하는 것이지만 원만한 이성관계를 발전시키고 유지하는 것은 쉽지 않다. 이성관계는 다른 인간관계와 달리 격렬한 감정과 성적인 욕구가 수반되는 가장 강렬한 관계다. 그래서 '사랑은 천국과 지옥을 왕복하는 한 계절의 승차권' 이라는 말이 존재한다. 이성관계가 잘 진전될 때는 행복감과 환희에 젖게 되지만, 그렇지 못할 때는 상대방의 사랑에 대한 의심과 좌절로 매우 심한 고통을 겪기 때문이다. 이성관계는 그 진전 여부에 따라 강렬한 정서적 동요를 경험하는 청룡열차와 같다. 특히 이성관계의 갈등을 해결하지 못하고 실연을 하게 되면, 쓰라린 고통과 상처 그리고 혼란을 경험하게 된다.

넷째, 대학생 시기는 부모와의 관계가 질적으로 변화하는 시기다. 의존에서 독립으로 나아가는 전환기다. 이러한 전환기에 부모와의 갈등과 대립이 증가한다. 대학생은 부모의 보호와 감독을 받던 중·고등학교 시절과 달리 자율적인 삶을 추구한다. 그러나 부모는 여전히 간섭과 통제의 끈을 놓지 않는다. 이러한 상반된 입장으로 인해 부모와 대학생 자녀 간에는 필연적으로 갈등이 초래된다. 사소한 일상생활을 비롯하여 전공분야와 진로 선택, 이성교제, 용돈문제, 가정의 대소사 등에 있어서 부모와 학생은 의견대립을 경험하게 된다. 그러나 부모-자녀 관계는 다른 인간관계처럼 갈등이 있다고 해서 결별할 수 있는 관계가 아니다. 그래서 부모-자녀 간의 갈등은 양자 모두에게 지속적인 고통을 줄 수 있다.

마지막으로, 대학생 시기는 자신의 인생관을 형성하는 시기다. '무엇을 위해 어떻게 살아야 할 것인가?'라는 문제에 대해서 나름대로의 안목을 정립하는 시기다. 대학입시 준비에 매진해야 하는 중·고등학교 시절에는 '나는 누구이며 무엇을 위해 살 것인가?' 하는 소위 자기정체성self-identity 문제를 충분히 탐색하여 정립할 기회를 갖지 못한다. 비로소 대학생이 되어서야 이러한 문제에 심각하게 직면하게 된다. 대학생활을 통해 다양한 체험과 학문을 접하게 되면서 가치관의 혼란을 경험하게 된다. 세상은 넓고 인생은 복잡하며 추구해야 할 가치가 다양하다는 것을 알게 된다. 공부와 사회적 성공만이 전부가 아니라는 것을 깨닫게 된다. 그렇다면 나는 무엇을 위해서 어떻게 살아가야 하나? 이러한 물음은 매우 건강한 것이지만 방황과 갈등을 초래한다. 특히 졸업 후 진로와 직업 선택의 문제에 직면하게 되면 이러한 고민은 깊어진다.

이처럼 대학생 시기는 다양한 변화를 겪게 되는 인생의 전환기다. 전환기에는 필연적으로 갈등과 방황이 수반된다. 해야 할 일도 많고, 하고 싶은 일도 많으며, 고민거리도 많은 시기가 대학생 시기다. 그래서 20대 초반의 청년기는 우울증을 비롯한 심리적 문제와 정신장애의 발병률이 가장 높은 시기이기도 하다.

● 대학생의 5가지 유형[2]

대학생들이 대학생활에서 추구하는 가치는 매우 다양하다. 그리고 추구하는 가치에 따라 대학생활이 크게 달라진다. 대학생활에서 추구하는 목표뿐만 아니라 주요한 관심사와 시간 사용이 달라지기 때문이다. 천태만상의 대학생활을 영위하는 대학생들은 그들이 추구하는 주된 가치와 관심사에 따라 크게 5가지의 유형으로 구분될 수 있다.

첫째 유형은 **학구파**다. 자신이 전공하는 학문세계에 깊은 관심을 지니며 전공공부를 열심히 하는 학생들이다. 학구파들은 전공과 관련된 직업분야로 진출하거나 대학원에 진학하여 학자로서의 삶을 추구한다. 이들은 전공학과를 중심으로 대학생활을 영위하며 대체로 학업성적이 좋은 편이다.

둘째 유형은 **출세파**다. 사회적으로 인정받는 높은 연봉의 안정된 직업을 빠른 시일 내에 확보하려는 학생들이다. 이들은 각종 고시나 전문가 자격시험을 준비하는 데 몰두하며 시험과 관련성이 적은 전공공부를 소홀히 하는 경향이 있다. 시험공부에 지나치게 집착하면 인간관계가 위축되거나 대학생활이 무미건조해질 수 있다.

셋째 유형은 **낭만파**다. 대학생활의 자유와 낭만을 만끽하려는 학생들이다. 이성교제를 비롯하여 취미활동이나 다양한 여가활동에 깊은 관심을 지니며 많은 시간을 이러한 활동에 할애한다. 이들은 대학생활을 가장 여유 있고 풍요롭게 영위하지만 자칫 무절제하거나 나태한 생활에 빠져들 위험이 있다.

넷째 유형은 **정의파**다. 우리 사회의 구조적 불평등과 부조리에 대해 깊은 관심을 지니며 이러한 문제의 해소를 위해서 행동으로 참여하는 학생들이다. 이러한 학생들은 정치사회적 이슈에 민감하며 사회참여적 성향을 지닌 학생단체, 시민단체, 사회단체에 관여하면서 사회적 활동이나 시위에 적극적으로 참여하는 경향이 있다.

마지막 유형으로는 **인생파**가 있다. 인생의 궁극적인 의미와 가치에 대해서 깊은 관심을 지니고 다양한 탐색을 하는 학생들이다. 이들은 삶과 죽음의 문제를 비롯하여 "무엇을 위해 어떻게 살 것인가?"라는 근본적인 물음에 대해서 나름대로의 해답을 얻기 위해 노력한다. 전공공부보다는 종교, 철학, 심리학 등에 대한 공부나 종교적 활동에 많은 시간을 투자한다.

대부분의 대학생은 두 가지 이상의 유형을 공유하는 경향이 있으며, 학년에 따라 유형이 변하기도 한다. 대학생 시기는 인생의 중요한 가치를 탐색하고 실험하며 추구하는 시기다. 이러한 유형 분류는 대학생들이 추구하는 5가지의 주요한 가치, 즉 학문적 지식의 습득, 직업적 안정의 확보, 자유와 낭만의 향유, 사회참여적 관심과 실천, 인생의 의미 탐구라는 다양한 가치를 보여주고 있다.

4 성공적인 대학생활이란 어떤 것인가

과연 '대학생활을 잘 한다'는 것은 어떤 것일까? 무엇을 추구하며 어떻게 대학생활을 하는 것이 바람직한 것일까? 성공적인 대학생활은 어떤 것일까? 이러한 물음은 마치 "행복한 삶이란 어떤 것인가?"라는 물음과 비슷하다. 사람마다 주관적인 판단에 따라 다양한 대답이 가능해서 하나의 정답을 제시하기 어려운 물음이기 때문이다. 학생마다 대학생활에 대한 기대와 목표가 각기 다르기 때문에 그 대답 역시 다양하게 제시될 수 있다.

대학에 진학하는 신입생들은 대학생활에 대해서 어떤 기대를 갖고 있을까? 대학 신입생을 대상으로 조사한 한 연구자료[3]에 따르면, 신입생들이 대학생활에서 해야 할 가장 중요한 일로 선택한 것은 학업37.1%이었다. 그다음으로 중요한 것은 폭넓은 인간관계24.1%였으며, 교양 습득 및 인격 성장17%, 다양한 취미활동 및 경험11.6%, 취업 및 진학준비7.3%, 동아리활동 및 학생활동2.3%, 이성교제0.7% 등이 뒤를 이었다. 남학생과 여학생은 대체로 비슷한 반응을 나타냈으나, 남학생들은 폭넓은 인간관계를 좀 더 중시하는 반면, 여학생들은 교양습득 및 인격성장, 취미활동, 동아리활동 등을 더 중시하는 경향이 있었다. 아울러 인문사회계 학생들은 자연이공계 학생에 비해 교양습득 및 인격성장을 더 중시하는 경향이 있었다. 여러 대학교의 신입생 의견조사[4]에 따르면, 대학생활에서 하고 싶은 일은 공통적으로 학업전공 및 교양 공부이 1순위로 나타났으며 동아리활동, 폭넓은 인간관계, 취업 및 자격시험 공부 등이 그 뒤를 잇고 있다.

(1) 학 업

대학은 교육기관이다. 그렇다. 대학에 진학하는 가장 주된 이유는 전문지식과 기술을 배우기 위한 것이다. 이러한 배움을 위해서 비싼 학비를 내는 것이다. 대학생이 대학생활에서 가장 중요하게 여겨야 할 일은 역시 학업이다.

대학에서 배울 수 있는 것은 많다. 가장 중요한 것은 교수가 강의를 통해서 전달하는 교양 지식과 전공 지식일 것이다. 대부분의 대학은 졸업을 위해서 이수해야 할 학점예: 140학점 이상을 학칙으로 규정하고 있을 뿐만 아니라 필수적으로 이수해야 할 교양학점예: 36학점 이상과 전공학점예: 45학점 이상도 규정하고 있다. 대학마다 필수 이수학점에 대한 규정이 다르지만, 대부분의 대학은 학생들이 교양 강좌와 전공 강좌를 균형 있게 수강하도록 권장하고 있다. 즉, 교양 강좌를 통해서 인생과 세상에 대한 넓은 지식을 습득하는 동시에 전공 강좌를 통해서 전공분야에 대한 깊고 전문적인 지식과 기술을 습득하도록 권장하고 있는 것이다. 학업을 통한 지식 습득은 그 자체로도 소중한 것이지만 졸업 후의 취업이나 진학을 위한 것이기도 하다.

대학은 최대한의 자유를 허용하는 곳이지만 학생들에게 의무로 부과하는 유일한 것이 학업에 관한 것이다. 즉, 학점이다. 졸업을 위한 전체 이수학점뿐만 아니라 일정 수준 이상의 학점을 취득해야 하는 규정을 학생들에게 부과하고 있다. 개별 교과목의 경우, 성적이 매우 부진하면 낙제에 해당하는 F학점을 부여한다. 매 학기의 평균학점이 저조하면 학사경고를 하며, 학사경고가 여러 번 누적될 경우에는 학사제적을 통해서 학교로부터 퇴출된다. 예를 들어, 4.3만점A+의 학점제도에서는 한 학기의 평균학점이 1.7점C_미만이면 학사경고를 받게 되며, 학사경고를 4번 받으면 학사제적을 당하게 된다. 학점부여제도나 학사징계에 대한 규정은 대학교마다 다소의 차이가 있지만 대체로 이와 비슷하다.

성공적인 대학생활을 반영하는 한 가지 지표는 학점수준이다. 높은 학점은 학생이 열심히 공부했다는 담당교수의 증명서다. 대학생의 지식수준과 능력을 평가하는 가장 객관적인 지표는 학점이다. 그래서 학점은 취업이나 대학원 진학의 경우에 학생의 역량을 평가하는 가장 중요한 자료가 된다.

그러나 필자의 경험에 따르면, 학생의 지식수준과 능력이 반드시 학점수준과 비례하지는 않는다. 일부 학생들은 지나치게 학점에 집착하여 학점을 잘 주는 교수의 강의를 선택적으로 수강하거나 학점 평가기준 위주의 공부를 하기도 한다. 이러한 학생들의 경우, 구술고사나 심층면접 등을 통해 세부적으로 점검해 보면 높은 학점에 비해서 지식과 역량이 떨어지는 경우가 많다. 일부의 다른 학생들은 학점이나 시험에 연연하기보다 자신이 흥미를 느끼는 주제나 관심사에 몰두하여 심층적으로 파고들며 공부하기도 한다. 이런 학생들은 학점에 비해서 탁월한 지적 역량을 지니는 경우가 많다. 요컨대, 대학생활의 가장 중요한 과업은 학업이고, 성공적인 학업의 지표는 학점수준이지만 예외적인 경우도 흔하다.

(2) 인간관계

학업 다음으로 신입생들이 대학생활에서 중요시하는 것은 폭넓은 인간관계다. 그렇다. 대학생활에서 인간관계는 매우 중요하다. 대학에서의 원만한 인간관계는 성공적인 대학생활을 위한 바탕이

자 그 지표다. 앞에서 언급한 바 있듯이, 대학에서는 학생들이 적극적으로 노력하지 않으면 인간관계를 형성하기 어렵다. 중·고등학교에서는 학생들이 30명 정도의 학급이라는 주어진 인간관계 구조 속에 편입되어 자연스럽게 친구들과 관계를 맺게 된다. 자기 좌석의 전후좌우에 앉게 되는 친구들과 자연스럽게 접촉하게 된다. 또한 담임교사가 지정되어 학생들의 생활을 지도한다.

그러나 대학에는 이러한 인간관계 구조가 없다. 물론 같은 학과나 계열, 또는 학생 반에 소속되지만 자신을 위한 정해진 좌석이 없다. 학생들은 각자 자신이 수강하는 수업을 듣기 위해 끊임없이 이동한다. 또한 각자의 관심사에 따라 대학 캠퍼스에서 움직이는 동선이 다르기 때문에 같은 과의 학생이라도 자주 만나기 어렵다.

대학교는 수천 또는 수만 명의 구성원교수, 학생, 행정직원으로 이루어진 거대한 인간집단이다. 각자 자신의 역할을 수행하기 위해서 바쁘게 움직이는 복잡한 인간관계 집단이다. 따라서 대학생 스스로 인간관계 형성을 위해 노력하지 않으면, 외톨이가 될 수밖에 없다. 특히 가족과 고향을 떠나 타지에서 생활을 하는 학생의 경우, 외로움과 고립감을 경험하게 될 가능성이 더 높다.

대학의 다양한 구성원동급생, 선배, 후배, 교수 등과 폭넓은 인간관계를 형성하는 것은 대학생활을 즐겁고 유익하게 영위하는 바탕이다. 대학생의 교우관계에 대한 한 조사연구[5]에 따르면, 대학생의 주된 교우집단은 같은 과 친구29.5%, 동문회 친구19.7%, 초등·중·고등학교 때의 친구14%, 동아리 친구11.4%, 학생회나 학회 친구5.6%, 기숙사나 하숙집 친구4.1%의 순서로 나타났다. 이밖에도 이성관계,

가족관계, 교수와의 관계는 만족스러운 대학생활에 영향을 미치는 중요한 요인이다.

친밀한 인간관계는 행복한 삶의 가장 중요한 요소다. 친구가 없는 대학생활을 상상해 본다면, 인간관계의 중요성을 쉽게 알 수 있다. 넓은 대학 캠퍼스에서 공강시간을 함께 보내고 점심식사를 같이 하며 친밀한 대화를 나누고 공부를 같이할 뿐만 아니라 취미활동이나 여행을 함께할 수 있는 친구들은 행복한 대학생활을 위한 필수적 요소다.

(3) 자기계발과 여가활동

대학생활에는 자유시간이 많다. 대학생들은 한 학기에 6과목 정도의 강의를 수강한다. 한 과목당 3시간씩 일주일에 총 18시간 정도의 강의를 듣고 나면 자유시간이다. 물론 강의 내용에 대한 예습과 복습, 과제나 시험 준비 등 학업을 위해 투자하는 시간이 필요하다. 학업에 투자하는 시간을 제외하면 나머지는 자유시간이다. 뿐만 아니라 대학에서는 2개월 이상의 긴 방학이 여름과 겨울에 두 번씩이나 주어진다. 이렇게 주어지는 많은 자유시간을 어떻게 보낼 것인가? 대학생들이 자유시간에 가장 많이 할애하는 활동은 자기계발과 여가활동이다.

대학생 시기는 청소년에서 성인으로 성장하는 시기다. 인격적인 면이나 기능적인 면에서 성숙한 사회인으로 성장하기 위한 다양한 노력이 필요한 시기다. 대학교에서 강의를 통해 배우는 것은 매우 제한되어 있다. 수강할 수 있는 과목의 수가 제한되어 있을 뿐만 아니라 짧은 기간에 지적인 내용 위주의 교육이 이루어지기 때문이다. 또한 대학에서는 인생에 필요한 모든 지식과 기술을 강좌로 개설하고 있지 않다. 따라서 학생 스스로 자신을 유능하고 성숙한 사회인으로 계발하기 위한 노력이 필요하다. 많은 대학생들은 자유시간을 활용하여 자기계발을 위한 활동에 참여하고 있다. 대학교에서는 대학생들의 자기계발을 위해서 다양한 프로그램예: 리더십 향상 프로그램, 대인관계 향상 프로그램, 발표력 향상 프로그램, 스트레스 대처 훈련, 의사소통 훈련, 효과적인 시간관리법 등을 개설하고 있다. 아울러 영어를 비롯한 다양한 외국어 능력을 향상시키거나 컴퓨터 프로그래밍 및 소프트웨어 사용 기술 등을 배우는 데에 노력을 기울여야 한다.

자기계발은 다양한 활동을 통해서 이루어질 수 있다. 특히, 동아리활동은 자기계발에 커다란 도움이 된다. 대학에는 학술활동, 예술활동 및 취미활동, 운동 및 신체수련, 자원봉사활동, 종교활동을 함께하는 매우 다양한 동아리가 있다. 동아리활동은 다양한 전공의 학우들과 폭넓은 인간관계를 형성하는 동시에 공통의 관심사를 나누며 자기계발을 할 수 있는 좋은 기회다.

이 밖에도 대학생 시절에는 개인적으로 다양한 체험을 해 보는 것이 바람직하다. 국내외 다양한 곳을 여행하며 사람과 문화와 자연을 체험하는 일, 기업체의 인턴활동을 통해서 직장인의 세계를 경험해 보는 일, 시간제 취업이나 아르바이트를 통해 노동의 소중함을 체험해 보는 일, 사회의 취약계층이나 장애인을 위해서 다양한 봉사활동에 참여해 보는 일, 휴식과 즐거움을 주는 다양한 취미활동에 몰두해 보는 일 등은 대학생활을 풍요롭게 하는 동시에 자기계발을 촉진하는 기회가 된다. 의견조사에서 많은 신입생들이 대학생활의 중요한 활동으로 여겼던 교양 습득 및 인격 성장, 다양한 취미활동, 동아리활동과 학생활동은 이러한 범주에 속하는 활동이다.

성공적인 대학생활의 중요한 요건은 이처럼 다양한 활동과 체험을 통해서 대학생활의 낭만을 즐길 뿐만 아니라 자기계발과 인격 성장을 위해 노력하는 것이다. 자유로운 대학생활을 통해서 다양한 체험을 추구하며 지智·덕德·체體를 균형 있게 갖춘 사람으로 성장하는 것이 대학생 시기에 수행해야 할 가장 중요한 과업이다.

(4) 인생설계와 진로준비

대학생활에서 반드시 해야 할 과업 중의 하나는 미래의 인생을 설계하는 일이다. 단기적으로는 졸업 후의 진로를 탐색하고 선택하는 일이며, 장기적으로는 인생의 전체 행로를 구상하고 설계하는 일이다. 인생의 2막 대학생활은 졸업 후에 이어질 인생 3막을 성공적으로 영위하기 위해 구상하고 준비하는 과정이기 때문이다.

많은 대학생들이 공통적으로 고민하는 주제는 졸업 후의 진로다. 고등학생들은 대학입시가 다가오면 부모나 교사의 조언 그리고 자신의 성적 등을 고려하여 전공학과를 선택한다. 그러나 대학에 입학한 후에야 비로소 자신이 전공하는 학과의 학문적 특성과 졸업 후 진로에 대해서 구체적인 이해를 하게 된다. 상당수의 대학생들이 자신의 전공에 만족하지 못한다. 하지만 대안을 찾기도 쉽지 않다. 모든 전공분야에는 장단점이 있기 때문이다. 사회적으로 유망한 전공분야는 대부분 경쟁이 치열한 반면, 경쟁이 치열하지 않은 분야는 미래가 불투명하다. 또한 자신의 적성이 어떤 분야에 적합한지를 분명하게 파악하기 어렵다. 아울러 자신의 인생에서 어떤 가치를 추구하며 어떤 직업을 갖고 어떻게 살아야 할지에 대해서 구체적인 청사진을 갖고 있지 못하다. 그래서 뚜렷한 목표나 방향 없이 방황하며 소중한 대학생활을 허비한다.

대학생 중에는 부모가 강력하게 권하는 진로와 자신이 원하는 진로의 차이 때문에 고민하는 학생들이 많다. 예를 들어, 학생은 봉사활동을 하는 국제기구에서 일하기를 원하지만, 부모는 자녀가 고시준비를 하여 법조인이 되기를 바라며 압박한다. 진로에 대한 견해 차이가 대화를 통해 해소되지 못할 경우, 부모와 자녀 간의 심각한 갈등으로 비화되는 경우가 흔하다.

인생의 설계는 졸업 후의 진로뿐만 아니라 장기적으로 인생에서 추구해야 할 중요한 가치를 탐색하는 일과 관련되어 있다. "무엇을 위해 어떻게 살 것인가?" 하는 인생의 근본적인 문제에 직면하여 고민하고 다양한 탐색을 하는 노력이 필요하다. 인생의 의미에 대해서 깊이 성찰하며 자기 나름대로의 인생관과 가치관을 정립하는 것은 대학생활에서 필히 관심을 가져야 할 중요한 주제이자 과업이다. 나아가서 자신의 성격, 적성, 능력, 가치 등을 종합하여 졸업 후의 직업적 진로뿐만 아니라 인생 전반을 설계하는 노력이 중요하다. 이러한 노력을 통해서 인생의 비전과 목표를 설정하고 그 실현을 위해 충실하게 준비하는 것이 대학생활의 중요한 과업 중 하나다.

대학생들은 졸업이 다가오면 고민이 깊어진다. 특히 졸업 후의 진로를 진지하게 탐색하여 체계적으로 준비하지 못한 학생들은 더욱 그러하다. 그래서 휴학을 반복하며 졸업을 미루는 학생들의 수가 늘어나고 있다. 성공적인 대학생활의 조건 중 하나는 인생의 비전을 설정하여 미래의 인생을 설계하고 졸업 후 진로를 구체적으로 결정하여 충실하게 준비하는 것이다.

대학생활의 4대 과제

 인생의 2막 대학생활은 4년여의 기간 동안 수많은 장면과 사건들이 펼쳐지는 장편 드라마다. 당신은 드라마의 주인공이자 연출가. 당신이 원하는 대로 대학생활을 설계하고 펼칠 수 있다. 자! 당신은 인생의 2막을 어떤 주제와 어떤 플롯으로 엮어 갈 것인가?

 성공적인 대학생활을 위해서는 네 가지의 주제에 관심을 가져야 한다. 그 첫째는 학업이다. 기초교양을 쌓는 동시에 전공분야의 지식과 기술을 습득

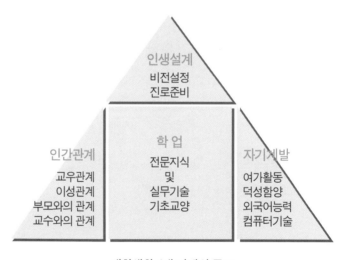

대학생활 4대 과제의 구조

하는 일이다. 학업은 대학생활의 주축이 되어야 한다. 둘째는 인간관계다. 대학생활을 즐겁고 활기차게 영위하기 위한 필수조건은 원만한 인간관계다. 폭넓은 친구관계를 비롯하여 이성관계, 교수와의 관계, 가족관계를 긍정적으로 이끌어 나가는 것이 매우 중요하다. 셋째는 자기계발과 여가활동이다. 좀 더 지혜롭고 성숙한 사람으로 성장하기 위한 덕성을 계발하는 동시에 다양한 취미활동과 여가생활을 통해서 대학생활의 여유와 낭만을 즐기는 것이다. 아울러 현대사회의 필수적 역량인 외국어 능력과 컴퓨터 기술 등을 숙달하는 데에 관심을 기울여야 한다. 마지막 네 번째는 인생의 설계와 진로준비다. 인생의 비전과 목표를 설정하고 졸업 후의 진로를 결정하여 체계적으로 준비하는 일이다.

학업, 인간관계, 자기계발, 인생설계는 대학생활의 기본 골격을 구성하는 네 가지 주제다. 필자는 이러한 네 가지 구성요소를 '대학생활의 4대 과제(the Big Four Tasks of Campus Life)' 라고 부르고자 한다. 성공적인 대학생활을 위해서는 이러한 4대 과제를 균형적으로 추구하는 노력이 필요하다. 그림에서 제시하였듯이, 대학생활은 학업이 중심적인 몸통을 이루어야 한다. 그리고 인간관계와 자기계발이 좌우의 양 날개를 이루어 대학생활을 풍요롭게 만든다. 인생설계는 대학생활을 비롯한 인생 전체의 나아갈 방향을 제시하는 방향타의 역할을 하게 된다. 이 책의 2부는 대학생활의 4대 과제를 성공적으로 수행할 수 있는 방법에 대해서 소개하고 있다.

대학에서의 학업관리

한국의 대학생들은 대부분 '공부'라는 단어에 대해서 거부반응을 보인다. 공부, 공부, 공부…… 중·고등학교 시절에 진저리가 나게 들었던 말이기 때문이다. '공부 = 고통'이라는 등식이 뇌리 속에 박혀 있는 것이다. 그런데 대학에서도 공부가 중요하다니 실망이다. 이제 좀 여유 있게 놀아보려고 했는데…….

당연한 일이다. 이해가 간다. 오랜 기간 입시공부에 짓눌려 삭막한 생활을 해 왔기 때문에 대학입학 후에는 공부로부터 해방되어 자유롭게 생활하고 싶은 강렬한 소망이 있었을 것이다. 한국의 교육현실을 생각하면 충분히 이해할 수 있는 일이다.

인생은 마라톤, 장거리 레이스다. 항상 속도를 내어 달릴 수는 없다. 그러다가는 무리가 되어 레이스를 포기해야 하는 상태가 발생하게 된다. 좀 쉬는 구간도 필요하다. 특히 대학 신입생의 경우는 그러하다. 대학은 사실 공부만 하는 곳이 아니다. 친구들과 휩쓸려 다니기도 하고, 동아리활동도 하며, 연애도 하고, 여행도 하며 놀아야 한다. 어쩌면 이러한 활동이 진정한 공부인지도 모른다.

다만, 그런 생활이 너무 오래 지속되어서는 안 된다는 것이다. 대학생 중에는 공부를 소홀히 여기는 학생들이 있다. 수업에 성실하게 참여하지 않고, 학점을 중요하게 여기지 않으며, 공부보다는 다른 활동에 몰두해 있는 학생들이 있다. 이처럼 공부를 등한히 하는 기간이 길어질 경우, 여러 가지 가혹한 대가를 치르게 된다.

대학에서는 학업성적에 대해서 아무도 관여하지 않는다. 대학생은 자신의 학업성적에 대해서 스스로 책임을 져야 한다. 성적이 부진하면 학사경고가 주어진다. 학사경고가 누적되면 제적을 당해 학교를 떠나야 한다. 학생의 본분인 공부를 소홀히 했기 때문이다. 학점이 나쁘면 장학금 혜택도 받기 어렵다. 복수전공이나 부전공을 선택할 경우에도 학점이 좋지 않으면 불이익을 받게 된다.

학점이 부실한 학생은 졸업 후에 취업의 기회를 얻는 것도 어렵다. 학점은 어떤 진로를 선택하든 평생 동안 따라다니는 꼬리표다. 취업을 하든 대학원에 진학을 하든 학점이 나쁘면 불이익을 당하게 된다. 나쁜 학점은 무능함과 불성실함의 징표로 받아들여지기 때문이다. 대학에서 공부를 등한히 하면, 졸업 후 진로 선택의 폭이 현저하게 좁아진다.

그렇다면 대학에서의 공부, 어떻게 해야 할까? 대학에서의 공부는 중·고등학교 시절과 어떻게 다를까? 대학에서 좋은 성적을 거두려면 어떻게 해야 할까? 우선, 겁먹을 필요는 없다. 대학에서의 공부, 그다지 어렵지 않다. 어려운 입시과정을 잘 견뎌 온 학생이라면 잘 해낼 수 있다. 다만, 학업을 스스로 관리할 줄 알아야 한다. 대학에서의 학업이 중·고등학교 시절과 다르다는 점을 잘 이해하고 효과적인 학습방법을 익혀야 한다. 특히 아무도 간섭하지 않는 대학생활에서 스스로의 생활을 잘 관리하면서 자율적으로 공부하는 습관을 들이는 것이 가장 중요하다.

1 수강과목 선택하기

대학에서의 학업은 수강과목의 선택에서부터 시작된다. 새 학기가 시작하기 1~2개월 전에 다음 학기에 수강할 과목을 선택하여 수강신청을 해야 한다. 앞에서 소개한 바 있듯이, 대학에서는 학생 개인이 원하는 강의를 선택하여 수강하게 된다. 이 점이 중·고등학교에서 이루어지는 수업방식과 크게 다른 점이다. 중·고등학교에서는 정해진 수업시간표에 따라 수업이 진행되지만, 대학교에서는 자신이 원하는 과목을 선택하고 매주 그 수업이 이루어지는 시간에 강의실을 찾아가 강의를 들어야 한다. 대학에서는 어떤 과목을 수강할 것인지 신중하게 선택하는 것이 매우 중요하다.

대학마다 다소의 차이는 있지만, 대부분의 4년제 대학에서는 졸업을 위해서 140학점 정도를 취득해야 한다. 대학생활 4년의 8학기 동안에 3학점짜리 강의를 47개 정도 수강해야 한다. 평균적으로 매 학기 5~6개의 과목15~18학점을 수강하게 된다. 1~2학점짜리 과목을 수강하게 되면, 수강과목의 수가 한두 개 늘어날 수도 있다.

　졸업 이수학점인 140학점은 학교에서 정한 규정에 따라 교양과목 이수학점과 전공과목 이수학점으로 구분된다. 교양과목이든 전공과목이든 필수적으로 수강해야 하는 필수과목과 수강여부를 학생의 선택에 맡기는 선택과목이 있다. 〈표 2〉는 한 대학교의 졸업 이수학점을 예시한 것이다. 이 경우, 졸업을 위해서 140학점 이상을 취득해야 하며 반드시 교양과목 36학점과 전공과목 45학점을 채워야 한다. 교양과목과 전공과목 중 필수과목은 반드시 수강해야 하며, 선택과목은 지정된 여러 과목 중에서 원하는 것을 들으면 된다. 나머지 59점은 대학이 개설하는 과목 중에서 학생이 자유롭게 선택하여 채우면 된다.

표 2　대학졸업을 위한 이수학점 체계의 예(○○대학교)

졸업 이수학점 (140학점)	교양과목 (36학점)	교양 필수과목
		교양 선택과목
	전공과목 (45학점)	전공 필수과목
		전공 선택과목

　대학에 입학하면 무엇보다 먼저 학점 이수규정을 면밀히 검토하여 수강과목을 잘 선택해야 한다. 140학점을 모두 이수했지만 필수과목을 이수하지 못해서 한 학기를 더 다녀야 하는 졸업반 학생들도 종종 있으므로 대학생활 4년 동안 140학점을 이수하기 위한 치밀한 계획이 필요하다.

모든 대학교는 새 학기가 시작하기 2~3개월 전에 수강편람이나 학교 홈페이지를 통해서 다음 학기에 개설하는 교과목의 담당교수, 학점, 강의장소, 강의계획서 등을 제시한다. 대학에는 무수하게 많은 다양한 교과목이 개설되므로 학생들은 자신의 선호에 따라 매 학기 5~6개 정도의 과목을 선택하여 수강신청을 해야 한다.

대체로 수강학점은 강의시간과 동일하다. 즉, 18학점을 신청하면 주당 18시간의 강의를 듣게 된다. 물론 교과목에 따라 학점보다 많은 시간을 강의하는 과목도 있다. 또한 교과목 담당교수에 따라 수업부담에 차이가 많다. 3학점 3시간짜리 과목이라 하더라도 강의뿐 아니라 실습, 조별활동, 리포트, 여러 차례의 시험까지 본다면 강의부담이 크게 증가한다. 따라서 강의계획서를 면밀히 검토하여 과중한 부담이 없도록 수강과목을 신중하게 선택해야 한다.

매 학기 전공과목과 교양과목을 적절히 배분하여 수강하는 것이 바람직하다. 전공과목의 경우는 학년마다 수강해야 하는 과목들이 정해져 있으므로 수강편람이나 이수지침을 참고하여 선택해야 한다. 또한 폭넓은 교양공부를 위해서는 인문사회계, 자연이공계, 예체능계의 교양과목들을 골고루 수강하는 것이 좋다. 학생마다 선호가 다르겠지만 학문적인 편식을 피하는 것이 좋다.

대학에는 많은 학생들이 수강하는 인기과목들이 있다. 매우 유익하고 만족스러운 교과목들은 학생들 사이에 입소문으로 회자되거나 대학 홈페이지에 수강생들이 강의소감을 올려 추천을 하기도 한다. 이러한 정보를 잘 입수하여 매 학기 수강과목을 짜임새 있게 잘 구성하여 강의를 듣는 것이 바람직하다.

대학에서의 교육은 주로 담당교수의 강의를 통해서 이루어진다. 교수마다 강의를 진행하는 방식과 성적을 부여하는 기준이 다르지만, 매시간 강의에 참석하는 것은 필수사항이다. 특히 강의의 첫 시간에는 어떠한 일이 있더라도 빠져서는 안 된다. 대부분의 교수들이 첫 시간에 강의계획서를 나누어 주며 강의진행 방식과 학점부여 기준과 같은 중요한 사항을 소개하기 때문이다.

대부분의 교수들은 학생들의 출석을 학점에 반영한다. 대학생들은 여러 가지 활동을 하기 때문에 다양한 이유로 수업에 불참하는 경우가 종종 있다. 자주 결석을 하게 되면 당연히 좋은 학점을 받기 어렵다. 결석으로 감점을 받을 뿐만 아니라 수업시간에 소개되는 중요한 내용을 배우지 못해 시험을 잘 볼 수 없기 때문이다. 대학생활에서 가장 우선시해야 할 일은 수업시간에 필히 참석하는 일이다.

대학의 강의에서는 매우 방대하고 복잡한 학술적 내용들이 소개된다. 따라서 학생들은 수업내용이 어렵거나 따분하게 느껴질 수 있다. 그래서 수업에 흥미를 잃고 공부를 소홀히 하게 될 수 있다. 더구나 교재나 참고도서를 미리 읽지 않고 강의에 참석하게 되면, 강의내용이 더욱 어렵게 느껴져서 흥미를 잃게 되고 결석도 잦아지게 된다.

　스스로 선택한 과목을 어떻게 매시간 흥미롭게 몰입하면서 수강하느냐가 대학공부의 비결이라고 할 수 있다. 강의를 흥미롭게 수강하는 방법을 몇 가지 소개하면 다음과 같다.

　우선, 정말 수강하고 싶은 과목을 신중하게 선택하여 수강한다. 수강하는 과목마다 자신이 왜 이 과목을 수강하고자 하는지를 분명하게 인식한다. 즉, 이 과목을 통해서 무엇을 배우고자 하는지를 명확히 한다. 특별한 목적의식 없이 수강과목을 선택한 학생들이 수업에 대한 흥미를 쉽게 상실하는 경향이 있기 때문이다.

　둘째, 수강하는 과목에서 받고자 하는 예상학점을 목표로 세운다. 가능하면 약간 도전할 만한 학점을 목표로 설정하고 그 달성방법에 대한 구체적인 계획을 세우는 것이 좋다. 예를 들어, 최소한

A⁰의 학점을 목표로 세우고 담당교수의 학점부여 요소를 고려하여 요소 별로 어떻게 좋은 성과를 거둘 것인지에 대한 체계적인 계획을 세운다.

셋째, 수업계획서를 참고하여 수업시간에 다룰 내용을 미리 숙지하고 강의에 참석하면 이해가 쉽고 흥미가 붙게 된다. 잘 이해되지 않는 부분에 대해서는 의문점을 가지고 수업에 들어간다. 이러한 의문이 수업시간에 어떻게 설명되는지에 관심을 기울이며 경청한다. 의문이 해소되지 않으면 수업 중이나 후에 교수에게 질문한다.

넷째, 친한 친구들과 함께 같은 강의를 듣는 것도 도움이 된다. 친구들과 함께 수강하면 수업시간이 편안하고 즐거워진다. 또한 강의내용에 대해서 의견교환을 할 수 있을 뿐만 아니라 시험공부도 같이할 수 있는 이점이 있다.

다섯째, 교수의 강의내용과 더불어 강의방식에도 주목하며 수업을 들으면 색다른 재미가 있다. 교수마다 개성이 다르므로 강의를 진행하는 방식 역시 각기 다르다. 매 과목마다 교수가 어떤 옷을 입고 나와서 어떤 방식으로 강의를 진행하는지에 관심을 지니고 수강한다면, 수업시간이 더욱 흥미진진하고 배우는 점이 많을 것이다.

마지막으로, 매 과목마다 담당교수와 한 번 이상 개인 면담을 시도한다. 수업시간에 잘 이해하지 못한 내용이나 개인적으로 궁금한 점들을 논의하기 위해 담당교수의 연구실을 방문한다. 이러한 개인적인 만남을 통해서 교수의 인품을 가까이 느낄 수 있을 뿐만 아니라 강의실에서 접할 수 없는 것들을 배울 수 있다. 이러한 시도를 위해서는 물론 용기가 필요하다. 용기 있는 자만이 남들이 얻지 못하는 많은 것을 얻을 수 있다.

3 시험보기와 리포트 작성하기

교수마다 학점부여 방식이 다르지만, 시험과 리포트 성적이 중요한 비중을 차지하는 경우가 일반적이다. 따라서 좋은 학점을 얻기 위해서는 대학에서의 성적평가 방식을 잘 이해하고 그에 효과적으로 대응하는 것이 중요하다.

대학 신입생들은 첫 시험에서 당황하는 경우가 흔하다. 고등학교 때와는 시험출제 방식이나 답안작성 방식이 현저하게 다를 뿐만 아니라 담당교수에 따라 그 방식이 매우 다양하기 때문이다. 시험은 강의시간에 설명한 내용을 학생들이 얼마나 잘 이해하고 있는지를 알아보기 위한 것이다. 대학에서의 시험은 교과목과 담당교수에 따라 매우 다양한 방식으로 시행된다. 어떤 교수는 커다란 주제에 해당하는 한두 문제를 출제하고 논술식으로 길게 서술하는 방식을 선호하는 반면, 다른 교수는 객관식이나 단답식으로 많은 문제를 출제하기도 한다. 따라서 대학생은 다양한 시험방식을 신속히 파악하여 효과적인 준비를 하는 것이 중요하다.

　시험에서 좋은 성적을 거두려면, 우선 강의내용은 물론 교재와 참고도서의 내용을 잘 파악하고 있어야 한다. 이를 위해서는 먼저 매시간의 강의내용을 잘 이해하고 효과적으로 노트필기를 하는 것이 중요하다. 교수들은 자신이 강의한 내용 중에서 시험문제를 출제하는 경향이 있다. 따라서 강의에 집중하면서 동시에 강의내용을 잘 기록하는 효과적인 필기방법을 터득하는 것이 대학공부에서 매우 중요하다. 그리고 강의내용뿐만 아니라 교재와 참고도서를 정독하여 그 내용을 잘 파악하고 있어야 한다. 강의시간에는 다루지 않았지만 책에 있는 내용들이 출제되는 경우가 흔히 있기 때문이다. 당연한 이야기이지만, 대학에서는 많은 시간을 할애하여 깊이 있게 공부해야 한다. 기본적인 내용에 대한 암기도 중요하지만 여러 가지 내용들을 다양하게 연결할 수 있는 깊이 있는 이해가 필요하다. 논술식으로 출제되어 긴 호흡으로 서술해야 하는 문제의 답안을 작성할 때는 특히 그러하다.

　둘째, 담당교수의 시험출제 경향을 미리 파악하는 것이 중요하다. 대부분의 교수들은 시험을 앞두고 출제경향을 설명해 준다. 만약 그렇지 않을 경우에는 담당교수에게 질문하여 출제경향이나 답안작성 방식을 미리 알아두는 것이 필요하다. 때로는 그 교과목을 먼저 수강한 학생이나 선배들로부터 출제경향을 알아두는 것이 좋다. 일부 대학은 기출 시험문제를 홈페이지에 게시하거나 도서관에 비치해 놓는 경우가 있으므로 이를 참고하는 것도 현명한 방법이다.

　셋째, 입수한 기출문제나 스스로 예상하는 문제에 대해서 미리 답안을 작성해 보는 것이 바람직하다. 지식을 머릿속으로만 알고 있는 것과 그것을 답안으로 작성하는 것은 현저한 차이가 있다. 다양한 예상문제를 스스로 만들어 그에 대한 답안을 작성해 보는 일은 그 자체로 효과적인 공부일 뿐만 아니라 시험시간에 당황하지 않고 답안을 작성할 수 있는 지름길이다.

넷째, 혼자 시험준비를 하기보다 같은 과목을 수강하는 친구들과 함께 공부하는 것도 좋은 방법이다. 서로 입수한 정보와 지식을 교환하고 토론을 하면서 모호하게 이해했던 내용들이 좀 더 분명하게 이해하고 미처 생각하지 못한 점들을 깨닫게 되는 경우가 많기 때문이다. 또한 공부의 어려움을 함께 나누며 지지적인 관계 속에서 좀 더 즐겁게 시험준비를 할 수 있다. 이런 점에서 대학에서의 폭넓은 친구관계는 공부와 성적에도 커다란 도움을 주게 된다.

마지막으로, 시험불안을 잘 극복하는 것이 중요하다. 일부 학생들은 성적에 대한 과도한 집착과 불안 때문에 시험시간에 효과적으로 답안작성을 하지 못하는 경향이 있다. 시험을 앞두고 지나치게 심한 스트레스를 받거나 시험시간에 불안이 심해 손을 떨거나 공부한 내용을 기억해 내지 못하는 경우도 있다. 대학생은 수많은 시험을 보게 되므로 조속히 시험불안에서 벗어나는 방법을 터득해야 한다. 시험불안은 자신감 부족, 성적에의 과도한 집착, 부정적인 사고방식과 불필요한 걱정, 부모의 비판적 태도와 가혹한 처벌 경향 등과 같은 다양한 요인과 관련되어 있다. 스스로 시험불안을 극복하기 어려운 학생들은 대학의 상담기관에서 전문적인 상담을 받아보는 것이 좋다.

리포트 쓰기는 시험과 더불어 대학에서 가장 주된 성적평가 방법이다. 리포트 쓰기는 학생들로 하여금 시간적인 여유를 가지고 특정한 주제에 대해서 다양한 문헌을 읽고 나름대로의 생각을 체계적으로 정리하여 문장으로 제시하게 함으로써 학생의 이해 정도를 평가하는 방법이다.

좋은 리포트를 작성하기 위해서는, 우선 리포트의 주제를 잘 선정해야 한다. 대부분의 경우, 담당교수는 몇 가지의 주제를 제시하거나 학생들로 하여금 강의와 관련된 주제를 자율적으로 선택하게 한다. 교수의 의도를 잘 파악하여 강의내용과 관련된 적절한 주제를 잘 선정하는 것이 중요하다. 때로는 선정한 주제가 적절한지 또는 주제와 관련된 논의방향이 적절한지를 담당교수에게 직접 문의하는 것도 좋은 방법이다.

둘째, 주제가 선정되면 그와 관련된 학술적 내용을 충분히 파악해야 한다. 이를 위해서 주제에 관한 도서나 연구문헌을 잘 선택하여 정독하는 것이 중요하다. 때로는 담당교수에게 주제와 관련된 핵심적인 도서와 참고문헌을 추천받는 것도 좋다. 또는 도서관이나 인터넷을 통해 관련된 정보를 충분히 탐색하는 것이 바람직하다. 이 과정을 통해서 주제와 관련된 많은 학술적 정보를 숙지하게 될 뿐만 아니라 현재 어떤 점이 주된 이슈가 되고 있는지를 파악할 수 있게 된다.

셋째, 주제에 관한 정보를 어느 정도 파악하게 되면 리포트의 내용을 어떤 방향으로 서술할 것인지를 깊이 생각해야 한다. 파악한 내용들을 어떻게 체계적이고 논리적으로 연결하여 독창적인 결론을 도출할 것인지 고민해야 한다. 좋은 리포트를 쓰기 위해서 가장 힘들고 어려운 과정이다.

넷째, 어느 정도 생각이 정리되면 리포트의 체제를 구상하고 써 내려 간다. 가장 일반적인 리포트 작성방식은 서론, 본론, 결론의 형식에 따라 기술하는 것이다. 서론은 리포트의 도입부로서 왜 이러한 주제를 선정하게 되었으며 이 주제가 왜 중요하며 어떤 학술적 의의를 지니는지를 기술한다. 리포트의 몸통을 이루는 본론에서는 주제에 관한 학술적 내용들을 소개하고 이들을 논리적으로 연결하면서 나름대로의 생각을 전개한다. 결론에서는 앞에서의 논의과정을 간략히 요약하고 논의의 최종적인 결과와 의의를 명료하게 제시한다.

마지막으로, 리포트는 형식적 측면을 잘 고려하여 서술되어야 한다. 리포트를 작성할 때는 문법에 맞는 학술적인 문어체의 글쓰기를 통해서 한 문장 한 문장을 신중하게 서술하는 것이 중요하다. 글쓰기는 대학에서 반드시 갖추어야 할 매우 중요한 능력이다. 아울러 담당교수가 제시한 리포트 분량을 잘 맞추어야 할 뿐만 아니라 논문형식으로 제목, 소제목, 세부제목이 잘 구분되도록 글자크기를 조정한다. 리포트를 기술하는 과정에서 참고한 문헌들을 각주나 후주 형식으로 적절하게 잘 제시해야 한다. 유사한 논문을 무단으로 베끼거나 표절하여 리포트로 제출하는 일은 절대 삼가야 한다. 표지는 물론 목차까지 깨끗하게 정리하여 인쇄한 리포트를 제출한다면 반드시 좋은 성적을 얻을 수 있을 것이다.

대학의 학점부여 체계

　대학의 학점부여 체계를 잘 이해하는 것이 중요하다. 학점부여 체계는 대학마다 다소의 차이가 있으므로 자신이 재학하는 대학의 학점규정을 잘 이해해야 한다. 또한 강의 담당교수들은 재량권이 주어지는 범위 내에서 학점평가 기준을 달리하는 경향이 있으므로 강의계획서를 잘 참고해야 한다.

　학점부여 방식은 크게 상대평가와 절대평가로 구분할 수 있다. 대부분의 대학은 상대평가를 원칙으로 하고 있으나 드물게 절대평가를 적용하는 과목도 있다. 학점은 〈표 3〉과 같이 성적의 수준에 따라 A, B, C, D와 낙제에 해당하는 F가 부여된다. 상대평가의 경우, 강의 수강생 중 우수한 성적을 나타낸 상위 등급자 30%에게 A가 부여되고, 차상위 등급자 40%에게 B가 부여되며, 나머지 30%에게 C나 D가 부여된다. F는 학점을 부여하기 어려울 만큼 수업에 불성실했거나 성적이 불량한 경우에 부여되는 낙제학점이다. 각 학점은 +, 0, -로 세분되어 부여되기도 하며, 각

표 3	대학의 학점부여 체계의 예			
최우수	우수	보통	미흡	낙제
A⁺(4.3)*	B⁺(3.3)	C⁺(2.3)	D⁺(1.3)	F(0.0)
A⁰(4.0)	B⁰(3.0)	C⁰(2.0)	D⁰(1.0)	
A-(3.7)	B-(2.7)	C-(1.7)	D-(0.7)	

* A~F의 학점은 각각 4.3~0.0 범위의 평점으로 환산되어 부여되기도 한다. 각 대학의 학점부여 체계에 따라 학점등급 별 평점에는 다소의 차이가 있다.

각 4.3~0.0 범위의 점수로 환산되어 제시되기도 한다. 일부과목의 경우에는 통과(P: pass)와 미통과(F: fail)를 이분법적으로 평가하는 과목도 있다.

강의과목은 3학점짜리가 대부분이나 1학점 또는 2학점짜리 과목도 있다. 매 학기의 성적표에는 수강한 개별 과목의 학점뿐만 아니라 그 학기에 수강한 과목들의 평균 학점이 평점으로 제시된다. 예컨대, 이번 학기에 수강한 3학점짜리 6과목의 성적이 A^+, A^0, A^0, B^+, B^+, C^0라면 평점은 3.48이 된다. 만약 B^0, C^+, C^0, D^+, D^0, F의 학점을 받았다면 평점은 1.60이다. 이처럼 평점이 매우 저조하게 되면 학사경고를 받는다. 예컨대, 매 학기 평균 학점이 1.7 미만이거나 두 과목 이상에서 F를 받는 경우에는 학사경고가 주어진다. 학사경고를 여러 번 받게 되면 학사제적을 당해 대학을 떠나야 한다. 학사경고와 학사제적의 기준은 대학마다 약간의 차이가 있다.

다음은 학사제적을 당한 한 학생이 대학의 홈페이지에 올린 글이다. 대학생활을 하면서 이처럼 불행한 일을 당하지 않도록 노력해야 한다.

한 명의 대학생 목숨을 건져 주신다고 생각하시고 읽어 주시기 바랍니다. 저는 07학번으로 다음 달에 군대에 가는 학생입니다. 오늘 학교로부터 우편으로 학사제적이라고 통보를 받았습니다. 가슴이 너무 두근거려서 타자도 치기가 힘드네요…… 군 입대를 한 달 앞둔 지금 학사제적의 통보를 받고나니 정말 세상을 접고 싶습니다. 부모님 얼굴 보기가 힘이 듭니다. 첫 번째, 두 번째 학사경고를 받을 때도 아냐 다음엔 잘 할 수 있어 정말 앞으로는 학사경고를 받지 말자고 다짐했지만, 상황이 이렇게 되어 버리니 절망이라는 단어밖에 생각나질 않습니다. 질문 드립니다. 꼭 답변해 주세요. 부탁 드립니다.

1. 학사제적을 당하고 재입학이 가능한지요?
2. 재입학이 안 될 경우 자퇴처리가 가능한지요? 또 대학을 들어 가려면 어떤 방법들이 있는지 궁금합니다.
3. 이제 21세이고 군대 다녀오면 23세인데 그때부터 학교를 다 시 다녀도 늦지 않은 시기인가요?
4. 제가 기초실력이 부족한 것 같은데 대학교 성적을 잘 받으려 면 어떻게 공부를 하는 게 제일 효율적인가요? 정말 알려 주 시는 대로 다 하겠습니다.
5. 학사제적이라는 경력이 어딜 가나 꼬리표로 붙게 되나요?
6. 마지막으로…… 정말 뉴스나 드라마에나 나올 법한 자살을 생각했습니다……. 용기가 되는 응원 한마디만 해 주세요.

4 수업 이외의 공부하기

대학에서의 공부는 주로 수강과목의 학습을 통해 이루어진다. 그러나 그것만이 전부는 아니다. 학점을 잘 받는 것만이 대학공부 의 전부는 아니다. 대학생활 전체를 통틀어 45개 내외의 과목을 수 강할 수 있을 뿐이다. 인생에 필요한 지식의 극히 일부분만을 접할 수 있을 뿐이다. 대학생활에서는 수업 이외의 공부를 통해서 나름 대로 인간과 세상에 대한 이해를 넓혀 나가는 것이 바람직하다.

그 첫째 방법은 책 읽기다. 폭넓은 독서를 하는 것이다. 다양한 분야의 책을 꾸준히 읽는 습관은 상식과 교양을 넓히는 최선의 방법이다. 이런 점에서 대학생활 중에 자주 들려야 할 곳이 바로 도서관이다. 도서관은 지식의 백화점이다. 수업이 없는 날이나 방학 중에는 가끔 하루 종일 도서관에서 지내보는 시도를 해 보기 바란다. 도서관의 서가를 돌아다니며 다양한 분야의 책들을 훑어보고 흥미를 자극하는 책을 읽으며 하루를 보내는 것이다. 사실 독서 만큼 즐거운 일도 없다. 책을 통해  새로운 지식과 깨달음을 얻는 즐거움은 무엇에도 비할 바가 아니다. 또한 독서는 즐겁게 해야 한다. 맛있는 음식을 즐기듯이 말이다. 이를 위해서는 어렵고 두꺼운 전문서적보다 자신의 흥미나 관심사에 관한 책들을 읽는 것이 바람직하다. 책을 읽다 보면 새로운 호기심이 생겨서 다른 책을 찾게 된다. 아울러 좀 더 깊고 상세한 지식에 대한 관심은 전문서적을 찾게 만든다. 독서의 맛을 들이는 것이 공부를 즐겁게 하는 비결이다.

둘째는 자신의 관심사에 대해서 깊이 생각하는 것이다. 고상하게 표현하면, 사색을 하는 것이다. 방금 읽은 책의 내용에 대해서 또는 자신의 관심사에 대해서 곰곰이 이리저리 생각의 날개를 펼쳐 보는 것이다. 사색은 새로 접한 지식을 소화시켜 심리적 근육을 강화하는 일이다. 사색으로 이어지지 못하는 독서와 공부는 공허한 것이다. 사색은 새로운 지식에 대한 갈망을 낳고, 독서는 사색의 원료를 제공한다. 이런 점에서 책을 읽고 사색을 하는 혼자만의 시간은 대학생활의 소중한 공간이다.

셋째는 친구들과의 대화와 토론이다. 친구들과의 이야깃거리가 가장 많은 시기가 대학생 시기다. 세상의 온갖 주제에 대해서 밤새도록 이어지는 끝없는 대화와 토론은 강의실 밖에서 이루어지는 최고의 공부법이다. 비록 설익은 것일지라도 자신의 생각을 이야기하고 상대방의 의견을 주의 깊게 경청하는 적극적인 대화의 자세가 필요하다. 친구는 새로운 지식을 전해 주고 자신의 생각을 다듬어 주는 교사라고 할 수 있다. 또한 독서와 토론을 함께할 수 있는 독서 동아리나 토론 모임에 참여하는 것도 좋은 방법이다.

넷째는 다양한 체험을 통해서 배우는 것이다. 직접적인 체험을 하는 것만큼 생생하고 강력한 학습방법은 없다. 자신이 관심 있어 하는 사회적 현장의 참여체험, 인턴경험, 부직활동, 자원봉사, 여행 등은 세상에 대한 안목을 넓힐 수 있는 좋은 방법이다. 사실 세상은 학습장이며 인생은 학습과정이다. 중요한 것은 모든 체험을 통해서 무언가를 배우고자 하는 자세라고 할 수 있다. 아울러 대학에서 개최되는 다양한 강연이나 특강에 참가하는 것도 소중한 배움의 기회가 될 수 있다.

마지막으로, 자신의 생각을 글로 정리하는 방법이 있다. 글쓰기는 생각을 명료하고 정교하며 깊이 있게 만든다. 어떤 형식이든 자신의 생각이나 체험을 틈틈이 기록하고 정리하는 노력이 필요하다. 글쓰기는 자신이 이해한 바를 체계화하고 표현하는 최선의 학습방법이다.

시간관리의 중요성

대학생활에서는 하고 싶고 또 해야 할 일들이 무척 많다. 강의 듣기, 시험 준비하기, 리포트 작성하기, 책 읽기, 친구들과의 모임, 동아리활동, 미팅이나 데이트 하기, 아르바이트 하기, 다양한 저녁모임 등으로 매우 바쁘다. 그래서 항상 시간이 부족하다고 느끼게 된다.

대학생활에서 학업성적이 저하되는 주요한 이유 중 하나는 시간관리를 체계적으로 하지 않기 때문이다. 당연한 이야기이지만, 좋은 성적을 거두기 위해서는 공부에 많은 시간을 할애하여 집중해야 한다. 공부 외에도 할 일이 많은 대학생활에서 시간관리를 잘 하지 못하면 늘 바쁘게 살아도 성적이 잘 나오지 않는다.

대학생활을 효율적으로 영위하기 위해서는 시간관리가 매우 중요하다. 우선, 수첩이나 플래너를 사용하여 시간을 관리하는 습관을 들여야 한다. 매일 또는 매주 해야 할 일을 계획하여 기록하고 그에 따라서 생활하는 습관이 필요하다.

둘째, 소중한 시간을 잘 관리하기 위해서는 체계적인 계획을 세우는 것이 필요하다. 장기적인 계획과 더불어 중·단기적 계획을 체계적으로 수립하여 생활하는 것은 성공하는 사람의 공통적인 습관이다. 한 해, 한 학기, 한 달, 한 주 그리고 하루에 해야 할 일들을 계획하여 실천하도록 노력해야 한다.

셋째, 해야 할 일들의 우선순위를 잘 고려하여 시간관리를 하는 것이 바람직하다. 매일 해야 할 일이 많은 경우에 중요한 일과 시급한 일을 잘 구분하는 것이 중요하다. 중요하고 시급한 일에 우선적으로 시간을 배정해야 한다. 우선순위를 고려하여 체계적으로 시간관리를 하지 않으면, 대학생활이 무질서하고 공허해진다.

마지막으로, 계획에 따라 잘 실천이 되었는지를 확인하고 평가해야 한다. 만약 계획대로 실천하지 못한다면 그 이유를 파악하도록 노력한다. 실천하기 어려운 무리한 계획을 세운 것은 아닌지, 계획은 잘 세웠지만 여러 가지 유혹에 넘어가 실행에 옮기지 못한 것인지, 유혹에 저항하지 못하는 이유는 무엇인지 등을 잘 분석하여 이러한 점들을 극복하도록 노력해야 한다.

체계적이고 효율적인 시간관리는 성공하는 사람들의 공통적 특징이다. 시간관리는 대학생활뿐만 아니라 인생 전체에 영향을 미치는 매우 중요한 삶의 기술이다. 대학시절부터 이러한 습관을 몸에 익혀 실천한다면, 대학생활은 물론 졸업 후 사회생활에서도 보람찬 결실을 맺을 수 있을 것이다. 시간관리를 하는 구체적인 방법은 이 책의 10장에 자세하게 소개되어 있다.

대학에서의 인간관계

  대학생활을 즐겁고 보람차게 영위하기 위해서 가장 중요한 것은 인간관계다. 인간관계는 대학생활뿐만 아니라 인생 전반에 있어서 가장 중요한 행복의 원천이다. 앞에서 강조한 바 있듯이, 대학은 학생 스스로 인간관계를 위해 적극적으로 노력하지 않으면 고립되기 쉬운 곳이다. 폭넓은 인간관계를 위해 노력하는 것이 매우 중요하다.

  대학생 시기는 다른 사람과 친밀하고 깊이 있는 인간관계를 형성하고 심화하는 능력을 향상시켜야 하는 중요한 시기다. 중·고등학교 시절에는 입시부담뿐만 아니라 접할 수 있는 사람이 몹시 제한되어 있기 때문이다. 이런 점에서 대학은 다양한 인간관계를 형성하고 연마하는 훈련장이라고 할 수 있다. 대학생 시기의 다양한 대인관계 경험은 졸업 후 사회에 진출하여 성공적으로 활동하는 밑거름이 된다. 대학생활에서 유념해야 할 인간관계의 네 가지 영역은 친구관계, 이성관계, 교수와의 관계 그리고 부모와의 관계다.

1 친구관계

대학생활에서 가장 중요한 인간관계는 친구관계다. 대학생들이 가장 많은 시간을 함께 보내며 교류하는 상대가 친구이기 때문이다. 수업을 같이 듣고, 공강시간을 함께 보내며, 식사를 같이하고, 공부를 함께하며, 다양한 주제의 대화를 나누고, 취미활동과 여가활동을 함께할 수 있는 대학생활의 가장 중요한 동반자가 바로 친구다. 특히 대학시절의 친구는 졸업을 한 후에도 우정을 나누고 도움을 주고받으며 사회생활을 원활하게 펼쳐 가도록 돕는 인생의 지원군이 된다.

좁은 의미의 친구관계는 동년배의 학우를 의미한다. 같은 학과, 인접학과, 동아리, 동창회, 학술모임 등 다양한 인연으로 우정을 나누게 되는 동기생을 뜻한다. 그러나 친구관계를 좀 더 넓은 개념으로 이해하면 동기생뿐만 아니라 대학시절에 교분을 쌓게 되는 선배와 후배들을 포함하는 다양한 지인들을 뜻한다. 대학시절에는 나이, 성별, 전공, 관심사, 성격, 가치관 등에 있어서 다양한 사람들과 폭넓은 인간관계를 형성하는 것이 중요한 과제라고 할 수 있다.

특히 신입생들은 친구관계의 형성에 각별한 관심을 지니고 노력해야 한다. 대학에 처음 진학한 신입생들은 새로운 사람들과 새롭게 인간관계를 형성해야 한다. 대부분의 신입생들은 캠퍼스에 이미 알고 지내던 사람이 거의 없는 상태에서 대학생활을 시작한다. 넓은 대학 캠퍼스는 수많은 사람들로 북적거리지만 아무도 학생 개인에게 특별한 관심을 주지 않는다. 신입생 스스로 인간관계의 형성을 위해서 노력하지 않으면 고립감 속에서 대학생활이 위축될 수 있다. 수업을 같이 듣고 점심식사를 함께하며 공강시간을 같이 보낼 수 있는 친구를 조속히 확보하는 것이 매우 중요하다.

신입생들은 대학에서 친구관계의 형성을 위해 다양한 노력을 기울여야 한다. 첫째, 신입생 시절에는 학교에서 개최하는 행사나 모임에 적극적으로 참석하는 것이 바람직하다. 대부분의 대학은 신입생을 위한 다양한 모임을 개최한다. 예컨대, 학생회나 학과에서는 매년 2~3월에 신입생을 위한 오리엔테이션, 새터모임, MT, 환영회 등을 개최한다. 이러한 모임에서 처음으로 같은 학과의 동기생과 선배들을 만나 대학에서의 인간관계를 형성하게 된다. 첫 단추를 잘 끼우는 것이 중요하듯이, 대학에서의 첫 인간관계를 잘 시작하는 것이 중요하다. 학기 초에 열리는 모임들은 교우관계를 자연스럽게 형성할 수 있는 가장 좋은 기회다.

둘째, 학과모임뿐 아니라 동아리나 동창회와 같은 다양한 모임에 적극적으로 참여한다. 매년 새 학기에는 대학 내의 다양한 동아리와 단체에서 새로운 구성원을 받아들이기 위해 설명회나 행사를 개최한다. 동아리에 참여하는 것은 다양한 전공의 학우들과 교분을 쌓을 수 있는 좋은 기회를 제공한다. 동아리는 취미나 관심사를 공유하기 위해 주기적인 모임을 갖기 때문에 대학생활을 풍요롭게

하는 동시에 폭넓은 인간관계를 형성하는 데 커다란 도움이 된다. 최소한 한두 개 이상의 동아리활동에 참여하는 것이 바람직하다.

아울러 대학 캠퍼스에 교우관계의 거점을 마련하는 것이 필요하다. 대학은 학생 개인에게 정해진 좌석을 제공하지 않는다. 대학생들은 수업시간마다 이리저리 옮겨 다니며 캠퍼스 생활을 하기 때문에 학우들을 고정적으로 만날 수 있는 기회가 적다. 하지만 학우들을 자주 접할 수 있는 공간이 있는데, 과방이나 동아리방이 그런 곳이다. 이곳에는 여러 학우들이 수시로 드나들기 때문에 많은 사람들을 자연스럽게 만날 수 있다. 이처럼 공강시간에 편안히 머물면서 동료들을 접할 수 있는 대학생활의 베이스캠프를 마련하게 되면, 자연스럽게 교우관계를 형성하고 확대시킬 수 있을 뿐만 아니라 친구들로부터 다양한 소식과 정보를 전해 들을 수 있다.

대학생활에서 가장 외로움을 느끼기 쉬운 상황은 공강시간과 점심시간이다. 수업이 없는 공강시간을 함께 보낼 마땅한 친구가 없을 때, 드넓은 캠퍼스를 혼자 이리저리 배회해야만 할 때, 그리고 매번 점심식사를 혼자 해야만 할 때, 대학생활이 쓸쓸하고 삭막하게 느껴진다. 이처럼 친구관계는 대학생활을 즐겁고 활기차게 만드는 가장 중요한 요소다. 수업을 같이 듣고, 시험준비를 함께하며, 공강시간과 점심시간을 함께 나누고, 미팅도 같이하며, 인생의 고민을 함께 나누고, 저녁시간이나 주말을 함께 보낼 수 있는 좋은 친구들이 있을 때, 대학생활은 더욱 즐겁고 풍요로워진다.

2 이성관계

대학생이라면 누구나 이성관계에 깊은 관심을 지니고 있을 것이다. 이성교제를 통해 낭만적인 사랑을 나누어 보고 싶은 소망을 지닐 것이다. 청년기 초기에 해당하는 대학생 시절에 이성과 사랑을 나누고 싶은 바람은 자연스러운 일인 동시에 필요한 일이기도 하다. 특히 대학에 진학하면 그동안 입시공부에 매진하면서 억제했던 이성교제의 욕구가 급증하게 된다.

인간은 성인이 되면 결혼을 하여 부부관계를 맺고 자녀를 낳아 양육하게 된다. 대학생 시기는 청소년에서 성인으로 성장하는 과도기로서 이성교제의 경험을 통해 이성의 다양한 속성을 이해하고 이성관계를 심화시키는 방법을 배우게 된다. 이런 점에서 이성교제는 대학생 시기에 경험해 보아야 할 중요한 과제라고 할 수 있다.

대학생 시기는 미래의 배우자를 탐색하는 시기이기도 하다. 미팅, 소개팅 등을 통해서 다양한 이성을 만나게 되며 호감을 느끼는 사람과 교제를 하게 된다. 이러한 이성교제를 통해서 자신에게 적합한 이성 상대를 탐색한다. 대학시절에 만난 연인과 교제를 지속하다가 부부의 인연으로 발전하는 경우를 흔히 볼 수 있다.

이성교제는 낭만적인 대학생활의 꽃이라고 할 수 있다. 삭막한 대학생활에서 뜨거운 열정과 활기를 느끼게 해 주는 주요한 원천이기 때문이다. 그래서 이성교제는 대학생활의 만족도에 영향을 미치는 중요한 요인이다. 연구결과[6]에 따르면, 이성교제를 하는 학생들이 그렇지 못한 학생들보다 대학생활의 행복도가 더 높으며, 이성관계의 만족도가 높을수록 행복도는 증가한다. 이성친구가 없는 '솔로' 대학생들은 마치 팥고물 없는 찐빵을 먹듯이 무언가 부족한 허전함을 느낀다. 특히 다정한 모습의 CCCampus Couple를 보게 되면, 한편으론 부러움을 느끼고 다른 한편으론 질투심에 열을 받기도 한다.

대학에 진학하면 당연히 이성친구가 생길 것으로 기대하는 신입생들이 많으나 실상은 그렇지 않다. 조사 자료에 따르면, 솔로 대학생들이 훨씬 더 많다. 한 대학교의 재학생 실태조사[7]에 따르면, 이성교제를 하는 학생은 36.3%에 불과했다. 다른 대학교의 실태조사[8]에서도 41%의 학생만이 이성교제를 하는 것으로 나타났다. 솔로 대학생들이 59~64%로 훨씬 더 많다.

우선, 호감을 느끼는 이성을 만나 교제를 시작하는 일이 쉽지 않다. 대학가에는 미팅이나 소개팅과 같은 이성교제의 기회가 많지만, 호감을 느끼는 이성 상대를 만나기가 쉽지 않다. 또한 호감을 느끼더라도 상대방이 나에게 호감을 느끼지 않으면 이성교제는 시작되지 않는다. 이성교제는 두 사람이 서로 호감을 느껴야 시작될 수 있는데, 그러한 만남의 기회가 흔치 않다.

이성교제를 원한다면, 우선 이성을 만날 수 있는 기회를 많이 갖도록 노력해야 한다. 대학에서는 미팅이나 소개팅을 통해 이성을 만나는 것이 일반적이므로 이러한 기회를 자주 가져야 한다. 폭넓은 교우관계를 지닌 대학생들은 이런 점에서 유리하다. 미팅과 소개팅의 기회를 포착할 기회가 많기 때문이다. 이성교제를 시작하는 또 다른 방법은 캠퍼스에서 호감을 느끼는 이성에게 자연스럽게 접근하는 것이다. 수업을 같이 듣거나 동아리활동을 함께하면서 점진적으로 친밀감을 형성하다가 이성관계로 발전하는 경우가 흔하다. 용기 있는 학생들은 무작정 대시를 하기도 하지만 이런 경우 성공 가능성이 그리 높지 않다. 아무튼 자연스럽게 이성을 만날 수 있는 기회를 많이 포착하는 것이 중요하다.

설혹 서로 호감을 느껴 이성교제를 시작하더라도 연인관계로 발전시키는 일은 쉽지 않다. 호감은 이성교제의 출발점일 뿐 연인관계를 보장하지 않는다. 서로에 대한 탐색과정을 성공적으로 통과해야 하기 때문이다. 이 과정에서 서로에 대해 실망하고 갈등을 겪으면서 연인관계로 진전되지 못한 채 헤어지는 경우가 허다하다. 사랑은 아무나 하는 것이 아니다. 사랑을 나눌 수 있는 능력과 기술이 필요하다. 이성관계를 포함하여 인간관계를 심화시키는 방법에 대해서는 이 책의 8장에서 자세하게 소개되고 있다.

이성관계는 발전시키기도 어렵지만 그 관계를 안정적으로 지속시키는 것이 더 어렵다. 연인관계를 지속시키는 과정에는 여러 가지 암초와 함정이 많기 때문이다. 연인관계를 형성하고 강렬한 사랑을 느끼게 되면, 상대방에 대한 기대와 요구가 늘어날 뿐만 아니라 성적인 욕구도 증가한다. 따라서 오해와 갈등이 증폭되고 때로는 의심과 열등감이 늘어나기도 한다. 이러한 장애물을 잘 극복하지 못하면 연인관계가 흔들리게 되고 급기야 상처를 주고받으며 결별하게 된다. 이러한 실연 경험으로 심한 고통과 혼란을 경험하는 대학생들이 많다.

이성교제는 대학생활에서 경험하는 행복의 주된 원천이자 고통의 씨앗이기도 하다. 대학시절의 이성관계를 통해서 이성의 다양한 특성을 이해하고 이성과 성숙한 사랑을 나누는 것은 대학생활의 특권인 동시에 중요한 과제라고 할 수 있다.

3 교수와의 관계

대학생활에서 사제관계師弟關係는 매우 소중하다. 교수와 학생 모두에게 있어서 그러하다. 교수는 학생의 스승이자 멘터이며, 학생은 교수의 제자이자 정신적 자녀다. 대학생활을 통해서 대학생들이 중시해야 할 인간관계 중 하나가 바로 교수와의 관계다.

신입생 대상의 한 의견조사[9]에 따르면, 교수에 대한 신입생의 가장 큰 기대는 인간적인 유대36.1%였다. 그다음으로 전공지도35.1%, 진로지도13.5%, 인생관에 대한 조언12.3%, 사회문제 논의2.7% 등이 뒤를 이었다. 대학에 진학하게 되면, 학생들에게는 중·고등학교 시절의 담임교사와 유사한 역할을 하는 지도교수가 배정된다. 대부분의 경우, 학생의 전공학과나 전공계열에 소속된 교수 한 명이 지도교수로 배정된다. 지도교수는 학생의 수강지도를 비롯하여 대학생활 전반에 대한 조언자 역할을 담당한다.

그러나 중·고등학교와 달리, 대학에서는 지도교수와 자주 만나기가 어렵다. 교수는 강의, 연구, 보직, 학회활동 등 다양한 역할이 많기 때문에 매우 바쁘다. 학생지도에 각별한 관심이 있지 않는 한, 교수가 지도학생을 먼저 불러 면담을 하는 경우는 드물다. 따라서 학생 스스로 먼저 찾아가지 않으면, 교수와 인간적 유대를 형성하기가 어렵다. 한 조사결과[10]에 따르면, 약 40%의 대학생이 신입생 시절에 지도교수와 한 번도 면담을 하지 않는 것으로 나타났다.

대학에 진학하면, 학기 초에 지도교수와 만남의 기회를 갖는 것이 바람직하다. 학생은 지도교수에게 언제든지 면담을 신청할 권리가 있고, 지도교수는 학생의 면담요청에 응할 의무를 지닌다. 학생들은 교수를 감히 범접하지 못할 권위적인 인물로 여기는 경향이 있으나 예의를 갖추어 접근하면 대부분의 교수들은 친절하게 학생을 맞이한다. 면담이 필요할 경우에는 교수에게 미리 전화를 하거나 이메일로 면담을 요청하여 적절한 시간을 정한 후에 연구

실을 방문하는 것이 좋다. 지도교수를 자주 접하게 되면서 점차 편안함을 느끼게 되고 친밀한 유대관계를 형성할 수 있다. 수강 신청, 장학금 신청, 추천서 요청, 진로 고민, 대학생활의 어려움 등에 대한 도움이 필요할 경우에는 지도교수와 적극적으로 면담을 하는 것이 바람직하다. 교수는 전공분야의 권위자이자 인생의 선배로서 전공학문과 진로선택을 비롯하여 대학생활과 인생 전반에 대한 조언을 구할 수 있는 가장 좋은 상담자다.

대학에서는 지도교수가 아니더라도 여러 교수들과 깊은 관계를 맺을 수 있다. 다양한 강의를 들으면서 담당교수의 전공분야와 인격을 접하게 된다. 학생은 자신이 깊은 관심을 지니는 학문분야의 전공교수나 인격적으로 존경하는 교수와 적극적으로 인간관계를 맺는 노력이 필요하다. 강의와 관련된 내용을 질문하기 위해서 교수 연구실을 방문할 수도 있다. 또는 진로선택이나 개인적인 고민을 상의하기 위해서 찾아갈 수도 있다. 특히 스승의 날을 전후하여 가르침에 대한 감사의 표현으로 작은 선물을 준비하여 찾아뵌다면 어떤 교수이든 학생을 반갑게 맞이할 것이다.

대학을 졸업하기 전까지 적어도 한 명 이상의 교수와 긴밀한 유대관계를 형성하는 것이 바람직하다. 교수는 인생의 선배로서 멘터의 역할을 해 줄 수 있는 가장 좋은 대상이다. 졸업 후의 진로선택을 비롯하여 인생의 다양한 문제에 대해서 조언과 도움을 얻을 수 있다. 취업을 하거나 대학원 진학을 하게 될 경우에는 추천서를 부탁할 교수가 필요하다. 결혼을 하게 되는 경우에는 존경하는 교수에게 주례사를 부탁할 수도 있다. 교수에게 있어서도 평생 동안

사제관계를 유지할 수 있는 학생이 존재하는 것은 행복한 일이다. 4년여의 대학생활을 하면서 단 한 명의 교수와도 친밀한 유대관계를 형성하지 못한 채 졸업하는 학생들이 많은 현실은 학생과 교수 모두에게 있어서 불행한 일이다.

4. 부모와의 관계

　대학에 진학한 학생들은 부모와의 관계에서 다양한 변화를 경험하게 된다. 대학생 시기는 경제적으로나 심리적으로 부모에게 의존하는 상태에서 서서히 독립적인 삶으로 이행하는 시기다. 이러한 과정에서 대학생들은 부모와의 관계에 많은 변화를 겪게 되면서 크고 작은 갈등에 직면할 수 있다.

　대학생이 되면 중·고등학교 시절과 달리 이제는 자신의 마음대로 자유롭게 생활하고 싶은 욕구가 급증한다. 또한 등·하교 시간을 비롯하여 머리모양, 옷차림새, 교우관계 등이 자유로워진다. 대학생 스스로 자신의 생활을 자율적으로 잘 영위하고 부모 역시 자녀의 자율성을 허용하면 아무런 문제가 없다. 그러나 문제는 부모와 대학생 자녀 간의 입장이 충돌하는 경우가 매우 흔하다는 것이다.

　대학생들이 가장 흔하게 호소하는 문제는 자녀의 생활을 지나치게 간섭하고 통제하려는 부모와의 갈등이다. 부모의 눈에는 대학생 자녀가 여전히 미덥지 못한 것이다. 그래서 일일이 잔소리를 하며 참견하게 되는 것이다. 자녀의 전공분야와 졸업 후 진로는 물론 학교성적, 교우관계, 이성관계, 심시어 옷차림새, 귀가시간, 여가활동에 대해서까지 사사건건 통제를 가하는 부모들이 있다. 학생 입장에서는 어린애 취급을 받는 것 같아 짜증이 난다. 한두 번도 아니고 사사건건 이런 일이 일어나면 부모에게 대들고 거리를 두게 된다. 부모와 떨어져 하숙이나 자취를 하는 친구들을 부러워하게 된다.

대학생들이 가장 곤혹스러워 하는 경우는 자녀의 진로를 자신의 일방적인 바람에 따라 강요하는 부모들이다. 자녀의 흥미와 적성 그리고 소망에 상관없이 소위 인기직종의 진로를 선택하라고 강요하는 부모다. 부모의 입장에서는 자녀가 세상물정을 모르고 고생길을 택하려는 것처럼 보이기 때문이다. 일부의 부모들은 자신이 이루지 못한 젊은 시절의 꿈을 대리적으로 충족시키기 위해서 자녀의 진로를 고집하기도 한다. 이처럼 다양한 선택에 있어서 부모와 자녀의 견해가 타협점을 찾지 못하면 심각한 갈등으로 발전하게 된다.

대학생 자녀와 부모 간의 갈등을 유발하는 중요한 요인은 바로 세대차다. 현대사회는 변화의 속도가 매우 빨라서 가치관이나 생활패턴이 급격하게 변한다. 그래서 기성세대와 젊은 세대의 감각과 신념에 괴리가 심해지고 있다. 50대 초반인 필자의 눈에도 요즘 젊은 대학생들의 행동거지가 마음에 들지 않을 때가 많다. 강의실에 슬리퍼를 찍찍 끌며 나타나고 옷차림새 역시 대학생스럽지 못하다고 느낄 때가 많다. 학생들의 이야기를 들어보면, 요즘은 고가의 명품 슬리퍼가 있을 만큼 슬리퍼를 신는 것이 유행이란다. 그것이 젊은 학생들의 일반적인 추세라면 적응을 해야 한다고 생각하지만 여전히 거슬리는 것만은 사실이다. 이런 현상이 바로 세대차 때문인 것이다. 이처럼 부모와 대학생 자녀 간에는 세대차로 인하여 일상생활의 크고 작은 일에서 대립할 수 있다.

　반면, 대학에 진학한 후에도 여전히 부모에게 지나치게 의존하는 대학생들도 있다. 이런 학생들은 대학생활의 크고 작은 선택을 스스로 결정하지 못하고 부모가 결정해 주기를 바란다. 또는 부모의 결정에 대해서 스스로 아무런 검토 없이 일방적으로 순응한다. 부모가 늘 사다 주는 옷을 입고, 부모가 정해 준 진로에 따라 공부하고, 심지어 이성과의 교제까지도 부모의 의견에 따른다. 이러한 자녀와 부모는 피상적으로는 원만한 관계를 유지한다. 그러나 부모가 평생 동안 자녀 곁에서 모든 선택을 결정해 주고 지원할 수는 없는 일이다. 언젠가는 부모 없이 스스로 결정해야 할 때가 다가온다. 자율적인 생활능력이 결여된 학생들은 이러한 시기에 많은 혼란감과 무력감을 느끼게 된다. 세칭 마마 보이, 파파 걸, 캥거루 족이 이런 부류의 학생들이다.

대학생 시기에 흔히 경험하게 되는 부모와의 갈등을 건강하게 극복하는 일은 이 시기에 중요한 과제다. 부모와 원만한 관계를 유지하면서 점진적으로 자율성을 확보해 나가는 것이 필요하다. 자유는 대가 없이 얻어지는 것이 아니다. 자신의 삶을 자율적으로 잘 관리할 뿐만 아니라 부모와의 견해 차이를 지혜롭게 해결해 나가는 노력이 필요하다.

자기계발과 여가활동

    대학생활에서는 중·고등학교 시절에 비해 자유로운 시간이 많다. 강의를 들어야 하는 수업시간 외에는 대부분이 자유시간이다. 즉, 수업이 없는 공강시간, 저녁시간과 주말, 그리고 2개월 이상의 여름방학과 겨울방학이 그러한 시간이다. 이러한 자유시간을 어떻게 보내느냐에 따라 대학생활의 모습이 달라진다.

    대학생들은 자유시간을 이용하여 자신의 다양한 역량을 계발하고 여가활동을 즐겁고 유익하게 보내는 노력이 필요하다. 캠퍼스 안팎에서 개설하는 다양한 자기계발 프로그램에 참여할 뿐만 아니라 동아리활동이나 취미활동, 자원봉사활동, 여행이나 아르바이트 활동 등을 통해서 대학생활을 즐겁고 보람차게 보낼 수 있다.

1. 자기계발 활동

자기계발은 행복하고 성공적인 삶을 위해 필요한 다양한 역량을 함양하는 자기성장의 노력을 뜻한다. 지적인 역량뿐만 아니라 인격적 덕성을 함양하고 건강한 육체를 가꾸는 일체의 노력을 포함한다. 인생의 3막에서 펼쳐질 사회생활에 필요한 다양한 역량을 대학생 시절에 미리 함양하는 노력이 필요하다. 즉, 유능한 직업인으로서의 직장생활, 다양한 사람들과의 원활한 인간관계, 화목한 가정생활과 자녀양육, 다양한 사회적 역할과 활동, 건강하고 활기찬 몸과 마음, 휴식과 재충전을 위한 여가활동 등을 효과적으로 영위할 수 있는 다양한 역량을 배양하는 노력이 필요하다. 자신의 미숙함을 보완하고 강점을 육성함으로써 인생의 역량을 업그레이드하는 것이다.

대학에서 개설하는 교과목은 인생에 필요한 다양한 지식과 역량 중 극히 일부만을 가르치고 있을 뿐이다. 대학의 수업을 통해 배우지 못하는 다양한 삶의 기술을 습득하는 노력이 필요하다. 예를 들어, 대인관계 기술, 효과적인 대화법, 리더십 역량, 효과적인 발표와 프레젠테이션 기술, 스트레스 대처법, 심신건강 증진방법, 효과적인 시간 관리법, 재무관리 방법 등은 인생을 살아가는 데 필요한 매우 중요한 기술이다.

대부분의 대학에서는 대학생들의 자기계발을 지원하기 위한 다양한 프로그램을 제공하고 있다. 매 학기 학교 홈페이지나 포스터를 통해 홍보하는 자기계발 프로그램 중 적절한 것을 선택하여 참여하는 것이 바람직하다. 대학에서 제공하는 프로그램은 대부분 무료이거나 저렴한 비용으로 참가할 수 있다. 이러한 프로그램에 적극적으로 참가하여 자신의 삶을 한층 더 업그레이드하는 소중한 기술과 역량을 배양하는 것은 대학생활의 지혜 중 하나다. 뿐만 아니라 대학교에는 학생들의 심리적 문제를 상담해 주는 기관이 개설되어 있다. 자신을 좀 더 객관적으로 잘 이해하고 성숙시키고자 하는 학생은 상담실을 방문하여 심리검사나 심리상담을 받아 보는 것도 좋은 방법이다.

현대사회의 주된 특징은 세계화와 정보화의 흐름이 가속화되고 있다는 점이다. 세계화 시대에 자신의 꿈을 활짝 펼치기 위해서는 영어를 비롯한 외국어 능력과 외국문화의 이해가 필수적이다. 또한 급속히 발달하는 정보통신문화에 적응하기 위해서는 컴퓨터 프로그래밍 및 소프트웨어 사용기술 등을 잘 익혀 두면 매우 유용할 것이다. 이 밖에도 다양한 주제에 대한 폭넓은 독서는 자기계발을 촉진하는 데 커다란 도움이 된다.

대학사회에는 어떤 한 역량을 특출하게 발달시킨 달인과 고수들이 있다. 예컨대, 발표의 달인, PPT의 귀재, 암기의 여왕, 컴퓨터 도사, 인간관계의 마법사라고 일컬어지는 학생들이 있다. 자신만의 개인기와 특기를 계발해 두면 대학생활은 물론 사회생활에서 탁월한 성과를 거둘 수 있다.

2 동아리활동 및 취미활동

대학생활의 자유시간을 즐겁고 유익하게 보낼 수 있는 한 가지
방법은 동아리에 참여하는 것이다. 대학에는 매우 다양한 동아리
가 있다. 특정한 주제의 학술적 관심사를 나누거나 교양을 함양하
기 위한 동아리예: 고전연구회, 사회문제연구회, 과학연구회, 야생조류연구회, 아마추어
천문회, 방송연구회, 영어동아리, 사진동아리 등, 문학, 음악, 미술 등의 다양한
예술 장르와 관련된 동아리예: 문예창작반, 합창반, 악기연주 동아리, 서예반, 연극
반, 만화 동아리, 라틴 댄스, 연극 동아리 등, 체력을 강화하고 운동기술을 발달
시키기 위한 다양한 운동 및 신체수련 동아리예: 검도부, 농구부, 복싱부, 스
키부, 댄스 스포츠, 태극권, 택견, 전통무예 동아리 등, 다양한 자원봉사활동을 하
는 동아리, 그리고 각종 종교와 관련된 동아리들이 있다.

동아리활동은 다른 학우들과 공통의 취미나 관심사를 공유할 뿐
만 아니라 교우관계를 확대하는 좋은 기회가 된다. 다양한 전공의
학우들과 폭넓은 인간관계를 형성하는 동시에 동아리와 관련된 지
식과 기술을 발달시킬 수 있기 때문이다. 특히 신입생들에게는 동
아리 참여가 대학생활에 뿌리를 내리는 좋은 기반이 될 수 있다.
동아리활동은 대학생활을 즐겁고 풍요롭게 만드는 촉매제 역할을
할 수 있다.

매년 학기 초에는 동아리 선배들이 신입생을 대상으로 동아리를
소개하고 가입을 권유하는 행사들이 열린다. 자신의 흥미와 관심
사에 따라 한두 개 정도의 동아리에 가입하여 활동해 보는 것이 좋

을 것이다. 대부분의 동아리는 정기적
인 모임을 통해 지속적인 활동을
하기 때문에 다양한 구성원들
과 친밀한 관계를 유지하며
대학생활을 할 수 있다. 또한
대부분의 경우, 모임의 공간
인 동아리방을 확보하고 있기
때문에 공강시간에 찾아가 자
연스럽게 공통의 관심사에 대한
대화를 나누며 머물 수 있는 대학
생활의 베이스캠프 역할을 한다.

　여가활동은 즐거움을 줄 뿐만 아니라 휴
식과 재충전의 기회도 된다. 동아리활동에 참여하지 않더라도 개
인적으로 여가활동을 꾸준히 하는 것이 좋다. 재학생 실태조사[11]에
따르면, 대학생들이 여가시간에 주로 하는 것은 컴퓨터, TV시청,
영화감상, 독서, 사교활동, 스포츠, 음악감상, 여행 등의 순으로 나
타났다.

　대학생이 참여하는 다양한 여가활동은 크게 6가지 범주로 구분
될 수 있다. (1) 스포츠와 건강 활동조깅, 헬스 등, (2) 취미와 교양활동
사진 찍기, 악기연주 등, (3) 관람 및 감상활동영화감상, 연극감상 등, (4) 사교
활동친구 만나기, 이성교제, (5) 여행 및 관광활동드라이브, 여행 등, (6) 놀이
와 오락활동컴퓨터 게임, 당구, 화투 등. 한 연구[12]에 따르면, 한국 대학생
들이 가장 빈번하게 하는 여가활동은 관람 및 감상27.2%이었으며

그다음으로 취미 및 교양21.6%, 놀이 및 오락20.2%, 스포츠 및 건강 17%, 사교9.4%, 관광 및 여행4.6%으로 나타났다. 일반적으로 '여행 및 관광활동'이나 '사교활동'을 즐겨하는 대학생들은 대학생활의 만족도가 높은 반면, '놀이와 오락' 컴퓨터 게임, 채팅, 웹서핑과 같은 인터넷 관련 활동, 당구/포켓볼, 화투 등을 즐겨하는 학생들은 상대적으로 만족도가 낮았다. 가능하면 친구들과 더불어 유쾌하고 생산적인 여가활동을 즐기는 것이 바람직하다.

3 자원봉사활동

대학생활에서 반드시 한번쯤 참여해 보아야 할 활동이 자원봉사 다. 자원봉사는 도움이 필요한 사람들에게 아무런 대가 없이 자발 적으로 도움을 주는 활동을 말한다. 우리 사회에는 도움의 손길을 필요로 하는 사람들이 많다. 봉사활동은 도움을 받은 사람에게 행 복감을 줄 뿐만 아니라 도움을 준 봉사자 자신에게도 커다란 보람 과 행복감을 느끼게 해 준다. 나의 작은 수고가 다른 사람에게 커 다란 도움과 행복감을 줄 때 느끼는 보람은 무엇에도 비하기 어렵 다. 나 자신만을 위한 이기적인 삶이 아니라 도움을 필요로 하는 다른 사람을 돕는 나눔과 봉사가 얼마나 소중하고 나 자신을 행복 하게 만드는지를 깨닫게 되는 귀중한 기회가 될 수 있다. 아울러 봉사활동은 우리 사회의 다양한 모습을 직접 목격하고 체험할 수 있는 좋은 배움의 기회가 된다.

　　대학생이 참여할 수 있는 봉사활동은 매우 다양하다. 노인이나 장애인을 돕는 일, 아동이나 청소년의 과외지도를 하는 일, 노숙자에게 음식을 제공하는 일, 외국인 노동자나 다문화 가정을 돕는 일, 환경보호 활동을 돕는 일, 청소년이나 재소자들을 위해 상담하는 일, 헌혈을 하는 일, 공원이나 공공시설을 청소하는 일 등과 같이 매우 다양하다. 대부분의 대학에서는 자원봉사 동아리나 단체들이 활동하고 있다. 방학을 이용하여 일시적으로 자원봉사활동을 하는 프로그램도 있다. 예컨대, 방학기간 동안 시골 벽촌을 방문하여 아동이나 청소년을 위해 학습지도를 하고 꿈과 희망을 심어 주는 일, 시골지역 주민이나 개발도상국 국민을 대상으로 주거시설 개선활동이나 의료봉사를 하는 일 등이 있다. 이처럼 다양한 기회를 활용하여 자원봉사에 참여하는 것은 대학생활의 소중한 경험이 된다.

특히 대학생활에서 슬럼프를 경험하거나 사는 것이 재미없고 시들할 때 자원봉사활동은 새로운 자극제가 될 수 있다. 다른 사람을 돕는 이타적 행동은 기분을 긍정적으로 변화시키는 기능을 지니고 있기 때문이다. 한 연구에 따르면, 자원봉사활동을 통해서 봉사자의 76%가 자신에 대해서 더 긍정적인 느낌을 갖게 되었고, 65%는 삶의 만족도가 향상되었으며, 32%는 정신건강이 향상되었다고 보고했다. 이처럼 자원봉사활동은 봉사자의 삶에 긍정적인 영향을 미친다. 다른 사람을 돕는 일에 참여하는 것은 봉사자의 지적인 발달을 촉진할 뿐만 아니라 자기수용, 자기통제력, 사회적 책임감, 사교적 기술, 리더십, 지역사회의 참여의식을 향상시키는 효과를 지니고 있다.

4 다양한 체험하기

대학생 시기는 인생과 세상에 대한 호기심과 도전의식이 가장 강한 시기다. 자유로운 시간을 활용하여 세상을 마음껏 탐색하고 다양한 체험을 만끽할 수 있는 절호의 기회가 대학생 시기다. 직접 체험을 하는 것만큼 소중한 배움도 없다. 여름과 겨울에 주어지는 긴 방학은 다양한 체험을 찾아 나설 수 있는 좋은 기회다.

대학생들이 방학기간에 참여할 수 있는 활동은 매우 다양하다. 예컨대, 걸어서 국토순례하기, 자전거로 전국여행하기, 백두대간 일주하기, 배낭여행하기, 세계의 오지 탐험하기, 어학연수 겸 외국

가정에서 살아보기, 워킹 홀리데이working holiday 참여하기, 기업체에서 인턴활동하기, 막노동 해 보기, 시간제 취업하기, 봉사활동하기 등이다. 졸업과 더불어 직장생활을 시작하게 되면 여유 있는 시간을 갖기 어렵다. 그러므로 대학생 시기에 평소에 해 보고 싶은 일과 가 보고 싶은 곳을 마음껏 체험해 보는 것이 좋다.

대학생 M군은 매 학기 초에 다음 방학을 보낼 계획을 세운다. 방학 중에 가 보고 싶은 곳예: 지리산, 울릉도, 히말라야의 고산지대, 실크로드의 우즈베키스탄 지역과 해 보고 싶은 일예: 라틴 댄스 배우기, 인턴활동 해 보기, 해외봉사활동 참여하기의 목록을 작성한다. M군에게는 이러한 목록을 작성하고 관련 자료를 수집하며 구체적인 계획을 세우는 일 자체가 즐겁다. 여행이나 활동에 필요한 경비를 마련하기 위해 용돈을 아끼거나 아르바이트를 하여 꾸준히 저축한다. 다가올 방학의 계획을 생각하는 것만으로 마음이 설레고 즐겁다. 방학을 즐기려면 학기 중의 학업을 잘 마무리해야 한다. 학기말 시험과 보고서 제출이 끝나면 M군은 계획했던 방학계획을 하나씩 실천한다. 여행을 할 경우에는 뜻을 같이하는 친구들과 동행하기도 한다. 또한 젊었을 때 하는 여행은 물질적으로 풍족하지 못해 경비를 최대한 아끼게 되는데, 이럴 경우 여행이 힘들고 고단할 수밖에 없다. 그러나 새로운 세상과 사람들을 접하는 즐거움은 그 고생을 충분히 보상하고도 남는다. 여행을 통해서 많은 것을 체험하고 배우게 되기 때문이다. 방학을 빈둥거리며 보내고 나면 허전하다. 여행을 하든 무엇을 배우든 기억에 남는 뜻깊은 활동을 하면 새 학기가 다가와도 아무런 아쉬움이 없다. 활기찬 기분으로 새 학기를 맞이하는 것이다. 다음 방학의 계획을 세우면서 말이다. M군의 경우처럼 방학을 이용하여 다양한 체험에 도전하는 것은 대학생 시절에 누릴 수 있는 특권이기도 하다.

인생의 설계와 진로준비

중·고등학교 시절에 왜 그렇게 힘들게 공부를 해야 했을까? 그것은 대학에 입학하기 위해서다. 그렇다면 대학은 왜 가야 하는 것일까? 대학에서 왜 열심히 공부해야 하는 것일까? 무엇을 위해 인간관계와 자기계발의 노력을 기울여야 하는 것일까? 그것은 졸업 후에 행복한 삶을 살기 위해서일 것이다. 그렇다면 졸업 후에는 무엇을 하며 어떻게 살 것인가? 어떤 직업을 가질 것인가? 내가 꿈꾸는 행복한 삶이란 어떤 것인가? 내 인생에서 이루고 싶은 목표와 비전은 무엇인가? 어떻게 살아야 먼 훗날 노년기에 나의 인생을 멋지고 행복한 것으로 회고할 수 있을까?

인생의 2막 대학생활에서 해야 할 중요한 과제는 내 인생 드라마의 청사진을 그리는 일이다. 앞으로 살아가야 할 인생의 방향을 탐색하고 정립하는 일이다. 우리는 짧은 여행을 하더라도 목적지를 정하고 꼼꼼하게 여행계획을 세운다. 하물며 단 한 번뿐인 우리의 소중한 인생을 목표도 없이 아무런 계획도 없이 살아갈 수는 없지 않은가? 꿈과 희망이 없는 삶은 죽은 삶이다. 살아도 사는 것이 아니다. 인생의 뚜렷한 비전과 목표를 지닌 사람은 의욕적이고 활기차며 의미감을 느끼는 삶을 살아간다. 대학생 시기는 인생의 비전과 목표를 정립하고 그 실천방법을 모색하며 인생의 3막을 준비하는 소중한 기간이다.

1 인생의 설계

　대학생 시기는 자신의 인생에 대해서 비로소 처음으로 진지하게 생각해 보는 시기다. 인생의 다양한 가능성을 탐색하며 자신의 인생을 설계할 수 있는 최적의 시기다. 초등·중·고등학교 시절은 인생에 대해서 깊이 생각하기엔 너무 어릴 뿐만 아니라 공부의 압박으로 그럴 여유를 갖기 어렵다. 또한 대학을 졸업하고 취업을 하게 되면, 바쁜 직장생활에 허덕이기 때문에 인생에 대해 깊이 생각해 볼 여유를 갖기 어렵다. 인생의 3막 직장생활은 대학생 시기에 그려 본 인생의 청사진에 따라서 시작되어야 한다. 인생의 설계에 소홀했던 대학생들은 인생의 3막에서 뒤늦게 여러 가지 시행착오를 겪고 방황하게 된다.

　인생은 장편의 드라마이자 장거리 마라톤 레이스다. 인생 드라마의 연출가로서 자신의 인생을 어떻게 펼칠 것인지, 마라톤 레이

서로서 여러 구간을 어떤 작전으로 달릴 것인지 구상해 보아야 한다. 인생은 여러 단계로 구분될 수 있다. 발달심리학자들은 일반적으로 인생의 단계를 연령 대에 따라 유아기, 아동기, 청소년기, 청년기, 장년기, 노년기 등으로 분류한다. 각 단계마다 개인에게 주어진 독특한 상황과 돌발적 사건에  의해서 다양한 삶의 모습이 펼쳐진다. 필자는 이 시대를 살아가는 한국인들이 일반적으로 겪게 되는 인생의 행로를 5단계로 나누어 살펴보고자 한다.

인생 드라마는 〈표 4〉와 같이 5막의 구성으로 펼쳐진다. 제1막은 태어나서 고등학교를 졸업하기까지 펼쳐지는 인생의 서막이다. 출생, 유아기, 유치원 입학, 초등학교, 중학교, 고등학교, 공부, 숙제, 시험, 친구관계, 야자학습, 학원공부 등이 1막의 골격을 이룬다. 한국인의 경우, 인생 1막의 주된 목표는 대학입학이다. 부모의 보호와 감독 속에서 대학입시를 향한 학업에 내몰리는 시기다. 대학생의 경우는 이미 막을 내린 과거의 드라마다.

인생의 2막은 대학생활. 입시부담에서 벗어나 새로운 세상 대학 캠퍼스에서 펼치는 자유로운 삶이다. 짧게는 4년 길게는 7~8년에

표 4	인생 드라마의 전개과정				
	1막 입시준비기	2막 대학생활기	3막 직업적응기	4막 직업전성기	5막 은퇴생활기
시기	고교졸업 이전	대학재학	대학졸업~30대	40~50대	60대 이후
부모관계	심리적 의존 경제적 의존	심리적 독립 경제적 의존	심리적 독립 경제적 독립	심리적 지원 경제적 지원	
자율성	적음	많음	적음	증가함	많음
주요과업	기초공부 학교적응 교우관계 입시준비	전공공부 인간관계 자기계발 인생설계	취업/직업적응 배우자탐색/결혼 결혼생활 적응 자녀양육	직업적 성취 리더 역할 자녀교육 여가생활	은퇴생활 적응 건강관리 여가생활 인생정리

걸쳐 펼쳐지는 20대의 삶이다. 휴학, 군복무, 어학연수 등으로 이 시기는 연장될 수 있다. 부모로부터 심리적인 독립이 진행되지만 경제적으론 여전히 의존하는 과도기적인 삶이다. 인생 2막의 네 가지 주제Big 4는 교양 및 전공공부, 다양한 인간관계, 자기계발과 여가활동, 인생설계와 진로준비다. 인생 드라마의 진정한 연출가이자 주인공으로 재탄생하는 중요한 시기다.

제3막은 대학을 졸업하고 학생 신분을 벗어나 사회인으로 활동하는 30대의 삶이다. 인생의 2대 핵심주제인 일과 사랑, 즉 직장생활과 결혼생활이 본격적으로 시작되는 단계다. 이 시기에는 취업하여 사회초년생으로서 바쁘고 힘든 직장생활에 적응하는 일이 중요한 과업이다. 또한 평생의 반려자를 찾아 결혼을 하고 부부생활에 적응하며 자녀를 낳아 가정을 꾸려가게 된다. 비로소 부모로부터 심리적인 독립뿐만 아니라 경제적인 자립을 이루어 진정한 성인의 삶을 살아가는 시기다. 인생의 3막은 직장생활 적응, 결혼과 부부생활, 자녀의 출산과 양육, 저축과 집 마련과 같은 새로운 도전과 과제가 많은 시기로서 대학생활에서 쌓은 내공을 적극적으로 발휘해야 하는 인생의 단계이기도 하다. 인생의 단맛과 쓴맛을 절실하게 체감하게 되며 대학생활의 충실도에 따라 3막의 행복과 불행이 좌우된다.

제4막은 40대와 50대의 삶으로서 인생의 전성기라고 할 수 있다. 직업장면에서 주도적인 리더 역할을 담당하며 커다란 권한을 지니고 자신의 역량을 최대한 펼치는 시기다. 대학시절에 꿈꿨던 비전과 목표가 실현되는 인생의 결실기이자 절정기라고 할 수 있다. 경제적인 안정 속에서 심리적인 여유와 여가생활도 즐길 수 있게 된다. 부모와의 관계가 역전되어 이 시기에는 부모를 부양하거나 지원하는 역할을 맡게 된다. 또한 자녀교육에 대한 관심과 투자가 많아지며 자녀가 대학에 진학하거나 결혼하게 된다. 이 시기에 조기퇴직을 하게 되거나 사업에 실패하게 되면 고민과 좌절감이 깊어질 수 있다. 직업의 유형과 개인의 역량에 따라서 인생의 4막은 60대까지 연장될 수도 있다.

인생의 5막은 직업에서 은퇴를 하고 노년기를 보내는 60대 이후의 삶이다. 이 시기는 직업적 부담과 사회적 의무에서 벗어나 인생을 여유롭게 즐기며 정리하는 시기다. 현대사회에서는 수명이 연장되면서 5막의 인생이 점점 더 길어지는 추세다. 20~30년 이상의 노년기를 건강하고 여유롭게 보내기 위해서는 일찍부터 노후준비를 시작해야 한다. 최근에는 직장에서 은퇴를 하더라도 여가활동뿐만 아니라 시간제 취업이나 사회봉사활동을 통해서 노년기를 생산적이고 의미 있게 보내는 노년층이 많아지고 있다. 인생의 5막 노년기는 한평생의 인생 드라마가 완결되는 중요한 시기다. 지나간 인생을 의미 있고 보람된 것으로 회고하면서 건강하게 품위 있는 노년기를 보내는 것이 행복한 인생의 필수요건이다.

우리의 인생 드라마는 이렇게 펼쳐진다. 인생의 2막 대학생 시기는 미래에 펼쳐질 인생의 단계를 설계하고 준비하는 매우 소중한 기간이다. 과연 인생의 3막을 어떻게 맞이할 것인가? 인생의 전성기에 무엇을 이룰 것인가? 그래서 먼 훗날 노년기에 자신이 펼쳤던 인생 드라마를 어떻게 회고할 것인가? 이러한 물음을 화두처럼 여기며 진지하게 생각해 보는 것이 필요하다. 인생의 2막 대학생활을 어떻게 보냈느냐에 따라 미래의 인생이 달라진다.

2 인생관과 가치관의 탐색

과연 인생의 설계를 어떻게 할 것인가? 인생의 설계는 자신이 소망하는 미래의 삶을 자서전 형식으로 미리 써 보는 일과 같다. 인생 드라마의 각본을 미리 작성해 보는 것이다. 인생의 각 단계마다 어떤 스토리를 담을 것인가? 어쩌면 담고 싶은 이야기가 너무 많아 무엇을 어떻게 엮어 가야 할지 난감할 수 있다. 아니면 어떤 내용을 담아야 할지 이야깃거리가 떠오르지 않아서 막막할 수도 있다.

인생을 설계하는 일은 쉽지 않다.

인생 설계의 과제는 이렇게 바꾸어 생각해 볼 수 있다. 내가 꿈꾸는 멋진 삶, 행복한 인생은 어떤 것인가? 무엇을 위해서 어떻게 사는 것이 잘 사는 것인가? 내 인생에서 소중하게 여겨야 할 것들은 무엇인가? 무엇이 내 인생을 의미 있는 것으로 만들 수 있을 것인가? 이러한 물음에 대한 나름대로의 생각이 바로 인생관이며 가치관이다. 인생의 설계는 자신의 인생관과 가치관에 근거하여 이루어져야 한다. 대학생 시기에 반드시 관심을 가져야 할 가장 중요한 과제는 나름대로의 인생관과 가치관을 정립하는 일이다. 자신의 인생에서 소중하게 추구해야 할 가치들을 모색하여 인생의 방향을 정립하는 일이다.

대다수 신입생의 경우, 고등학교 시절에는 입시공부에 대한 부담으로 인생에 대해 깊이 생각해 볼 기회를 갖지 못했을 것이다. 대학생이 되면 인생의 근본적인 물음들에 대해서 깊이 생각해 보아야 한다. 한 번뿐인 소중한 인생을 아무 생각 없이 무턱대고 살아갈 수는 없지 않은가? 짧은 여행을 떠나는 경우에도, 우리는 여행지가 어떤 곳이며, 어떤 볼거리가 있고, 어떤 순서로 돌아볼 것이며, 어디에서 숙식을 할 것인지에 대해서 생각해 본다. 하물며 단 한번뿐인 소중한 인생의 여정을 앞두고 인생과 세상에 대해서 깊이 탐색해 보는 것은 당연한 것이 아니겠는가?

내가 살아가는 이 세상과 우주는 어떤 곳인가? 우리 사회는 어떤 원리에 의해서 움직이는가? 인간이란 어떤 존재인가? 인생에는 어떤 의미가 있는가? 죽음이란 무엇인가? 인생에서 추구해야 할 소중한 가치는 무엇인가? 인생을 먼저 살았던 지혜로운 선인들은 인생에 대해서 어떤 견해를 제시하고 있는가? 과연 나는 인생을 어떻게 이해해야 하는가? 무엇을 추구하며 어떻게 살아야 할 것인가?

이러한 물음들에는 정답이 없다. 다양한 견해가 존재할 뿐이다. 동서고금의 선현들은 자신의 인생경험과 성찰에 근거하여 다양한 견해를 제시하고 있다. 대학에서 제공하는 다양한 교양강좌는 이러한 물음을 학문적으로 다루고 있다. 대학에서 교양교육을 강조하는 이유가 여기에 있다. 그러나 교양강좌만으로는 부족하다. 여러 종교인, 철학자, 선각자들이 제시하는 다양한 견해를 폭넓게 탐색하는 것이 바람직하다. 폭넓은 독서와 사색, 학우들과의 열띤 토론, 선배나 교수의 의견 청취 그리고 다양한 체험이 필요하다. 다각적인 탐색을 통해서 자신의 인생관과 가치관을 나름대로 세워나가야 한다.

어떤 학생들은 이렇게 생각할 수도 있다. "한가한 소리다. 수업, 시험, 보고서, 취업 준비와 같이 당면한 문제를 해결하기에도 허덕거리는데, 어떻게 한가하게 인생에 대해 생각할 여유가 있는가? 생각할수록 골치만 아프고 그렇다고 뾰족한 해답이 나오는 것도 아닌데……" 그렇다. 사실이다. 매 학기의 학점이나 졸업 후의 취업을 중시하면 그렇다. 이런 학생들에게 대학교는 입시준비를 하던 고등학교의 연장일 뿐이다.

그러나 필자는 대학생들에게 권하고 싶다. 대학생활에서는 조금 쉬어 가며 앞뒤 좌우를 돌아보는 시간을 가져보라고…… 내가 왜 이렇게 바쁘게 살아야 하는지? 바쁜 삶의 종착지는 어디인지? 무엇을 위해서 치열하게 공부해야 하는지? 시험과 취업 준비에 허덕여야 하는 이유는 무엇인지? 인생을 살아가는 길이 이러한 길뿐인지? 다른 길은 없는지?

인생은 한 그루 나무의 성장과정과도 같다. 하늘을 향해 가지를 펼치는 일도 중요하지만 땅속 깊이 뿌리를 내리는 일도 소중하다. 인생에 대한 진지한 고민과 탐색은 인생의 뿌리를 깊이 내리는 것과 같다. 뿌리 깊은 나무는 바람에 잘 쓰러지지 않는다. 인생의 풍파에 쉽게 흔들리지 않는다. 근시안적인 생각으로 당면문제에만 몰두했던 학생들은 훗날 어려운 선택과 역경에 직면하면 맥없이 쓰러지는 경우가 허다하다.

인생은 매우 복잡하고 오묘한 것이어서 인생 체험과 지식이 일천한 대학생으로서 확고한 인생관과 가치관을 정립하는 것이 쉬운 일은 아니다. 그렇다고 너무 서둘러 자신의 인생관과 가치관을 고착시키는 것도 바람직하지 않다. 인생의 근본적인 물음에 대해서 고민하고 탐색하는 노력이 소중한 것이다. 이러한 노력이야말로 미래의 인생을 위한 진정한 내공을 쌓는 일이다.

3. 인생의 비전과 목표

대학생 폐인족의 가장 큰 특징은 인생의 비전과 목표가 없다는 점이다. 대학입학이라는 목표를 향해 달려 왔지만, 대학에 입학한 후에는 목표를 상실한 것이다. 이리저리 떠도는 부평초처럼, 하루

하루의 대학생활을 이리저리 휩쓸려 다니며 무기력하게 방향 감각 없이 허비하는 것이다. 뚜렷한 인생의 목표가 없기 때문이다.

비전이 없는 삶은 공허하다. 무언가 지향하는 목표가 없는 대학생활은 무기력해진다. 의욕적으로 시작한 대학생활이 시들해지는 이유가 여기에 있다. 무엇을 위해서 열심히 공부하고 노력해야 하는지 뚜렷한 목표의식이 없는 학생들은 대학생활의 의미를 느끼지 못하고 방향감각을 상실한 채 무기력하게 방황하게 된다. 매주 수업을 의무감으로 마지못해 참석하고 그저 학사경고를 피하며 대학졸업장을 따기 위해서 매 학기 시험에 응한다면, 대학생활이 얼마나 무미건조하고 공허하겠는가?

행복하고 성공적인 삶의 중요한 요건은 목표를 지니는 것이다. 마음을 설레게 만드는 목표를 지니고 살아가는 것이다. 하루하루 목표를 향해 조금씩 진전되는 것을 느낄 때 뿌듯한 행복감을 느끼게 된다. 뚜렷한 목표를 지닌 사람은 오늘 자신이 무엇을 해야 하는지 분명한 목표의식 속에서 의욕적으로 생활을 영위하게 된다. 그 결과 성공적인 결과를 만들어 내고 목표에 다가가는 진전감 속에 행복감을 느끼게 된다. 이것이 행복에 대한 심리학 이론 중 하나인 목표이론goal theory[13)]의 핵심이다.

인생의 비전과 목표를 마련하는 것은 대학생활의 중요한 과제 중 하나다. 인생의 3막과 4막에서 실현하고 싶은 구체적인 목표를 세우는 일이다.

나는 인생의 전성기에 어떤 사람이 되어 어떤 일을 할 것인가? 내가 이룰 수 있는 최선의 모습Best Possible Self은 무엇인가? 최대한 노력한다면 나는 미래에 어떤 사람이 될 수 있을까? 생각만 해도 가슴이 벅차오르는 자랑스러운 내 미래의 모습은 무엇인가?

인생의 비전은 자신의 인생에서 이루기를 간절히 열망하는 미래의 모습이다. 최선을 다해 노력했을 때 자신이 실현할 수 있는 최고의 상태를 뜻한다. 떠올리기만 해도 가슴이 설레고 벅차오르는 그런 자신의 미래상이다. 물론 전혀 현실성이 없는 허황한 꿈을 의미하지는 않는다. 반드시 거창한 것이 아니어도 좋다. 자신이 충분히 흡족해할 수 있는 그런 모습이면 된다. 자신의 능력을 과소평가할 필요는 없다. 스스로 최선을 다해 시도해 보지 않고서는 자신의 능력을 알 수 없기 때문이다. 젊음은 무한한 가능성이다. 간절히 소망하는 것이라면 20대부터 추구하여 실현하지 못할 것이 없다. 시도조차 해 보지 않고 포기하는 것보다는 설혹 이루지 못하더라도 패기 있게 도전해 보는 것이 값지다. 후회에 관한 심리학 연구[14)]에 따르면, 사람들은 젊은 시절에 도전하여 실패했던 것보다 시도조차 해 보지 않고 포기했던 것들에 대해서 더 많은 후회를 한다.

인생의 뚜렷한 비전과 목표를 지닌 사람은 하루하루를 열정적으로 살아간다. 인생의 목표를 이루기 위해서 올해에, 이번 달에 그리고 오늘 무엇을 해야 할지가 분명하기 때문이다. 대학생활을 하면서 무엇을 추구해야 하는지, 이번 학기에 어떤 과목을 수강해야 하는지, 방학 중에 어떤 체험을 쌓아야 하는지, 어떤 동아리에서 어떤 사람들과 어울려야 하는지가 좀 더 분명해지기 때문이다. 분명한 목표를 지닌 사람은 매일 설레는 마음으로 아침을 맞이한다.

4 졸업 후 진로의 선택과 준비

인생의 비전은 장기적인 미래의 목표다. 그러한 목표를 성취하기 위해서는 여러 가지 단계와 과정을 거쳐야 한다. 인생의 비전을 실현하기 위해서는 중기적 또는 단기적 목표들이 필요하다. 즉, 인생의 로드맵road map이 필요하다. 로드맵이란 목표를 이루기 위해서 필요한 단계와 과업을 구체적으로 담고 있는 실행계획안을 말한다. 구체적인 로드맵을 마련하지 못한 인생의 비전은 한낱 젊은 시절의 허황한 꿈이 될 가능성이 높다.

대학생들이 꿈꾸는 인생의 비전은 직업적 성취와 관련된 것들이 많다. 예컨대, 성공적인 기업의 최고경영자CEO가 되는 것, 특정한 직업분야의 최고전문가가 되는 것, 전공분야의 교수가 되어 학문적 업적을 남기는 것, 빈곤과 질병 문제를 해결하는 국제구호단체의 봉사자로 활동하는 것, 예술가가 되어 후대에 길이 남을 작품을 남기는 것 등과 같이 매우 다양하다. 어떤 경우든 그러한 목표를 성취하기 위해서는 여러 가지 과정을 거쳐야 한다. 예컨대, 대학교수가 되기 위해서는 박사학위를 받아야 하고, 박사학위를 받기 위해서는 대학원에 진학하여 석사학위를 받은 후에 박사학위과정을 밟아야 한다. CEO가 되려면, 기업체에 취업하여 능력을 발휘하며 차근차근 승진을 거듭하거나 어떤 시점에서 창업을 하여 스스로 기업체를 일구어야 한다. 국제구호단체에서 활동하기 위해서는 우선 국내의 구호단체에 참여하여 상당한 경력과 외국어 실력을 쌓은 후에 세계적인 단체로 진출할 수 있을 것이다. 이처럼 인생의 비전을 실현하기 위해서 밟아야 할 과정과 단계들을 구체적으로 담고 있는 설계안이 바로 인생의 로드맵이다.

인생의 로드맵이 마련되면, 대학생활 중에 또는 대학졸업 후에 무엇을 해야 할 것인지가 분명해진다. 우선 졸업 후의 진로가 좀 더 명확해진다. 취업을 할 것인지, 대학원에 진학할 것인지, 아니면 자격시험을 준비할 것인지가 분명해진다. 졸업 후 진로가 정해지면, 대학생활 중에 전공해야 할 학문분야, 수강해 두어야 할 과목들, 자기계발을 통해 함양해야 할 자질들, 취업이나 대학원 진학을 위해서 준비해야 할 것들이 분명해진다.

그러나 인생의 비전을 설정하고 졸업 후 진로를 선택하는 과정은 생각처럼 쉽지 않다. 암중모색을 하며 인생의 다양한 길을 탐색해야 한다. 선배, 교수, 부모, 해당 직업분야의 전문가들로부터 조언을 구하는 것도 바람직한 방법이다. 특정한 직업분야의 장단점, 미래의 전망, 직업분야에 진출하기 위한 과정들이나 자격요건, 그 분야에서 성공할 수 있는 자신의 능력과 적성 등을 종합적으로 고려해야 한다. 이러한 어려움 때문에 많은 대학생들이 졸업 후 진로를 선택하지 못한 채 방황하며 고민한다. 대학교 졸업반이 되어서도 진로를 결정하지 못한 채 방황하는 경우가 흔하다.

이러한 경우 대학의 상담기관이나 경력개발센터를 방문하여 진로상담을 받아 보는 것도 좋다. 이러한 기관에는 다양한 직업정보와 적성검사를 구비하고 있을 뿐만 아니라 전문상담가들이 진로상담을 제공하고 있다.

졸업 후 진로는 준비해야 할 일들이 많기 때문에 늦어도 대학교 2학년 후반 또는 3학년 전반에 결정하는 것이 바람직하다. 대학생활을 하면서 인생의 비전과 졸업 후 진로를 확정하고 충실하게 준비한 학생들은 행복한 마음으로 졸업식을 맞게 된다. 자신이 희망했던 직장에의 취업이나 대학원 진학이 결정되었기 때문이다.

진로선택, 어떻게 할 것인가?

대학생들이 고민하는 문제 중에서 가장 흔한 것이 바로 진로선택에 관한 것이다. 현재의 전공분야가 자신의 적성에 맞지 않을 뿐만 아니라 졸업 후 진로도 마음에 들지 않는다고 호소한다. 그렇다고 뾰족한 대안도 없다는 것이다. 또는 졸업 후에 진출하고 싶은 직업분야가 있기는 하지만 준비과정이 너무 어렵고 경쟁이 치열해서 자신이 없다는 것이다. 그래서 진로를 결정하지 못한 채 세월만 보내고 있는데 저만치 졸업이 다가오니 매우 불안하다는 것이다.

진로선택에 어려움을 겪는 학생들은 몇 가지 공통점을 지니고 있다. 우선, 자신의 인생에서 무엇을 하고 싶은지에 대한 분명한 생각이 없다. 즉, 인생의 비전과 목표가 없는 것이다. 둘째, 자신의 흥미나 적성에 대한 이해가 부족하다. 자신이 어떤 일을 좋아하고 잘 할 수 있는지에 대해서 잘 알지 못한다. 셋째, 진출 가능한 직업이나 전공분야에 대한 정보가 부족하다. 우리 사회에 어떤 다양한 직업이 있고, 장단점은 무엇이며, 그러한 직업을 갖기 위해서는 어떤 요건, 자질, 노력이 필요한지에 대한 구체적인 정보를 갖고 있지 못하다. 마지막으로, 부모의 기대와 학생 자신의 바람이 일치하지 않는 경우가 많다. 부모가 강력히 권하는 직업분야는 학생이 받아들이기 어렵고, 학생이 원하는 분야는 부모의 기대에 미치지 못할 때, 학생들은 진로를 결정을 하지 못하고 방황하게 된다.

늦어도 대학생활 중반기(2~3학년)에는 졸업 후 진로를 정하는 것이 바람직하다. 진로선택을 위해서는 다음과 같은 노력이 필요하다.

첫째, 자신의 개인적 특성을 잘 파악하도록 노력해야 한다. 선택한 직업이 자신에게 잘 맞지 않으면 정말 힘들고 괴롭다. 직업만족도를 결정하는 가장 중요한 요소는 개인과 직업의 적합성(person-job fit)이다. 정말 내 인생에서 하고 싶은 일은 무엇인가? 내가 좋아하는 일은 어떤 일인가? 내가 잘 했고 또 잘 할 수 있는 일은 무엇인가? 내가 보람과 의미를 느낄 수 있는 일은 무엇인가? 이러한 물음을 간직하며 자신에게 적합한 몇 가지 진로를 모색한다.

둘째, 가능한 대안으로 떠오르는 몇 가지 진로를 선택하여 그에 관한 정보를 수집한다. 직업의 장단점, 안정성과 대우(연봉 및 신분), 구체적인 직무내용, 전망, 필요한 자격 및 자질, 경쟁 정도 등에 대한 정보를 탐색한다. 인터넷 탐색하기, 관련 도서 읽기, 선배에게 조언 구하기, 관련된 전공교수와 면담하기, 직업종사자와 면담하기, 취업박람회 참석하기, 진로상담자와 면담하기와 같은 다각적인 노력을 통해서 구체적인 정보를 입수한다. 올바른 진로선택을 위해서는 적극적인 노력을 기울여야 한다.

셋째, 고려하는 몇 가지 진로의 장단점을 비교하여 우선순위를 정한다. 우선순위를 정하는 일은 진로선택에서 매우 중요하지만 가장 어려운 일이기도 하다. 소위 인기직종은 경쟁이 치열해서 성공 가능성이 희박한 반면, 성공 가능성이 높은 분야는 비인기직종이라서 망설여진다. 딜레마다.

이러한 딜레마 상황을 타개하는 두 가지의 상반된 입장이 있다. 하나는 "손님이 많은 식당에 가면 후회하지 않는다."는 것이다. 많은 사람들이 선호하는 데에는 그만한 이유가 있으니 인기직종을 선택하는 것이 안전하다는 입장이다. 다른 입장은 "소문난 잔치에는 먹을 것이 없다."는 것이다. 그만큼 경쟁이 치열하기 때문에 개인에게 주어지는 기회와 혜택이 적다는 것이다. 따라서 사람들이 많이 몰리지 않는 비인기직종이 오히려 성공 가능성이 높다는 입장이다. 남들이 잘 가지 않는 길을 선택했던 사람들이 훗날 자신만의 확고한 위치를 누리는 경우가 많다. 물론 그러한 상태에 이르기까지 사회적 인정과 보상을 받지 못하며 힘겹게 노력해야 하는 어려움을 감수해야 한다. 진로선택은 인생에 있어서 매우 중요한 갈림길이다. 졸업 후에 펼쳐질 인생의 무대를 선택하는 일이기 때문에 최선을 다해 신중하게 선택해야 한다. 나름대로의 기준과 판단에 따라 적어도 두세 가지 진로의 우선순위를 정한다. 만약 선택이 어렵다면 다른 사람(교수, 진로상담자 등)의 도움을 받는다.

넷째, 진로를 선택할 때는 부모의 의견을 고려해 보는 것도 필요하다. 우선적으로 고려하고 있는 진로에 대해서 부모와 상의한다. 물론 부모의 기대와 학생의 바람이 현저하게 다를 경우에는 문제가 발생할 수도 있다. 대화와 설득을 통해 부모와 학생 간의 의견 차이가 쉽게 해소되지 않으면 진로선택의 어려움을 겪을 수도 있다. 이때는 고려하고 있는 몇 가지 대안적인 진로를 놓고 부모와 의견을 조율하는 것이 필요하다. 서로의 바람을 진솔하게 나누며 타협과 절충을 통해 지혜롭게 진로선택의 문제를 풀어 나가는 노력이 중요하다. 부모의 의견을 최대한 존중하되 최종적인 선택은 학생 자신의 몫이다.

마지막으로, 가장 우선적으로 선택한 진로와 자신의 전공학과와의 관련성을 고려해야 한다. 희망하는 진로와 자신의 전공이 잘 맞는다면 다행한 일이나, 사실 전공학과는 대학 입학을 위한 선택인 경우가 많아서 실제적인 진로와 일치하지 않는 경우가 흔하다. 대학 진학 후에 진로를 탐색하는 경우에는 자신이 이미 전공하고 있는 학문과 밀접히 연관된 진로를 택하는 것이 무난하나, 문제는 원하는 진로와 전공학과가 현저하게 불일치하는 경우다. 이 경우에는 전과, 부전공, 복수전공과 같이 진로에 맞추어 전공분야를 변경하는 방법을 모색해야 한다. 진로와 전공이 잘 맞지 않으면 대학생활에서 많은 어려움을 겪게 된다. 고시준비생의 경우처럼, 학과공부를 포기하고 진로준비에만 매달리는 학생들이 있다. 이 경우에는 부진한 전공 성적을 감수해야 할 뿐만 아니라 학과동료들과의 관계도 소원해지게 된다. 전공과 진로가 불일치하는 경우, 재입학을 선택하는 학생들도 있지만 대부분 부전공, 복수전공, 전과 등의 방법을 택하는 것이 가장 무난하다.

성공적인 대학생활을 위한 7가지 노력

대학에서는 신입생을 흔히 '새내기'라고 부른다. 대학에 갓 들어온 신출내기 햇병아리라는 말이다. 영어로는 freshman, 왕초보 대학생이라는 뜻이다. 새로운 세계에 입문하면 이러한 굴욕적인(?) 명칭을 감수해야 한다.

프로 바둑계에 입문한 바둑기사 1단을 수졸(守拙)이라고 부른다. 이제야 자신의 집을 겨우 지킬 줄 아는 어리석은 졸렬한 수준이라는 뜻이다. 프로 세계에 입단한 전문바둑기사는 아마추어 바둑세계에서 산전수전을 다 겪으며 길출한 실력을 갖춘 바둑의 고수들인데 말이다.

사실 대학 신입생은 13학년생이다. 학교생활을 13년째 하고 있는 고참 학생이다. 초등학교, 중학교 그리고 고등학교의 12계단을 올라오며 우여곡절 속에서 드디어 대학생으로 등극한 학교생활의 고수들이다. 얼마 전만 해도 고등학교에서는 후배들이 우러러보던 최고참 학생이었다. 후배들에게 입시 관문을 돌파한 무용담을 들려주던 역전의 용사들이다. 그런데 새내기 햇병아리 신출내기라니! 대학생활이 얼마나 대단하길래 이러한 굴욕적인 호칭을 감내해야 하나? 이제 알 만한 것은 다 알고 있는데 말이다.

인생에는 수많은 계단이 있다. 높은 계단에 올라 있는 사람의 입장에서 보면 저 아래 계단에서 허덕거리는 사람들이 하수(下手)로 여겨진다. 빤히 보이는 길을 찾지 못한 채 헤매고 있으니 말이다. 또한 아래에서 바라보면 이미 저 높은 계단에 올라 있는 사람이 대단하게 느껴진다. 이렇게 힘겨운 높은 계단들을 밟고 올라서 저만치 우뚝 솟은 높은 곳에 서 있는 그들이 대단한 존재로 다가온다.

그렇게 인생의 한 계단을 오르면 새로운 세상이 펼쳐진다. 이전에 경험해

보지 못한 새로운 풍경이 나타난다. 와우! 신기하다. 계단을 오른 자신감에 마구 뛰어 돌아다닌다. 덜커덕 풀쩍 쿵! 에구, 쌍코피가 흐른다. 듣도 보도 못한 낯선 풀뿌리에 걸려 넘어진 것이다. 그러길래 조심하랬지. 여기는 저 아래랑 다르다니까. 저만치 서 있는 선배가 안타까운 표정으로 하는 말이다. 인생의 새로운 계단을 오를 때마다 초보자 신참내기들이 공통적으로 겪는 일이다.

그렇다. 대학은 새로운 세상이다. 크고 넓은 세계다. 중·고등학교와는 차원이 다른 세상이다. 정글이 시작되는 것이다. 싱그러운 풀과 나무 그리고 아름다운 꽃들로 가득 차 있지만, 독초와 맹수가 우글거린다. 복마전 같은 미로를 찾아가야 한다. 지금까지 단체여행을 해 왔다면, 대학생활은 혼자 하는 여행이다. 친절한 안내자도 없다. 모든 것을 스스로 헤쳐 나가야 한다. 무심코 나아가면 길을 잃게 된다. 때로는 낭떠러지로 떨어지기도 한다. 이제 홀로 헤쳐 가야 하는 본격적인 인생의 게임이 시작된 것이다. 대학의 선배들이 신입생을 새내기라고 부르는 이유다. 인생의 2막 대학생활은 복마전 같은 캠퍼스 정글을 홀로 헤쳐 나가야 하는 한 편의 드라마다.

너 자신을 알라

"너 자신을 알라." 이것은 고대 그리스 아폴론 신전의 기둥에 새겨져 있는 유명한 문구다. 자신의 무지를 자각하고 반성하는 것이 중요함을 일깨우기 위해 소크라테스가 인용하여 유명해진 말이다.

인간의 눈은 세상을 향하고 있다. 인간의 모든 감각기관은 외부세계를 향하고 있다. 외부환경을 인식하는 것이 생존에 중요하기 때문이다. 이렇듯 인간은 근본적으로 외부지향적인 존재다. 인간은 환경에 적응해야 한다. 그래서 인간의 주된 관심은 자기 자신보다 외부세계로 쏠려 있다. 특히 어린아이들이 그렇다. 아이들이 조금도 가만있지 못하는 것은 외부세계의 신기함에 열광하기 때문이다.

그런데 인간이 성장하면서 외부세계에 쏠려 있던 초점이 서서히 자기 자신에게로 향하기 시작한다. 자기 존재에 대한 관심이 증가하는 것이다. 인생은 개인과 환경의 상호작용이다. 외부환경을 잘 이해하는 것뿐만 아니라 자신을 잘 이해하는 것도 중요하기 때문이다. 자기 자신을 잘 파악하지 못한 채 함부로 날뛰면 쌍코피를 흘리게 된다는 사실을 인생 체험을 통해서 깨닫기 때문이다.

그래서 "지피지기 백전불태知彼知己 白戰不殆"라는 말이 나오게 된 것이다. 중국 춘추시대 오나라의 명장인 손무孫武가 지은《손자孫子》의 〈모공편謀攻篇〉에 나오는 말이다. "상대를 알고 나를 알면 백 번 싸워도 위태롭지 않다."는 뜻이다. 상대방뿐만 아니라 자신의 강점과 약점을 충분히 알고 전장에 임하면 이길 수 있다는 것이다.

이 말은 새로운 세상인 캠퍼스 정글로 나서는 대학생들에게도 해당되는 경구다. 성공적인 대학생활을 하려면 대학사회가 어떤 곳인지를 잘 이해해야 하는 동시에 자기 자신에 대해서도 깊은 이해를 지녀야 한다.

그런데 자신을 잘 이해한다는 것은 무슨 뜻인가? 자신의 어떤 점을 이해하라는 것인가? 어떻게 해야 자신을 잘 이해할 수 있나? 고대 그리스의 철학자 탈레스는 "사람에게 가장 어려운 일이 무엇이냐?"는 질문을 받고 '자기 자신을 아는 것'이라고 대답했다고 한다. 그렇다. 자신을 이해하는 일은 쉽지 않다. 매우 어렵다. 그래서 다른 사람의 눈에 있는 티는 잘 보아도 자기 눈의 티는 보기 어렵다. 인간의 성숙도는 자기 이해의 정도에 비례한다. 끊임없는 자기 관찰과 자기 반성을 통해서만 자기 이해가 깊어진다.

동서고금의 현자들이 강조하고 있듯이, 자기 이해는 인생을 살아가는 데 매우 중요한 과제다. 모든 일의 결과는 자신이 스스로 만들어 내는 것이기 때문이다. 새로운 환경에 적응해야 하는 신입생은 대학사회가 어떤 곳인지를 잘 이해할 뿐만 아니라 그보다 앞서 자기 자신의 특성을 잘 이해하는 것이 중요하다.

1 나에 대한 나의 생각 이해하기

나는 나 자신에 대해서 어떻게 생각하고 있을까? 나 자신을 어떻게 평가하고 있을까? 스스로 괜찮은 사람이라고 생각하고 있을까 아니면 부족함이 많은 사람이라고 평가하고 있을까? 어떤 점이 괜찮고 어떤 점이 부족하다고 여기고 있을까?

자신에 대한 자신의 생각을 심리학에서는 자기개념self-concept이라고 부른다. 자기개념은 자존감과 자신감의 기반으로서 우리의 행동에 강력한 영향을 미친다. 자신에 대한 생각에 따라 행동이 달라지기 때문이다. 자신을 장점이 많은 유능한 사람이라고 믿는 사람은 대인관계에서 자신감 있게 행동하는 반면, 나약하고 단점이 많은 존재로 인식하는 사람은 열등감을 느끼며 소극적인 대인행동을 하게 된다.

한 인간은 여러 가지 구성요소로 이루어진 다면적인 존재다. 따라서 자기개념은 자신을 구성하는 다양한 요소에 대한 인식과 평가로 이루어진다.

심리학자들은 크게 물질적 자기, 정신적 자기, 사회적 자기의 세 가지 측면의 구성요소에 초점을 맞추어 자기개념을 구분한다.[15] 물질적 자기material self는 육체나 소유물과 같이 자신을 구성하는 가시적인 물질적 측면을 말한다. 정신적 자기psychic self는 자신의 성격, 능력, 적성 등과 같은 내면적 특성을 뜻하며, 사회적 자기social self는 타인과의 관계 속에 나타나는 자신의 위치와 신분을 의미한다. 자기개념은 〈표 5〉와 같이 세 가지 자기의 하위요소들에 대한 인식과 평가로 구성된다.

표 5	자기개념의 구조와 구성요소	
자기개념	물질적 자기	육체, 외모, 건강, 재산, 소유물 등
	정신적 자기	성격, 지능, 지식, 업적, 가치관 등
	사회적 자기	가족관계, 친구관계, 이성관계, 사회적 지위 등

사람마다 자기를 이루는 다양한 구성요소에 부여하는 중요도가 각기 다르다. 어떤 사람은 외모를 중시하는 반면, 다른 사람은 재산을 중시하고 또 다른 사람은 가족관계를 중시한다. 중시하는 정도에 따라서 그 구성요소가 자기개념 전체에 미치는 영향이 커진다.

우리는 의식적으로든 무의식적으로든 생활경험에 근거하여 자기의 구성요소들을 끊임없이 평가한다. 그 평가결과는 자존감의 기초가 된다. 자신에 대한 평가가 긍정적일 때는 만족과 기쁨을 느끼지만 부정적일 때는 불만과 좌절감을 경험하게 된다. 특히 자신이 중요하다고 생각하는 구성요소에 대해서 부정적인 평가를 하게 될 때, 심한 좌절감을 느끼게 된다.

나의 자기개념은 어떨까? 나는 나 자신에 대해서 어떤 평가를 하고 있을까? 어떤 구성요소에 가장 만족하며 어떤 구성요소에 불만감이 많을까? 궁금하다면 다음의 물음에 답해 보기 바란다.

먼저 아래에 제시된 자기의 구성요소 각각에 대한 중요도를 평가한다. 각 구성요소가 자신에게 중요하다고 생각하는 정도에 따라 1~4의 숫자에 ○표를 한다.

다음에는 각 구성요소에 대해서 현재 자신이 어떠한 상태라고 생각하는지를 평가한다. 구성요소에 대한 만족도에 따라 1~5의 숫자에 ○표 한다.

자기 구성요소	1부: 중요도				2부: 만족도					총점
	거의 중요하지 않다	약간 중요하다	상당히 중요하다	매우 중요하다	상당히 불만족한다	약간 불만족한다	보통이다	약간 만족한다	상당히 만족한다	
외모/신체적 매력	1	2	3	4	1	2	3	4	5	____
신체적 건강/체력	1	2	3	4	1	2	3	4	5	____
가족의 재산/소득	1	2	3	4	1	2	3	4	5	____
성격/성격적 매력	1	2	3	4	1	2	3	4	5	____
지적 능력/학업성적	1	2	3	4	1	2	3	4	5	____
자기조절 능력	1	2	3	4	1	2	3	4	5	____
대인관계 능력	1	2	3	4	1	2	3	4	5	____
인생관의 정립	1	2	3	4	1	2	3	4	5	____
교우관계	1	2	3	4	1	2	3	4	5	____
이성관계	1	2	3	4	1	2	3	4	5	____
가족관계	1	2	3	4	1	2	3	4	5	____
사회적 신분/지위	1	2	3	4	1	2	3	4	5	____

각 구성요소에 대한 중요도와 만족도 점수를 곱하여 오른쪽 총점 난에 적는다. 이 검사결과에 대해서 자신의 자기개념을 살펴보기로 하자.

우선, 나는 어떤 구성요소를 중시하고 있는가? 왜 그것이 나에게 그토록 중요하다고 생각하는 것일까? 만약 어떤 요소를 중요하지 않다고 평가했다면, 그 이유는 무엇일까? 정말 그러한 요소가 나의 삶에 중요하지 않은 것일까?

둘째, 나는 어떤 구성요소에 대해 만족하고 있을까? 불만감을 느끼는 구성요소는 어떤 것인가? 특정한 구성요소에 만족 또는 불만족하는 근거는 무엇일까?

마지막으로, 각 구성요소의 총점을 비교하는 것이 중요하다. 가장 총점이 높은 구성요소는 어떤 것인가? 이 구성요소는 자신이 중시하는 동시에 만족하고 있는 자기의 일부다. 자신의 자존감과 자신감을 높이는 주요한 토대이자 소중한 자산이다. 대학생활에 잘 활용하며 더욱 키워 나가도록 노력하는 것이 바람직하다. 만약 중요도는 높지만 만족도가 낮은 구성요소가 있다면, 그러한 자기요소에 주목해야 한다. 낮은 자존감과 열등감의 원천이 될 수 있기 때문이다. 그것이 개선될 수 있는 것이라면, 적극적으로 노력하라. 그러나 변화시킬 수 없는 것이라면 수용하도록 노력하라. 그것으로 자신을 비하하거나 자책하지 말라. 자신의 모든 측면에 만족하는 사람은 없다. 불필요한 열등감은 대학생활을 위축시키는 가장 위험한 요인이다.

2 나의 성격 이해하기

성격personality은 다양한 상황에서 비교적 일관성 있게 나타나는 지속적인 개인적 특성을 말한다. 성격에 따라 구체적인 상황에서 나타내는 행동이 달라진다. 따라서 대학생활은 학생의 성격에 따라 크게 달라진다. 성격은 선천적으로 타고난 성향과 후천적인 경험에 의해 결정되는 비교적 안정된 심리적 특성이다. 따라서 쉽게 변하지 않으며 대학생활뿐만 아니라 인생 전반에 커다란 영향을 미친다. 여기에서는 성격의 세 가지 차원, 즉 내향성-외향성, 이성성-감성성, 안정지향성-변화지향성에 비추어 자신의 성격적 특성을 이해해 보기로 한다.

다음의 문항이 자신에게 얼마나 잘 해당되는지에 따라 적절한 숫자에 ○표를 한다.

	그렇지 않다	약간 그렇다	상당히 그렇다	매우 그렇다
(1) 나는 처음 만나는 사람과도 쉽게 친해진다.	0	1	2	3
(2) 다른 사람과 함께 있을 때, 나는 말을 많이 하는 편이다.	0	1	2	3
(3) 나는 여러 사람과 함께 떠들며 노는 것을 좋아한다.	0	1	2	3
(4) 모임에서 다른 사람들을 잘 이끌어 가는 편이다.	0	1	2	3
(5) 나는 친구가 많다.	0	1	2	3
(6) 나는 혼자 있을 때 가장 편안함을 느낀다.	0	1	2	3

(7) 여러 사람들과 어울리는 모임에 가면 대개 불편하다.	0	1	2	3
(8) 나는 사색적이고 조용한 것을 좋아한다.	0	1	2	3
(9) 나는 혼자 일하는 것을 좋아한다.	0	1	2	3
(10) 여러 사람 앞에서 이야기해야 되는 상황을 피하는 편이다.	0	1	2	3

이 검사는 내향성-외향성의 성격 차원을 측정하는 간편형 검사다. 먼저 1~5번 문항에 ○표 한 숫자를 합한다. 그리고 6~10번 문항에 ○표 한 숫자를 합한다. 총점은 [(1~5번 점수 합계) + 15-(6~10번 점수 합계)]의 공식을 통해서 계산되며, 그 점수범위는 0~30점이다. 총점에 대한 해석은 다음과 같다.

→ 0~9점: 당신은 내향적인 편이다. 다른 사람들과의 사회적 활동보다는 혼자서 하는 개인적인 활동을 좋아하며 차분하고 사색적이다. 집중력이 있으며 한 주제를 깊이 파고드는 성향이 있어 대학의 학업을 잘 영위할 수 있는 좋은 자질을 지니고 있다. 그러나 대학에 진학하여 인간관계에 어려움을 겪을 수 있으므로 폭넓은 교우관계를 형성하기 위해 적극적으로 노력할 필요가 있다. 특히 여러 사람 앞에서 발표하는 일에 자신감을 지닐 수 있도록 노력해야 한다.

→ 10~21점: 당신은 내향성과 외향성을 균형 있게 잘 갖추고 있다. 학업과 인간관계를 조화롭게 잘 영위할 수 있는 좋은 자질을 두루 갖추고 있다.

→ 22~30점: 당신은 외향적인 편이다. 다른 사람과의 만남을 좋아하며 사교적이고 활동적이어서 폭넓은 대인관계를 맺는 경향이 있다. 이러한 특성은 새로운 상황에 잘 적응하는 좋은 자질이다. 그러나 대학생활에서 다양한 활동과 대인관계로 인해 주의가 산만해지고 집중력이 흐트러질 수 있으므로 학업에 소홀함이 없도록 노력해야 한다. 아울러 시간과 재정 관리에도 관심을 지닐 필요가 있다.

다음의 각 문항이 자신에게 해당되는 정도를 잘 나타내는 숫자에 ○표를 한다.

	그렇지 않다	약간 그렇다	상당히 그렇다	매우 그렇다
(1) 작은 일에도 잘 감동하는 편이다.	0	1	2	3
(2) 나는 다른 사람과 논리적으로 따지는 일에 약하다.	0	1	2	3
(3) 나는 감정의 변화가 심한 편이다.	0	1	2	3
(4) 나는 서정적인 시나 음악을 좋아한다.	0	1	2	3
(5) 타인의 감정을 잘 이해하고 쉽게 공감하는 편이다.	0	1	2	3
(6) 논리적이고 이론적인 토론을 좋아한다.	0	1	2	3
(7) 나의 감정상태를 밖으로 잘 드러내지 않는다.	0	1	2	3
(8) 해야 할 과제를 미루지 않고 제때에 잘 해내는 편이다.	0	1	2	3
(9) 나에게는 강렬한 감정이 잘 생기지 않는다.	0	1	2	3
(10) 나는 어떤 일을 할 때 분석적이고 체계적인 편이다.	0	1	2	3

이 검사는 이성성-감성성의 성격 차원을 평가하기 위한 것이다. 앞에서와 마찬가지로, 1~5번 문항의 합계와 6~10번 문항의 합계를 구한 후에 [(1~5번 점수 합계)＋15-(6~10번 점수 합계)]의 공식으로 총점을 구한다. 당신의 총점은 다음과 같이 해석될 수 있다.

→ 0~9점: 당신은 이성적인 편이다. 지적인 호기심이 강하고 분석적이며 합리적이다. 기분변화가 심하지 않으며 고난과 역경을 잘 이겨내는 강인한 성품을 지니고 있어 비교적 안정된 대학생활을 할 수 있다. 그러나 다른 사람의 감정에 비교적 둔감하며 논리 중심적인 대화를 하는 경향이 있어 대인관계가 피상적으로 겉돌거나 다른 사람과의 반목을 경험할 수 있다. 좀 더 부드럽고 유연한 행동을 통해서 친밀하고 깊이 있는 인간관계를 형성하도록 노력할 필요가 있다.

→ 10~21점: 당신은 이성성과 감성성을 비교적 고르게 잘 갖추고 있다. 합리적인 동시에 부드러운 성품을 균형 있게 갖추고 있다. 원만한 대인관계와 대학생활을 영위할 수 있는 좋은 자질을 지니고 있다.

→ 22~30점: 당신은 감성적인 편이다. 자신과 다른 사람의 감정을 섬세하고 예민하게 감지하여 배려하며 어떤 것에 잘 감동하는 심미적 감각이 뛰어나다. 따뜻하고 부드러운 성향은 친밀한 인간관계를 형성하는 좋은 자질이 될 수 있다. 그러나 기분의 변화가 다소 심하고 스트레스에 취약할 수 있으므로 대학생활이 불안정해지지 않도록 노력하는 것이 필요하다.

다음의 문항이 자신에게 해당되는 정도를 잘 나타내는 숫자에 ○표를 한다.

	그렇지 않다	약간 그렇다	상당히 그렇다	매우 그렇다
(1) 나는 새롭고 도전적인 활동을 좋아한다.	0	1	2	3
(2) 평범한 옷보다는 좀 특이한 개성적인 옷을 좋아한다.	0	1	2	3
(3) 나는 같은 일을 반복하면 쉽게 지루함을 느낀다.	0	1	2	3
(4) 사는 집이나 직업을 바꿔 가며 다양한 체험을 하고 싶다.	0	1	2	3
(5) 독서토론 동아리보다는 암벽등산 동아리에서 활동하고 싶다.	0	1	2	3
(6) 나의 생활은 상당히 규칙적인 편이다.	0	1	2	3
(7) 돈내기를 하는 놀이나 게임을 좋아하지 않는다.	0	1	2	3
(8) 휴가는 익숙한 곳에서 편안하게 보내고 싶다.	0	1	2	3
(9) 나는 번지점프를 해 보고 싶은 생각이 별로 없다.	0	1	2	3
(10) 나는 한 가지 취미를 배우면 오래도록 하는 편이다.	0	1	2	3

이 검사는 안정지향성-변화지향성의 성격 차원을 측정하고 있다. 마찬가지로, 먼저 1~5번 문항과 6~10번 문항에 ○표 한 숫자를 각각 합하고 [(1~5번 점수 합계)+15-(6~10번 점수 합계)]의 공식으로 총점을 구한다. 총점에 대한 해석은 다음과 같다.

→ 0~9점: 당신은 안정지향적인 편이다. 규칙적이고 편안한 생활을 좋아하며 다양한 일에 관심을 갖기보다 비교적 제한된

관심사에 집중하는 경향이 있다. 한 가지 일에 꾸준하게 집중하며 자기조절을 잘 하는 편이어서 상당히 안정된 대학생활을 할 수 있다. 그러나 새로운 도전적인 활동에 대한 관심이 부족하여 자칫 대학생활이 무미건조해질 수 있으므로 다양한 인간관계와 여가활동에 좀 더 적극적으로 참여할 필요가 있다.

→ 10~21점: 당신은 변화지향성과 안정지향성을 고르게 잘 갖추고 있다. 비교적 안정된 대학생활을 유지하면서도 적절하게 변화와 도전을 즐기는 유형이라고 할 수 있다.

→ 22~30점: 당신은 변화지향적인 편이다. 새롭고 도전적인 자극을 추구하며 개방적이고 진취적인 성향을 지니고 있다. 활기차고 역동적인 대학생활을 영위할 수 있는 좋은 자질을 갖추고 있다. 그러나 한 가지 주제에 꾸준히 집중하는 끈기가 다소 부족하고 다양한 관심사 때문에 대학생활이 자칫 무절제해질 수 있으므로 자기관리를 위해 노력할 필요가 있다.

3 나의 성격적 강점 이해하기

인간은 누구나 나름대로의 성격적인 매력과 강점을 지니고 있다. 최근에 긍정심리학자들은 인간의 다양한 긍정적 성품을 학술적으로 연구하여 제시하고 있다. 예컨대, 창의성, 호기심, 현명성, 용감성, 이타성, 신중성, 리더십, 공정성, 낙관성, 심미안, 유머감각 등과 같은 다양한 성격적 강점들이 제시되고 있다. 긍정심리학자에 따르면, 행복한 삶의 비결은 자신의 성격적 강점을 발견하여 일상 생활에서 발휘하는 것이다. 자신의 단점을 보완하려는 노력보다는 자신의 강점을 찾아내고 계발하여 발휘하는 것이 더 중요하다는 것이다. 자신이 못하는 것을 힘들게 하기보다 잘 하는 것을 즐겁게 하라는 것이다. 자신이 잘 하는 것이기 때문에 신나고 재미있게 할 수 있을 뿐만 아니라 그 결과도 좋게 나타날 수 있으므로 만족감과 성취감도 얻게 된다는 것이다.

미국의 심리학자 마틴 셀리그먼Martin Seligman[16]에 따르면, 인간은 누구나 자신만의 대표강점을 지니고 있다. **대표강점**signature strengths 이란 개인의 긍정적 성품을 가장 잘 나타내는 대표적인 성격적 강점을 뜻하며 다음과 같은 특성을 지닌다.

- 대표강점은 자신의 진정한 본연의 모습이라는 느낌, 즉 "이게 바로 나야."라는 느낌을 준다.
- 대표강점을 발휘할 때 유쾌한 흥분감을 느끼게 된다.
- 대표강점과 관련된 일을 배울 때 학습속도가 빠르다.
- 대표강점을 발휘할 수 있는 새로운 방법을 지속적으로 찾게 된다.
- 대표강점과 일치하는 방향으로 행동하고 싶은 열망을 느낀다.
- 대표강점을 발휘할 때 긍정적인 결과가 나타난다.

과연 나는 어떤 성격적 강점을 지니고 있을까? 나의 대표강점은 무엇일까? 다음에 간편형 강점 검사*가 소개되어 있으므로 대표

* 이 검사는 Brief Strengths Test에 근거하여 필자가 한국의 대학생들에게 적절하도록 개정한 것이다.

강점을 찾는 데 활용하기 바란다.

다음에는 다양한 성격적 강점을 기술하는 문항들이 제시되어 있다. 각 문항을 주의 깊게 읽고, 자신이 지난 1년간 실제로 어떻게 행동했었는지에 근거하여 응답해야 한다. 각 문항이 자신에게 해당되는 정도에 따라 가장 적절한 숫자에 ○표를 한다.

	전혀 그렇지 않다	약간 그렇다	상당히 그렇다	매우 그렇다
1. 어떤 새로운 일을 할 때, 나는 독창적이고 기발한 창의적인 생각을 잘 해낸다.	1　2　3　4　5　6　7			
2. 나는 새롭고 색다른 것에 대한 흥미와 호기심이 강하다.	1　2　3　4　5　6　7			
3. 중요한 결정을 해야 할 때, 나는 내 견해와 상반된 입장들도 냉철하게 고려하여 합리적으로 판단한다.	1　2　3　4　5　6　7			
4. 나는 새로운 것을 배우는 일이 즐거우며 배운 것에 관해 자세히 알려고 노력한다.	1　2　3　4　5　6　7			
5. 다른 사람들이 나에게 조언을 요청하는 경우가 많으며, 나는 그들이 처한 상황을 종합적으로 고려하여 현명한 해결책을 제시해 주곤 한다.	1　2　3　4　5　6　7			
6. 위협적인 상황에서도, 나는 두려움과 위험을 감수하고 용감하게 행동하곤 한다.	1　2　3　4　5　6　7			
7. 어려운 힘든 과제라 하더라도, 나는 인내심을 지니고 끈질기게 노력하여 그 일을 완수해 낸다.	1　2　3　4　5　6　7			

	전혀 그렇지 않다		약간 그렇다		상당히 그렇다		매우 그렇다
8. 솔직하게 제시하기 어려운 상황에서도, 나 자신을 있는 그대로 정직하고 진실하게 내어 보인다.	1	2	3	4	5	6	7
9. 나는 평소에 활기가 있으며, 어떤 일을 할 때 적극적이고 열정적으로 추진한다.	1	2	3	4	5	6	7
10. 나의 주변 사람들(친구, 가족 등)을 대부분 좋아하며 그들에게 사랑의 감정을 잘 표현한다.	1	2	3	4	5	6	7
11. 나는 평소에 다른 사람들에게 친절하게 행동하며 어려운 상황에 처한 사람들을 잘 돕는다.	1	2	3	4	5	6	7
12. 나는 다른 사람의 마음을 잘 파악하며 다양한 사회적 상황에서 적절하게 행동하는 사교적 능력을 잘 갖추고 있다.	1	2	3	4	5	6	7
13. 여러 사람과 함께 일을 할 때, 나는 집단의 구성원으로서 책임감을 지니고 협동적인 작업을 잘 해낸다.	1	2	3	4	5	6	7
14. 두 사람 이상에게 영향을 미치는 결정을 해야할 때, 나는 사적인 감정보다 원칙에 따라 공정하게 결정한다.	1	2	3	4	5	6	7
15. 어떤 집단에 속하게 되면, 나는 자주 리더의 역할을 맡게 되며 집단을 이끌어 나가는 일에도 익숙하다.	1	2	3	4	5	6	7
16. 다른 사람이 상처를 주거나 피해를 입힌 경우에도, 나는 그들을 잘 용서하고 관대하게 대한다.	1	2	3	4	5	6	7
17. 내가 이룬 성공이나 성과를 다른 사람에게 과시하지 않으며 겸손하게 행동하려고 노력한다.	1	2	3	4	5	6	7

	전혀 그렇지 않다	약간 그렇다		상당히 그렇다		매우 그렇다	
18. 나중에 후회할 일을 하지 않기 위해서 평소에 조심스럽고 신중하게 행동한다.	1	2	3	4	5	6	7
19. 나는 평소에 나의 충동이나 감정을 잘 조절한다.	1	2	3	4	5	6	7
20. 나는 자연이나 예술작품의 아름다움을 섬세하게 느끼며 잘 감동한다.	1	2	3	4	5	6	7
21. 평소에 다른 사람으로부터 받은 도움이나 보살핌에 감사함을 느끼며 감사의 마음을 잘 전한다.	1	2	3	4	5	6	7
22. 나는 평소에 낙관적이고 명랑하며 어려움에 처하더라도 희망을 잃지 않는다.	1	2	3	4	5	6	7
23. 나는 다른 사람을 즐겁게 하거나 웃게 만드는 유머감각과 장난기가 많다.	1	2	3	4	5	6	7
24. 나는 인생의 궁극적인 의미에 관심이 많으며 종교적인 활동에 꾸준히 참여하고 있다.	1	2	3	4	5	6	7

이 검사는 긍정심리학자들이 제시한 24개의 성격적 강점을 간편하게 평가해 볼 수 있도록 필자가 개발한 것이다. 1~7의 숫자에 응답한 것 중 가장 높은 점수에 ○표를 한 문항 4~5개에 주목하여 자신의 대표강점을 탐색해 본다. 각 문항에 해당하는 성격적 강점과 그 특성은 〈표 6〉과 같다. 스스로 판단하기에도 자신이 그러한 강점들을 지니고 있다면, 그것이 자신의 대표강점일 가능성이 높다.

표 6 성격적 강점의 특성과 내용

문항 번호 및 강점 명칭	강점의 특성과 내용
1. 창의성	새롭고 참신하며 생산적인 방식으로 생각하고 만들어 내는 독창적인 능력
2. 호기심	다양한 현상에 대해서 흥미를 느끼고 매혹되어 좀 더 자세하게 탐색하고 추구하는 개방적인 태도
3. 합리성	어떤 주제나 현상을 다양한 측면에서 냉철하게 생각하고 객관적으로 검토하는 능력
4. 학구열	새로운 지식이나 기술을 배우고 숙달하려는 강렬한 동기와 학구적 태도
5. 지 혜	어떤 문제 상황을 전체적인 관점에서 파악하고 최선의 해결책을 찾아내어 다른 사람에게 현명한 조언을 제공하는 능력
	※ 위의 다섯 강점은 지식을 습득하고 활용하는 것과 관련된 인지적인 강점으로서 지적인 성취와 지혜로운 판단을 돕는다.
6. 용감성	위험, 도전, 난관에 위축되지 않고 자신의 신념에 따라 용기 있게 행동하는 능력
7. 끈 기	근면하게 노력하여 시작한 일을 완성하며 난관에 봉착하더라도 계획된 행동을 인내심 있게 지속하는 능력
8. 진실성	자신을 거짓 없이 드러내고 솔직하게 행동하며 자신의 감정과 행동에 책임을 지는 태도
9. 열 정	어떤 일이든 활기차고 열정적으로 추진하는 의욕적인 적극적 태도
	※ 위의 네 강점은 고난과 역경에 직면하더라도 자신의 목표와 가치를 추구하는 강렬한 의지와 관련된 성격적 특성으로서 과제 완수와 목표 성취에 기여한다.
10. 친밀성	다른 사람과의 친밀한 관계를 소중하게 여기고 실천하며 깊이 있는 애정을 주고받는 능력

문항 번호 및 강점 명칭	강점의 특성과 내용
11. 이타성	다른 사람에게 도움을 베풀고 친절한 행동을 하려는 선한 동기와 실천 능력
12. 사회성	다른 사람의 동기와 감정을 예민하게 잘 포착하여 적절하게 행동하며 다양한 대인관계 상황에 효과적으로 대응하는 사회적 능력
	※ 위의 세 강점은 다른 사람을 보살피고 친밀해지는 것과 관련된 강점으로서 따뜻한 대인관계를 형성하고 심화하는 데 기여한다.
13. 협동성	사회나 조직 속에서 자신에게 주어진 임무와 역할을 인식하고 책임감 있게 행동하는 능력과 자세
14. 공정성	편향된 개인적 감정의 개입 없이 모든 사람을 동등하게 대하며 공평한 기회를 부여하는 태도
15. 리더십	집단활동을 조직하고 효과적으로 지휘하며 관리하는 능력
	※ 위의 세 강점은 효과적인 집단활동에 기여하는 사회적 강점으로서 개인과 집단 간의 건강한 상호작용을 돕는다.
16. 관대성	잘못을 행한 사람을 용서하고 다시 기회를 주며 앙심을 품지 않는 너그럽고 관대한 태도
17. 겸 손	자신이 이룬 성취에 대해서 불필요하게 과장된 허세를 부리지 않고 다른 사람의 주목을 구하지 않는 겸허한 태도
18. 신중성	조심스럽게 행동함으로써 불필요한 위험이나 후회할 일을 초래하지 않는 능력
19. 자기조절	다양한 충동, 욕구, 감정, 행동을 적절하게 조절하고 통제하는 능력
	※ 위의 네 강점은 지나침으로부터 우리를 보호하는 중용적 강점으로서 절제를 통해 극단에 빠지지 않도록 돕는다. 관대성은 미움과 증오로부터, 겸손은 교만과 허세로부터, 신중성은 경솔한 판단과 행동으로부터, 그리고 자기조절은 충동적 행동과 정서적 동요로부터 자신을 보호한다.

문항 번호 및 강점 명칭	강점의 특성과 내용
20. 감상력	세상의 다양한 영역으로부터 아름다움과 탁월함을 섬세하게 인식하고 체감하는 능력
21. 감 사	자신의 삶에 대해서 긍정적인 면을 잘 알아차리고 감사함과 축복감을 느끼고 표현하는 능력과 태도
22. 낙관성	미래를 긍정적으로 바라보고 희망 속에서 최선을 예상하며 그것을 성취하기 위해 노력하는 태도
23. 유머감각	인생의 역설적인 측면을 예리하게 포착하여 유쾌한 즐거움으로 전환시키는 능력으로서 웃고 장난치는 것을 좋아하며 타인에게 웃음을 선사하는 태도
24. 종교성	인생의 궁극적 의미와 목적을 추구하며 일관된 종교적 신념을 가지고 살아가는 태도
	※ 위의 다섯 강점은 인생과 세상을 대하는 초월적인 태도와 관련된 것으로서 자신의 삶을 긍정적이고 낙관적으로 바라보게 함으로써 삶에 대한 의미와 희망을 갖도록 돕는다.

자신의 대표강점을 발견하여 분명하게 인식하는 것은 매우 중요하다. 그러한 강점들을 대학생활의 다양한 영역, 즉 학업, 인간관계, 동아리활동, 자기계발, 취미생활, 진로준비, 인생설계에 활용함으로써 좋은 성과와 만족감을 얻을 수 있기 때문이다. 다음의 세 명언은 성격적 강점의 중요성을 잘 말해 주고 있다.

삶의 진정한 비극은
우리가 충분한 강점을 갖지 못한 데에 있는 것이 아니라
이미 갖고 있는 강점을 충분히 활용하지 못하는 데에 있다.

- 벤저민 프랭클린(Benjamin Franklin) -

탁월한 수준에 이르는 최고의 비결은 강점에 집중하는 것이다.
(The best recipe for excellence is to focus on your strengths).

- 도널드 클립턴(Donald O. Clifton) -

자신의 숨겨진 강점을 발견하여 계발하면 그것이 자신의 참모습이 된다. 행복한 삶의 공식은 자신의 대표강점을 일상생활 속에서 매일 발휘하며 커다란 만족과 진정한 행복을 경험하는 것이다.

- 마틴 셀리그먼(Martin Seligman) -

• 나의 성격유형에 적합한 직업은?

　대학생의 진로선택과 관련하여 자신의 직업적 흥미와 적성을 잘 이해하는 것은 매우 중요하다. 직업만족도를 결정하는 가장 중요한 요인은 개인과 직업의 적합도이기 때문이다. 진로심리학자인 존 홀랜드(John Holland)는 개인의 성격유형과 그에 적합한 직업유형을 다음과 같이 6가지로 구분하여 제시하고 있다.

　① 관습형(conventional type)은 성실성, 근면성, 구체성, 규범성, 순응성, 인내심 등의 특성을 지니며 언어적이고 수리계산적인 사무활동을 잘 수행한다. 자료를 정연하게 정리하여 보관하는 일에 능숙한 반면, 예술분야의 활동을 싫어한다. 이들에게 적합한 직업으로는 행정공무원, 은행가, 세무사, 출납계원, 우체국직원, 통계관련 업무 종사자 등이 있다.

　② 탐구형(investigative type)은 호기심, 합리성, 논리성, 분석력, 독립성, 정확성 등의 성격적 특성을 지니며 기초학문분야의 탐구활동이나 창의적 연구에 흥미를 지닌다. 추상적인 개념을 잘 다루는 능력이 있으며, 이론적인 토론과 논리적 구성을 좋아한다. 이들에게 적합한 대표적인 직업으로는 자연과학이나 사회과학 분야의 학자, 교수, 연구원 등이 있다.

　③ 기업형(enterprising type)은 도전성, 모험심, 적극성, 설득력, 지배성, 자신감, 낙관성, 사교성 등의 특성을 지니며 자신의 이익을 위해서 다른 사람을 설득하고 조정하는 일을 좋아한다. 권력, 지위, 사회적 존경을 중요한 가치로 여기며 조직적인 활동과 리더의 역할을 좋아한다. 이들에게 적합한 직업에는 정치가,

경영자, 세일즈맨, 행정관료, 경매인, 관리자 등이 있다.

④ 사회형(social type)은 친화성, 사교성, 협동성, 진실성, 배려심, 이타성, 설득력 등의 성격적 특징을 지니며 다른 사람을 돕거나 가르치는 일에 흥미를 지닌다. 언어적 능력과 대인관계 기술이 우수한 반면, 육체적 활동이나 기계조작을 싫어하는 경향이 있다. 이러한 유형에게 적합한 대표적 직업으로는 교사, 상담가, 임상심리학자, 사회복지사, 선교사 등이 있다.

⑤ 실재형(realistic type)은 성실성, 검소함, 실용성, 솔직성, 수줍음 등의 성격적 특징을 지니며 신체적 활동, 연장이나 기계조작, 동물 사육에 흥미를 가진다. 대인관계에 소극적이며 언어적 기술이나 인간관계 기술이 부족하다. 이러한 성격유형에게 적합한 대표적 직업은 공학자, 공학기술자, 기계조작자, 농장경영자, 농부, 운전자, 차량수리자, 비행가, 농부, 목수 등이 있다.

⑥ 예술형(artistic type)은 독창성, 창의성, 심미성, 감성성, 직관성, 내향성, 충동성 등의 성격적 특징을 지니며 문학, 음악, 미술 등의 예술분야와 관련된 일을 좋아한다. 간접적인 인간관계를 좋아하며 자신이 예술적 능력을 지닌 것으로 지각한다. 이러한 유형에 적합한 대표적 직업으로는 시인, 소설가, 음악가, 조각가, 극작가, 작곡가, 무대지위자, 디자이너 등이 있다.

캠퍼스에 인간관계 거점을 구축하라

하루 종일 말을 한마디도 하지 않고 지내 본 적이 있는가? 외딴 산속이 아니라 많은 사람들이 오가는 인간사회에서, 그것도 하루 이틀이 아닌 오랜 기간을. 대학에 진학하면 그런 경험을 종종 하게 된다.

불가佛家에는 묵언默言이라는 수행방법이 있다. 상당한 기간 동안 말을 하지 않고 지내는 수행이다. 묵언수행을 하겠다고 선언한 사람에게는 다른 사람들도 말을 걸지 않는다. 외딴 곳에서 독거獨居를 겸하는 수행자도 있다. 이러한 수행방법은 자신의 내면을 면밀히 관찰하거나 화두를 잡는 일에 전념하기 위해서 자발적으로 선택한 삶의 방식이다.

대학 캠퍼스에도 묵언수행자들이 있다. 그러나 그들은 비자발적인 묵언수행자들이다. 하루 종일 말을 하지 않고 지내는 학생들로서 말을 건네는 사람도, 말을 나눌 사람도 없다. 외로운 캠퍼스 유랑자들이다.

중·고등학교 시절에는 말을 한마디도 하지 않는 날이 없었을 것이다. 학교에 가면 전후좌우의 급우들과 말을 나누게 되기 때문이다. 때로는 자꾸 말을 거는 친구들 때문에 공부에 집중하지 못해 짜증이 나기도 했을 것이다. 그러나 대학에 진학하면 상황은 급변한다. 대학에서는 한마디 말도 하지 못하는 날들이 종종 있다. 넓은 대학 캠퍼스에서 대화를 나눌 친구를 만날 수 없기 때문이다. 다들 제 할 일로 바쁘다. 친구들을 항상 만날 수 있는 고정된 좌석도 없다. 게다가 만나자고 연락하는 친구도, 점심을 같이 먹자고 할 친구도 없다. 강의실, 도서관, 식당, 휴게실을 전전하며 캠퍼스를 배회한다. 점심식사도 혼자 한다. 오라는 저녁모임도 없다. 쓸쓸히 집으로, 자취방으로 돌아간다. 대학에서 인간관계를 구축하지 못한 학생들에게는 이런 날이 자주 있다. 특히 가정을 떠나 타지에서 대학을 다니는 자취생과 하숙생들에게는 이런 날들이 견디

기 어렵다. 대학생활이 재미없고 힘들어진다.

많은 대학생들이 외로움을 느낀다. 많은 사람들이 버글거리는 캠퍼스에서 그야말로 '군중속의 고독' 을 경험하는 대학생들이 많다. 특히 신입생들은 이러한 낯선 외로움에 당황하게 된다. 대학생활에서 인간관계를 중요시해야 하는 이유가 여기에 있다.

1 외톨이 대학생이 되는 이유

대학에는 외톨이 대학생들이 많다. 친구다운 친구가 없는 대학생들이 많다. 심지어 4년여의 대학생활을 하면서 친구다운 친구를 한 명도 사귀지 못한 채 졸업을 맞이하는 학생들도 있다. 대학에서는 자칫 외톨이가 되기 쉽다. 대학은 한곳에 정착하여 모여 사는 농경사회가 아니라 각자 옮겨 다니며 떠도는 유목사회이기 때문이다. 인간관계에 깊은 관심을 지니고 적극적인 노력을 기울이지 않으면 고독한 외톨이 유목민으로 전락하게 된다.

행복으로 가는 길은 좁지만 불행으로 가는 길은 넓다. 또한 불행에 이르는 길은 다양하다. 대학에서 외톨이가 되는 길은 다양하다. 여러 갈래의 길이 있다.

그 첫째는 인간관계에 대한 무관심이다. 대학생활에서 인간관계의 중요성을 인식하지 못하고 인간관계 형성에 무관심한 경우다. 중·고등학교처럼 시간이 흐르면 자연히 친구가 생길 것이라는 잘못된 기대를 지닌 학생들이 있다. 그러나 대학은 그렇지 않다. 대학은 중·고등학교와 다른 사회다. 대학에서는 적극적으로 노력하지 않으면 친구다운 친구를 쉽게 만날 수 없다.

둘째는 공부와 성취에 대한 과도한 집착이다. 학점, 취업준비, 자격시험 등에 지나치게 매달려 친구들과 교제할 시간을 갖지 못하는 학생들이 있다. 인간관계를 위해서는 시간과 노력이 필요하다. 이러한 학생들은 친구들과의 만남을 시간낭비로 여긴다. 대학생들의 일상적인 대화주제는 스포츠, 연예인 동정, 신변잡기, 음담패설 등인 경우가 많다. 이러한 대화를 공허하고 무익하다고 여긴다. 공부하기도 바쁜데 이런 허접스러운 이야기로 시간을 허비해서는 안 된다고 생각하며 교우관계를 소홀하게 여기는 것이다.

셋째는 인간관계에서의 높은 불안수준이다. 어떤 인간관계든 처음에는 어색하고 긴장된다. 여러 사람들과 함께 있을 때 자기소개를 하거나 화제에 끼어들어 말을 하는 것이 두렵고 힘들다. 동료들의 사소한 말에도 쉽게 상처를 입는다. 다른 사람들과 함께 있을 때 불안과 부적절감을 느낀다. 그래서 대인관계를 회피하게 된다. 특히 수줍음이 많고 예민하거나 자신감이 없는 내향성 성격의 소유자들이 이러한 경향을 나타낸다.

마지막으로, 대인기술이 부족한 경우다. 사람을 사귀는 데는 기술이 필요하다. 자연스러운 화제로 이야기를 꺼내고 상대방의 말을 주의 깊게 경청하며 배려하는 대인기술이 필요하다. 친구들과 어울리려고 노력하지만 대인기술이 부족하여 따돌림을 당하는 학생들이 있다. 일방적인 대화, 눈치 없는 부적절한 행동, 공격적이고 비판적인 언행 등으로 다른 사람을 불쾌하게 만드는 소위 비호감 학생들이 이에 속한다. 이러한 학생들은 동료들로부터 따돌림을 당하게 된다. 대학에는 은따가 더 흔하지만 왕따도 있다.

대학에는 외톨이는 아니지만 외로움을 느끼는 대학생들이 많다. 알고 지내는 사람들은 많지만 친구다운 친구가 없기 때문이다. 자주 만나면서 깊은 대화를 나누고 도움을 주고받으며 서로에게 깊은 관심을 보여 주는 친구가 없기 때문이다. 이처럼 피상적인 인간관계를 지닌 학생들은 내면적으로 외로움을 느끼게 된다. 겉으로는 많은 사람들과 접촉하지만 마음속으로는 외로운 것이다.

2 인간관계의 베이스캠프를 구축하라

대학교 교문을 들어서면, 어디로 갈 것인가? 강의를 듣고 나면 다음 강의시간까지 어디에서 시간을 보낼 것인가? 그 시간을 누구와 함께 보낼 것인가? 자주 만나서 이야기도 나누고 강의도 같이 듣고 점심식사를 함께할 친구집단이 있는가? 미팅을 같이 하자거나 저녁모임에 함께 가자고 이끄는 친구들이 있는가?

대학에 진학하면, 인간관계 거점을 마련하는 것이 중요하다. 산악인들이 베이스캠프를 설치하고 정상공격을 시도하듯이, 캠퍼스 유목민 생활의 중심이 될 수 있는 거점이 필요하다. 그런 장소와 친구집단이 필요하다. 사실 대학에는 학생들이 항상 머물 수 있는 공간이 많지 않다. 그러나 전공학과의 과방을 비롯하여 동아리방,

학생회방, 도서관, 휴게실, 식당은 학생들이 자주 드나들며 동료들을 만날 수 있는 곳이다. 캠퍼스에 등교하여 편안하게 머물며 친구들을 만날 수 있는 거점을 나름대로 구축하도록 노력해야 한다.

신입생은 자신이 전공하는 학과의 동료나 선배들과 친밀한 관계를 맺는 것이 가장 중요하다. 4년간의 대학생활을 하며 전공강의도 같이 듣고 학과활동도 함께하며 가장 밀접하게 지낼 학우들이기 때문이다. 대부분의 학과는 전공학생을 위한 공간을 제공하고 있는데, 그곳이 과방이다. 과방은 대학생활을 위한 베이스캠프로 가장 좋은 공간이다. 그곳에 가면 항상 동료와 선배들이 있기 때문에 이야기를 나누며 휴식을 취할 수 있다. 신입생의 경우, 선배들이 진을 치고 있는 과방이 다소 불편하게 느껴질 수 있으나, 이러한 불편감과 어색함을 참아내면 조만간 편안한 공간이 된다.

과방은 캠퍼스의 다양한 뉴스와 정보가 모이고 전달되는 곳이다. 강의나 교수의 특성, 학과행사, 강연회, 장학금 안내, 학우들의 동정과 같은 다양한 정보를 가장 쉽게 접할 수 있는 곳이 과방이다. 과방에 자주 들리는 학생일수록 대학생활을 성공적으로 하는 경향이 있다.

전공학과 학우들과 친밀한 관계를 형성하려면, 학과에서 개최하는 크고 작은 모임오리엔테이션, 신입생 환영회, 개강파티, MT, 답사 등에 반드시 참석하는 것이 바람직하다. 자주 만나야 서로를 알게 되고 친해질 수 있기 때문이다. 전공학과 동기생들과의 교우관계는 대학생활에서 가장 중요한데, 동기생은 같은 과목을 듣게 되고 캠퍼스에서 움직이는 동선이 비슷하여 가장 많은 시간을 함께 보내고 유익한 정보를 나누며 서로의 입장을 가장 잘 이해할 수 있는 집단이기 때문이다. 동기생은 졸업 후에도 비슷한 분야에 진출하여 도움을 주고받으며 평생 동안 우정을 나눌 수 있는 매우 소중한 사람들이다.

동아리는 대학생활의 베이스캠프가 될 수 있는 또 다른 좋은 후보다. 대부분의 경우, 동아리는 회원들을 위한 공간을 확보하고 있는데, 그곳이 동아리방이다. 동아리방은 대학생활을 즐겁게 할 수 있는 좋은 터전이다. 같은 취미나 관심사를 지닌 다양한 전공의 학우들을 만날 수 있기 때문이다. 신입생들은 입학 초에 최소한 한두 개 이상의 동아리에 가입하여 참여하는 것이 바람직하다. 대학에서 인간관계를 넓힐 수 있는 좋은 기회가 동아리다. 동아리활동을 할 경우에는 자신이 꾸준하게 열심히 참여할 수 있는 곳을 신중하게 선택해야 한다. 여러 곳에 가입하여 이리저리 오가며 피상적인 활동을 하기보다는 한두 개의 동아리에 집중하며 활동하는 것이 바람직하다. 또한 동아리활동에 열심히 참여하면서 동아리의 핵심 멤버가 되도록 노력한다. 이러한 노력을 기울인다면, 동아리는 대학생활을 풍요롭게 만드는 훌륭한 베이스캠프가 될 수 있다.

대학에는 동아리 외에도 다양한 모임이 있다. 고등학교 동문회나 향우회는 입학 전부터 알고 있던 학우들과 대학생활을 할 수 있는 좋은 모임이다.

도서관도 대학생활의 거점이 될 수 있다. 도서관은 학우들이 자주 들르는 곳이기 때문이다. 독서와 공부를 하면서 친구들과 자주 접할 수 있는 좋은 공간이 바로 도서관이다. 이 밖에도 휴게실이나 식당은 오고가는 친구들을 만나 편안하게 이야기를 나눌 수 있는 소중한 공간이다.

이처럼 다양한 기회를 통해서 폭넓은 인간관계를 맺도록 노력해야 한다. 특히 신입생들은 더욱 그러해야 한다. 캠퍼스 내에서 인간관계의 베이스캠프를 구축하도록 노력해야 한다.

이러한 베이스캠프는 대학에서 인간관계를 확대하는 기반이 된다. 친구를 통해서 새로운 친구를 사귈 수 있고, 친구들로부터 유익한 정보도 전해 들을 수 있다. 미팅이나 소개팅을 할 기회도 늘어난다. 취미생활을 같이하고 저녁이나 주말 시간을 함께 보낼 수 있다. 폭넓은 교우관계를 지닌 대학생들은 캠퍼스의 어디를 가더라도 마음이 편안하고 즐겁다. 반갑게 맞이하는 친구들이 있기 때문이다.

● 우정(友情)에 대하여

우정에 관한 이런 명언이 있다. "사랑은 꽃과 같고 우정은 나무와 같다. 비를 피하고 그늘 아래 쉴 수 있는 나무와 같다." 19세기 영국의 시인이자 철학자였던 새무엘 콜리지(Samuel Coleridge)가 한 말이다. 우정의 소중함을 잘 표현하고 있는 말이다.

친구는 인생의 소중한 동반자다. 친구와의 우정은 인생을 풍요롭게 하는 소중한 자양분이다. 친구는 가족이나 연인이 줄 수 없는 영양소를 제공한다. 친구는 나이가 같으므로 서로를 잘 이해할 수 있으며, 연인과 달리 자유롭게 여러 사람들과 우정을 나눌 수 있다.

우선, 친구는 즐거운 놀이를 함께할 수 있는 가장 편안한 대상이다. 친구는 만나서 재미있게 놀 수 있어야 한다. 공통의 취미, 관심사, 화제를 나누며 느끼는 즐거움과 재미는 친구관계를 유지하는 중요한 원천이다. 친구는 여러 측면에서 비슷한 점이 많기 때문에 서로 공유할 삶의 영역이 가장 넓은 인생의 동반자다.

둘째, 친구는 안정된 소속감을 느끼게 해 준다. 인간은 어떤 집단에 소속되어 있을 때 안정감을 느낀다. 다른 사람과 긴밀하게 연결되어 있다는 유대감과 연대감은 외로움을 이겨 내게 만드는 든든한 버팀목이기 때문이다. 특히 대학생활에서 그러하다.

셋째, 친구는 도움을 받을 수 있는 주된 대상이다. 어려움에 처했을 때 가장 편안한 마음으로 도움을 요청할 수 있는 사람이 친구다. 도움을 주고받으면서 우정과 신뢰감은 깊어진다. 특히 대학생활에서는 친구로부터 많은 도움을 받을 수 있다. 물질적 도움뿐만 아니라 심리적 지지, 다양한 정보 제공, 사회적 지원을 받을 수 있다. 좋은 친구가 많으면 대학생활이 훨씬 수월하다.

넷째, 친구는 마음을 나누는 좋은 상대다. 서로의 생각을 주고받으며 공감을 느낄 수 있다. 호감과 친밀감을 주고받으며 우정을 느낀다. 자신에 대한 솔직한 의견과 비판을 받을 수 있다. 친구는 제2의 자기라는 말이 있듯이, 자신을 가장 잘 이해하고 공감할 수 있는 사람이 바로 오랜 친구다.

마지막으로, 친구는 자신의 상태를 이해하고 평가하는 가장 좋은 비교기준이다. 인간은 항상 어떤 기준과 비교하여 자신을 평가한다. 조건이 비슷한 친구들은 자신의 상태를 가늠할 수 있는 가장 신뢰로운 비교기준이다. 친구는 자신을 비춰볼 수 있는 가장 좋은 거울인 것이다.

그러나 좋은 친구를 얻는 것은 매우 어렵다. 그래서 이런 명언이 있다. "인생에서 친구는 하나면 족하다. 둘은 많고 셋은 불가능하다." 19세기 미국의 교육자이자 역사학자인 허버트 애덤스(Herbert Adams)의 말이다. 그만큼 진정한 친구를 얻기가 매우어렵다는 뜻이다. 16세기 영국의 극작가 존 릴리(John Lyly)는 "한 친구를 얻는 데는 오래 걸리지만 잃는 데는 잠시다."라는 말을 남겼다. 친구를 만들기도 어렵지만 그 친구관계를 유지하기는더 어렵다는 것을 보여 주는 말이다.

3 한국 대학생의 교우관계

한국 대학생들의 교우관계는 어떨까? 대학생활을 하면서 누구와 교우관계를 맺고 있을까? 알고 지내는 많은 사람 중에서 누구를 가장 소중한 친구로 여기고 있을까? 친구관계에서 어떤 어려움과 스트레스를 겪고 있을까? 그 이유를 무엇이라고 생각하고 있을까?

한 연구조사[17]에 따르면, 한국의 대학생들이 가장 중요시하는 교우대상은 같은 학과의 친구29.5%였으며, 그다음으로 같은 대학의 동문회 친구19.7%, 초등·중·고등학교 때의 친구14%, 동아리 친구 11.4%, 학생회나 학회 친구5.6%, 기숙사나 하숙집 친구4.1%의 순서로 나타났다. 고민을 털어놓을 수 있는 친구 수에 있어서는 2~3명

53%이 가장 많았고, 다음으로 1명18%, 4명 이상15%이었으며, 한 명도 없다고 응답한 학생도 13%에 달했다.[18]

대학생들 가운데 교우관계가 이기적이고 정이 없어지는 방향으로 변해 가고 있다고 느끼는 학생이 55%에 달했고, 그 원인으로는 사회 전반에 걸친 이기주의의 확산55.6%, 대학생들의 안정·출세 지향적 경향32.1%, 인성교육의 부재6.0%, 정치적 상황의 변화2.1%를 꼽았다. 교우관계를 저해하는 요인에 대해서는 대화의 부족32.5%, 신뢰의 부족24.7%, 열등·우열의식18.2%, 정치적 견해의 차이8.2%, 종교관·가치관의 차이6.3% 순으로 응답했다.

대학생들은 친구관계에서 많은 스트레스를 겪는다. 대학생의 스트레스에 관한 한 조사[19]에 따르면, 대학생의 30.5%가 친구와의 인간관계에서 심한 스트레스를 받는다고 응답했다. 친구관계에서 스트레스를 받는 주요한 상황으로는 선의로 한 행동이 오해받을 때58%, 스스로 알고 있는 단점에 대해 친구가 비난할 때56.2%, 친구가 약속을 지키지 않을 때32.4%, 까다롭거나 마음에 들지 않는 친구와 가까이 지낼 수밖에 없을 때24.8%, 친구들이 종교적 믿음을 강요할 때19.1%, 친구들과 어울리는 경우 경비부담을 내가 할 수밖에 없을 때14.7%, 학회나 서클에서 선배가 어떤 정치적 견해를 강요할 때8.6% 등을 꼽았다.

대학의 상담실을 찾는 학생들이 호소하는 교우관계에서의 어려움은 매우 다양하다.[20] 첫째, 친밀한 교우관계의 형성에 어려움을 겪는 학생들이 많다. 특히 저학년 학생들이 고립감과 외로움을 호소하는 경우가 많다. 또한 3~4학년이 되어서도 친한 친구 하나 없이 방황하는 학생들도 상당수 있다. 속마음을 터놓고 이야기하거나 고민을 상의할 친구가 없어 대학생활이 매우 외롭고 힘들다고 호소한다.

둘째, 친구들과의 관계에서 마음의 상처를 입는 학생들이 많다. 자신을 무시하거나 비판적으로 대하는 친구의 언행으로부터 상처를 입는 것이다. 자신을 미워하거나 공격적으로 대하는 학우, 자신을 배신하고 헛소문을 퍼뜨리는 친구, 동료를 편애하고 자신을 무시하는 선배로부터 입은 마음의 상처로 괴로워한다.

셋째는 교우관계에서의 심각한 다툼과 갈등으로 인한 어려움이다. 학과나 동아리의 동료들과 갈등이 심화되어 서로를 미워하고 반목하는 경우다. 동료집단에서 주도권 싸움을 하거나 의견 대립이 격화되어 서로의 관계가 악화되는 경우다. 이로 인해 대학생활이 힘들 뿐만 아니라 이러한 갈등을 어떻게 해결해야 할지 모르겠다고 고민하는 학생들이 많다.

넷째, 과도한 교우관계 탓에 생활관리의 어려움을 겪는 학생들이 있다. 친구나 동료들과 어울리는 것을 지나치게 좋아하여 여러 가지 모임에 열성적으로 관여하지만 정작 자신의 학업, 진로준비, 시간과 돈 관리를 소홀히 하여 어려움을 겪는 경우다.

이 밖에도 동료들에 대한 열등감, 지나친 경쟁심과 질투, 삼각관계로 인한 갈등, 동료들로부터의 따돌림 등으로 어려움을 겪는 학생들이 많다.

4 인간관계의 넓이와 깊이, 어떤 것이 더 중요한가

볼이 넓고 평평한 발을 지닌 사람을 흔히 '마당발'을 지녔다고 한다. 여기에 빗대어 인간관계의 넓이를 중시하며 폭넓게 활동하는 사람을 우리는 마당발이라고 부른다. 대학가에는 동에 번쩍 서에 번쩍 캠퍼스를 누비고 다니며 많은 사람들과 넓은 인간관계를 맺는 학생들이 있다. 가는 곳마다 아는 사람들이 있으며 대학가의 뉴스와 정보에 매우 밝은 학생들이다.

반면, 항상 단짝친구와 함께 다니는 학생들도 있다. 항상 둘이 붙어 다닌다. 수업도 같이 듣고, 밥도 함께 먹고, 동아리활동도 같이하고, 미팅도 함께하며 거의 모든 대학생활을 같이한다. 동료들로부터 "둘이 사귀냐?"는 오해를 받을 만큼, 땅콩처럼 둘이 붙어 다니는 학생들이 있다.

사람마다 인간관계를 맺는 스타일이 다르다. 어떤 사람들은 다양한 사람들과 넓은 인간관계를 맺으려 하는 반면, 소수의 사람들과 깊이 있는 인간관계를 추구하는 사람들도 있다. 인간관계의 넓이와 깊이를 모두 추구하는 것이 바람직하지만, 개인이 지닌 시간과 에너지는 제한되어 있기 때문에 두 가지 모두를 얻기는 어렵다. 넓으면 얕아지고, 깊으면 좁아진다. 마당발 유형과 땅콩 유형은 두 가지의 인간관계 스타일이 극단적으로 나타난 경우다. 그렇다면 대학생활에서는 인간관계의 넓이와 깊이, 어떤 것이 더 중요할까?

인간관계 스타일은 성격과 밀접한 관계를 지닌다. 외향형 성격의 소유자는 마당발식 인간관계를 맺기 쉽고, 내향형 성격을 지닌 사람은 땅콩식 인간관계를 나타낼 가능성이 높다. 대학생의 인간관계는 학생 자신의 성격에 따라 그 양상이 달리 나타난다. 모든 것에는 밝고 어두운 양면이 있듯이, 성격과 인간관계 스타일도 마찬가지다.

대학생활뿐만 아니라 사회생활에서도 넓은 인간관계는 중요하다. 다양한 사람들과 친밀감과 우정을 나누며 여러 가지 도움을 주고받을 수 있기 때문이다. 폭넓은 인간관계는 마치 개인의 삶을 지탱하는 기둥이 많은 것과 같다. 마당발인 사람은 어떤 일을 하기가 수월하다. 정보와 도움을 쉽게 얻을 수 있는 사람들이 각계각층에 두루 퍼져 있기 때문이다. 다양한 사람들과 인간관계를 형성하고 유지하는 인맥관리가 중요한 이유가 여기에 있다.

그러나 많은 사람들과 인간관계를 맺고 있는 사람들은 특정한 사람에게 충분한 관심과 애정을 집중하기 어렵다. 깊이 있는 인간관계를 발전시키고 유지하기 위해서는 많은 시간과 관심이 필요한데, 마당발인 사람은 관심이 많은 사람들에게 분산되어 있다. "자주 보지 않으면 마음도 멀어진다Out of sight, out of mind." 는 말이 있듯이, 마당발인 사람의 인간관계는 필연적으로 피상적일 수밖에 없다. 인간관계에서 깊이를 희생하게 되는 것이다.

넓은 인간관계를 지닌 사람들은 내면적인 공허감과 외로움을 느끼는 경우가 흔하다. 많은 사람들과 접촉하며 활기차게 살아가는 듯이 보이지만, 깊은 유대감과 친밀감을 느낄 수 있는 사람들이 적기 때문이다. 마치 땅위로 줄기를 넓게 펼치는 덩굴식물처럼, 인간관계의 폭은 넓지만 뿌리를 땅속 깊숙이 내리지 못하기 때문이다. 이들은 자신의 속마음을 털어놓고 고민을 나눌 수 있는 사람이 부족하다. 특히 이들은 혼자 있을 때 허전함과 외로움을 느낀다. 그래서 사람들을 찾아 나선다. 그러나 사람들과의 만남에 많은 시간을 투자하게 되면 개인적인 일을 할 시간이 줄어들기 때문에, 이런 유형의 사람들은 어떤 한 가지 일에 집중하지 못하고 산만하여 치밀한 노력이 필요한 학업이나 업무에서 부진한 성과를 나타낼 수 있다.

휴대전화와 이메일 같은 통신수단이 발달한 현대사회에서는 과거에 비해 사람들간의 교류가 확대되면서 인간관계도 넓어지고 있다. 그러나 외로움을 느끼는 현대인들이 늘어나고 있다. 인간관계가 피상적이기 때문이다. 많은 사람을 만나며 늘 바쁘게 살아가지만 누구와도 깊이 있는 인간관계를 맺지 못하기 때문이다.

사실 인간의 삶에 있어서 폭넓은 인간관계가 반드시 필요한 것은 아니다. 친밀감과 유대감을 느낄 수 있는 몇 명의 사람들만 있으면 된다. 많은 사람들과 피상적인 관계를 맺는 것보다는 소수의 사람들이라도 깊이 있는 인간관계를 유지하는 것이 심리적 안정과 행복에 더 중요하다. 대학생활에서도 마찬가지다.

대학생의 경우, 3~5명 정도의 학우들과 친밀한 관계를 형성하는 것이 필수적이다. 수업을 같이 듣고 공강시간을 함께 지내고 서로의 공부를 지원하며 어려움도 함께 나눌 수 있는 대학생활의 친밀한 동반자가 필요하다. 같은 학과의 동기생들은 대학생활을 함께 영위하는 가장 좋은 동반자가 될 수 있다. 대학생활의 베이스캠프는 전공학과와 동기생을 중심으로 구축하는 것이 가장 바람직하다.

친밀한 친구집단이 형성되면 자연스럽게 인간관계가 확대될 수도 있다. 베이스캠프를 거점으로 하여 인간관계를 확대하는 것이다. 예컨대, 친구들과 함께 어울리다 보면, 친구의 친구나 지인들을 자연스럽게 알게 된다. "친구 따라 강남 간다"는 말이 있듯이, 친구가 참여하는 동아리나 학회 회원들도 알게 되고 미팅도 하게 되고 다른 대학교 학생들도 만날 수 있는 기회가 생긴다. 친한 친구들을 인간관계의 핵으로 삼아 점진적으로 주변부를 넓혀 나갈 수 있다. 특히 신입생의 경우, 이러한 방법을 통해 대학 캠퍼스에서 자연스럽게 인간관계를 확대해 나갈 수 있다. 대학생활에서는 친밀한 친구집단을 2~3개 정도 형성하는 것이 이상적이다. 예컨대, 전공학과의 동기생 학우들, 동아리의 동료들, 고교동창이나 같은 고향의 친구들과 친밀한 관계를 형성하는 것이다.

인간관계는 그 깊이와 넓이가 모두 소중하다. 대학을 졸업하고 취업을 하게 되면 인간관계는 업무를 중심으로 한 직장 동료들과의 관계로 제한된다. 그러므로 대학생 시기는 다양한 학우들과 넓고 깊은 인간관계를 구축할 수 있는 최적의 시기다. 대학에 진학하여 새로운 인간관계를 구축해야 하는 신입생들은 먼저 전공학과를 중심으로 친한 친구를 만들고 점진적으로 관계를 확대해 나가는 것이 바람직하다. 외향적인 학생들은 깊이 있는 인간관계를 맺도록 노력해야 하고, 내향적인 학생들은 인간관계를 넓히는 일에 관심을 지녀야 한다. 인간관계의 깊이와 넓이를 균형적이고 조화롭게 추구하는 것이 바람직하다.

● 인생의 4가지 동반자

    인간은 기본적으로 사회적인 존재다. 다른 사람과 관계를 맺고자 하는 본능적인 욕구를 지니고 있다. 다른 사람과의 깊은 유대 속에서 애정을 나누고 도움을 주고받으면서 인생의 활력을 얻고 의미를 찾게 된다. 인간관계는 행복한 삶의 필수요소이자 가장 중요한 원천이다. 그래서 다른 사람들로부터 고립되거나 소외될 때 우리는 외로움과 불행감을 느끼게 된다.

    인간관계의 연구자들[21]에 따르면, 인생에는 네 가지 유형의 동반자가 필요하다. 그 첫째는 가족이다. 부모, 형제자매, 가까운 친·인척과 같이 가족애를 나눌 수 있는 혈연적인 동반자다. 가정은 인생에 있어서 가장 중요한 베이스캠프다. 매일 숙식을 같이하고 화목한 분위기 속에서 서로를 지원하며 몸과 마음의 안식을 취하고 에너지를 재충전하는 곳이다. 가족과의 관계는 평생 동안 지속되는 가장 안정된 인간관계다.

    둘째는 친구다. 즐겁게 놀고 이야기하며 우정을 나눌 수 있는 또래친구들이다. 비슷한 연령대인 친구들은 서로를 가장 잘 이해하고 공감할 수 있는 인생의 중요한 동반자다. 친구관계는 친밀감을 바탕으로 하여 다양한 활동을 공유할 수 있는 가장 편안하고 자유로운 인간관계다. 우리 사회에서는 학연과 지연을 중심으로 또래들과 친구관계가 형성되는 경향이 있다. 친구관계는 많은 사람들과 맺어질 수 있는 반면, 멀어지거나 해체되기가 쉽다는 특성을 지닌다.

    셋째는 낭만적 동반자로서 연인을 뜻한다. 연애감정을 느끼며 낭만적 사랑을 나눌 수 있는 이성이다. 연인관계는 상대방에 대한 강렬한 감정과 집착이 수반될 뿐만 아니라 육체적인 접촉을 통해서 성적인 욕구를 표현하려는 독특한 특성을 지닌다. 강렬하지만 불안정해지기 쉬운 관계가 연인관계. 연인관계가 안정적으로 발전하면 결혼을 통해 부부관계로 진전된다.

넷째는 직업적 동반자. 직업과 관련된 업무를 함께 수행하는 직장동료를 의미한다. 공동의 목표를 위해서 협력적인 활동을 하는 업무 중심적인 인간관계. 직업적 동반자는 대학을 졸업한 이후에 취업을 하게 되면 매우 중요한 인간관계 대상으로 부각된다. 직업활동을 함께하면서 친밀감과 우정이 깊어지면 친구관계로 발전될 수도 있지만 직업적인 이해관계가 얽혀 있다는 점에서 친구와 다르다.

인생에는 이처럼 네 가지의 동반자가 필요하다. 이러한 동반자 중 한 가지 또는 그 이상의 동반자가 결여되거나 그들과의 관계에서 갈등을 경험하게 되면, 인간은 결핍감과 외로움을 느끼게 된다. 행복한 삶을 위해서는 네 가지 동반자와 긍정적인 인간관계를 유지하는 것이 매우 중요하다.

5 대학생의 낭만적 사랑

대학생이면 누구나 낭만적인 사랑을 꿈꾼다. 낭만적 사랑은 인생의 꽃이라고 할 수 있다. 낭만적 사랑을 나누는 이성관계는 다른 관계와 달리 강렬한 감정과 욕망을 경험하게 되는 매우 독특한 인간관계다. 이성관계는 모든 대학생들이 열망하는 공통의 관심사지만 가장 오묘하고 난해한 인간관계이므로 깊은 이해가 필요하다.

이성관계는 두 사람의 성향에 따라서 매우 다양한 패턴으로 나타난다. 친구 같은 잔잔한 사랑, 여러 조건을 고려한 이성적 사랑, 일방적인 짝사랑도 있다. 그러나 강렬한 감정과 열정이 수반되는 낭만적 사랑은 다른 인간관계에서 경험할 수 없는 몇 가지 독특한 특성을 지닌다.

그 첫째는 두 남녀 사이의 독점적이고 배타적 관계라는 점이다. 연인관계는 두 사람만의 관계다. 제3자가 들어오는 것을 용납하지 않는다. 상대방을 독점하고 싶은 것이다. 연인관계에 제3자가 침범하면 강렬한 질투와 분노감정을 느끼게 되며 그를 배제하려는 강력한 노력을 기울이게 된다.

둘째, 낭만적 사랑은 그 발전 속도가 매우 빠르다. 모든 문화권에는 "사랑에 빠진다fall in love"는 표현이 있다. 이처럼 두 남녀가 급속하게 강렬한 인간관계로 빠져든다. 전혀 모르던 두 사람이 우연히 서로를 처음 보는 순간 강렬한 사랑의 감정을 느낀다. 첫눈에 반하는 경우다. 이처럼 급속하게 강렬한 관계로 진전되는 것은 이성관계밖에 없다.

셋째, 매우 강렬한 감정이 개입된다는 점이다. 낭만적 사랑은 상대방에 대한 강렬한 집착을 유발한다. 낭만적 사랑처럼 뜨겁고 강렬한 감정이 개입되는 인간관계는 없다. 연인관계의 굴곡에 따라 감정변화가 매우 심하게 일어난다. 상대방의 사랑을 확인했을 때는 환희에 들뜨지만 사랑에 위기와 갈등이 찾아오면 고통과 절망에 빠진다. 천당과 지옥을 오가게 되는 것이다.

넷째, 사랑을 하게 되면 자신의 열등감이 부각된다. 상대방은 크게 보이고 자신은 작게 느껴진다. 그대 앞에만 서면 나는 작아지는 것이다. 상대방을 이상화하는 반면, 자신의 부족한 면은 확대되어 느껴진다. 그래서 "영웅호걸도 사랑을 하게 되면 바보 겁쟁이가 된다."는 말이 있다.

마지막 특징은 육체적인 접촉과 성적인 친밀감을 갈구하게 된다는 것이다. 서로의 몸을 접촉하고 싶고 키스와 애무를 통해서 사랑을 확인하고 싶어진다. 연인관계가 깊어지면 성적인 관계를 맺고 싶은 강렬한 욕망이 샘솟는다.

● 낭만적 사랑의 10가지 심리상태[22]

① 상대방에게 강렬하게 집착하고 몰두한다.

② 늘 함께 있고 싶은 강렬한 욕망을 느낀다.

③ 함께 있든 아니든, 상대방에 대해서 끊임없이 생각한다.

④ 연인을 보거나 생각하면, 강렬한 애정과 더불어 신체적 흥분을 느낀다.

⑤ 상대방으로부터 독점적인 관심과 애정을 받고자 한다.

⑥ 모든 것을 다 주어도 아깝지 않다는 마음을 느낀다.

⑦ 사랑하는 사람 없이는 자신의 존재가 불완전하다는 느낌을 갖는다.

⑧ 상대방이 자신을 거부할 것 같은 강한 두려움과 의심이 생긴다.

⑨ 상대방의 관심이 다른 사람에게 쏠리면 강렬한 질투를 느낀다.

⑩ 사랑하는 사람과 이별하게 되면 깊은 슬픔과 고통을 느끼게 된다.

낭만적 사랑의 발전단계

서로에게 호감과 애정을 느낀다고 해서 연인관계로 발전하는 것은 아니다. 처음 만난 두 사람이 연인으로 발전하는 길에는 여러 개의 관문이 있다. 상대방에 대한 뜨거운 마음만으로 사랑의 꽃이 피어나는 것은 아니다. 여러 단계의 관문을 통과해야만 연인관계가 발전하고 심화된다. 사랑의 관문을 통과하지 못하면 이성관계는 시들어 버리거나 아픔만 남긴 채 와해되어 버린다.

그 제1관문은 첫인상의 단계다. 처음 만남에서 첫인상이 좋아야 한다. 두 사람이 서로에 대해서 좋은 첫인상, 즉 호감을 느낄 수 있어야 한다. 첫인상은 상대방의 외모, 옷차림새, 말투와 매너에 의해서 결정된다. 상대방을 처음 만나는 10초 이내에 첫인상이 결정된다. 하지만 상대방과 대화를 이어가면서 첫인상이 변화되는 경우도 흔하다. 첫인상의 관문을 통과하지 못하면 더 이상의 단계로 나아가지 못한다.

제2관문은 탐색의 단계다. 첫인상이 좋으면 상대방에 대한 관심이 높아진다. 상대방의 말에 귀를 기울이며 좀 더 많은 것을 알려고 노력한다. 상대방이 어떤 사람인지 좀 더 자세하게 알고 싶은 것이다. 이 단계에서는 서로에 대한 기초적인 정보를 교환하며 상대방을 탐색한다. 상대방에게 좋은 인상을 주려고 노력하며 비판적인 말은 자제한다. 아울러 상대방도 자신에게 호감을 지니고 있는지를 조심스럽게 타진한다. 다소 긴장된 상태에서 서로를 탐색하는 단계다. 이 단계에서 상대방에게 실망하게 되면 관계는 진전되지 않는다. 상대방의 거부로 관계가 종결되면 자존심이 상하지만 마음의 상처는 그다지 크지 않다. 대학생들의 경우, 처음 한두 번의 만남에서 이 관문의 통과여부가 결정된다.

제3관문은 초보적 애정교환의 단계다. 상대방에 대해서 호감 이상의 초보적인 애정을 느끼는 단계로서 서로에게 친근한 태도를 취하며 대화의 내용이 좀 더 풍부해지고 자발성도 증가한다. 자신의 애정을 상대방에게 전달하려고 노력하는 동시에 상대방 역시 자신을 사랑하는지 확인하려 한다. 이 시기는 가장 예민하고 불안정한 단계다. 상대방의 언행에 예민해져서 가슴을 조이게 되며 상대방의 반응에 따라 감정의 변화가 심해진다. 이 단계에서 상대방에 대한 실망이나 상대방의 거부로 관계가 끝나게 되면 상당한 아픔을 겪게 된다.

제4관문은 암묵적 연인의 단계다. 이 단계에서는 서로가 연인이라는 것을 암묵적으로 인정하고 좀 더 확실한 방법으로 애정을 표현하고 전달한다. 빈번한 데이트가 이루어지고 선물이나 편지를 교환하며 농담과 장난을 주고받는다. 친밀감이 형성되어 상대에 대한 칭찬뿐 아니라 비판도 하게 된다. 그러나 상대방의 사랑에 대한 확신이 없기 때문에 자신의 약점과 단점은 보이지 않으려 애쓰며 속마음을 털어놓지 않는다. 이 단계는 상대방의 사랑을 확인하고 신뢰감을 형성해 나가는 단계라고 할 수 있다.

마지막의 제5관문은 공개적 연인의 단계다. 상대방의 사랑에 대한 확신을 갖게 되며 안정된 애정교환이 이루어진다. 속마음을 털어놓고 이야기하며 서로의 소유물에도 마음 놓고 접근한다. 자신의 단점이나 약점을 두려움 없이 내보이게 되며 서로가 연인임을 다른 사람들에게도 공개한다. 흔히 이 시기에 육체적인 애정교환이 이루어지고 결혼을 약속하기도 한다. 그러나 이 단계에서 부모의 반대, 심각한 갈등, 상대방의 배신 등으로 연인관계가 깨어지면 매우 심한 마음의 상처를 입게 된다.

처음 만나서 공개적 연인의 단계까지 이르는 기간이나 속도는 커플마다 다르다. 단기간에 연인관계로 발전하는 커플도 있지만, 여러 해에 걸쳐 우여곡절을 겪으며 연인이 되는 경우도 있다. 이처럼 연인관계를 형성하고 결혼에 골인하기까지는 여러 관문의 함정과 암초를 잘 극복해야 한다.

강박적 사랑의 함정

연인이 없는 솔로 대학생들은 사랑을 하게 되면 행복할 것이라는 달콤한 기대를 지니면서 낭만적 사랑을 열망한다. 그러나 이것은 환상이다. 사랑을 하게 되면 정서적으로 매우 불안정해진다. 기쁨도 있지만 고통도 있다. 낭만적 사랑을 발전시키고 유지하는 것이 매우 어렵기 때문이다. 여러 가지 함정과 암초에 부딪혀 사랑의 위기와 갈등에 직면하게 되면, 매우 괴롭고 혼란스럽다. 특히 실연을 하게 되면 그 상처는 매우 쓰라리고 깊다. 대학생활 전체가 동요하며 혼란을 겪게 된다. 사랑을 열병이라고 하는 이유가 여기에 있다.

물론 사랑을 하는 모든 대학생들이 이러한 고통과 혼란을 경험하는 것은 아니다. 그러나 강박적인 사랑을 하는 대학생들이 사랑의 열병을 매우 심하게 앓는다. 강박적 사랑obsessional love은 연인에게 지나치게 집착하며 비이성적으로 행동하는 병적인 사랑을 뜻한다. 이러한 사랑은 자신과 상대방을 모두 고통스럽고 불행하게 만든다. 강박적 사랑에 매달리는 사람들은 몇 가지의 공통적 특성을 지닌다.[23]

① 사랑하는 사람에게 지나치게 강박적으로 집착한다.

② 사랑하는 사람도 자신과 마찬가지로 강렬한 사랑을 보여 주어야 한다는 매우 강한 기대를 지닌다.

③ 사랑하는 사람의 행동을 왜곡하여 해석하며 극단적 감정변화를 나타낸다.

④ 사랑하는 사람이 사랑을 보여 주지 않으면 심한 불안과 우울에 빠진다.

⑤ 사랑하는 사람을 비현실적으로 이상화하고 과대평가하며 그 사람의 결점을 보지 않으려 한다.

⑥ 사랑하는 사람의 관심과 사랑을 얻기 위해 무모한 행동을 한다.

이성교제와 성관계

연인관계가 발전하게 되면, 흔히 신체적 접촉을 통해 애정을 교환하게 된다. 낭만적 사랑은 성적인 욕망을 수반하기 때문에, 연인과 친밀한 신체적 접촉을 원하게 되고 성관계를 맺고 싶은 갈망을 느끼게 된다. 일반적으로 남성은 여성보다 성적인 열망이 더 강한 것으로 알려져 있다.

성관계는 연인들이 서로의 사랑을 확인하는 가장 강렬한 방법이다. 그러나 결혼을 하지 않은 연인 사이에서 이루어지는 성관계는 신중하게 고려되어야 한다. 성관계에 대한 태도에 있어서 남학생과 여학생은 커다란 차이를 보인다. 한 대학교의 재학생 실태조사[24]에서 성에 관한 태도를 조사했다. "서로 오래 사귄 이성친구 사이라면 상대방이 원할 때 성관계를 하는 것은 당연하다."라는 견해에 대해서, '그렇다'라고 응답한 학생이 36.5%였으며 '아니다'라고 응답한 학생은 63.4%였다. 그런데 성별에 따라 응답률에 커다란 차이가 나타났다. 남학생의 50.2%가 '그렇다'라고 응답한 반면, 여학생의 경우는 81.1%가 '아니다'라고 응답했다. 성관계에 대한 남녀의 견해 차이는 이성관계에서 갈등을 초래할 수 있다.

그러나 대학생들은 서로 합의된 성관계에 대해서는 상당히 허용적인 것으로 나타났다. 위의 실태조사에서 "서로 합의하여 성관계를 하는 것은 문제될 것이 없다."라는 견해에 대해서 81.7%의 학생이 '그렇다'라고 응답한 반면, '아니다'라고 응답한 학생은 18.3%였다. 이러한 반응 비율에서는 남학생과 여학생이 큰 차이를 보이지 않았다.

연인 사이의 성관계는 자유와 책임의 문제로 귀결된다. 인간은 자유로운 만큼 책임져야 하고, 책임질 수 있는 만큼 자유롭다. 신중한 고려 없이 일시적인 쾌락을 위해 충동적으로 행동한 사람은 그 대가를 치르게 된다. 특히 충동적인 행동의 결과를 예상하지 못하거나 그 책임을 감당할 수 없을 경우에는 많은 고통과 희생이 뒤따르게 된다. 예컨대, 임신, 성병, 낙태와 같은 문제가 야기될 수 있으며 이러한 경우에는 여성이 더 많은 부담과 후유증을 떠안게 된다. 성숙한 사람은 자신의 선택으로 유발될 결과를 충분히 인식하고 행동할 뿐만 아니라 그 결과에 대한 책임을 온전히 감당할 수 있어야 한다.

6 인간관계를 발전시키는 7가지 핵심기술

원만한 인간관계를 위해서는 두 가지 조건이 필요하다. 그 첫째는 애정이다. 다른 사람에게 호감을 느끼고 그들과 친해지고자 하는 동기를 뜻한다. 애정이 없으면 인간관계는 깊어지지 않는다. 다른 사람에게 호감을 느끼지 못하거나 그들과 친해지려는 적극적인 노력을 기울일 수 없기 때문이다. 대학에서 접하는 동료들을 부정적이고 비판적인 시각으로 바라보는 학생들이 있다. 주변의 동료들은 너무 이기적이고 속물적이며 타인에 대한 배려가 없어 호감이 가질 않는다는 것이다. 또는 너무 비판적이고 공격적이어서 이야기를 나누면 상처만 입게 된다는 것이다. 그래서 피상적으로 알고 지낼 뿐 친해지고 싶은 마음이 생기질 않는다는 것이다. 다른 사람을 너무 까다롭고 높은 기준으로 평가하게 되면, 호감과 애정을 느끼기 어렵다. "물이 지나치게 맑으면 고기가 없고, 사람이 지나치게 살피면 따르는 사람이 없다."는 말이 있다. 《명심보감明心寶鑑》에 나오는 말이다. 인간은 누구나 장점과 단점을 모두 지니고 있다. 타인도 그러하고 자신도 마찬가지다. 아직은 미숙한 점이 많은 젊은이들끼리 모여 어울리며 교우관계 속에서 성장하는 곳이 대학사회다.

인간관계에 필요한 또 다른 조건은 대인기술이다. 다른 사람과의 관계를 형성하고 발전시키고 심화시키는 언어적 또는 행동적 기술을 말한다. 인간관계는 친해지고자 하는 열망만으로 깊어지지 않는다. 인간관계는 만남 속에서 두 사람이 주고받는 말과 행동을 통해 이루어진다. 상대방에게 호감을 주고 애정과 신뢰감을 느낄 수 있는 말과 행동을 주고받으면서 인간관계는 발전하고 심화된다. 대학가에는 폭넓은 교우관계를 맺으려는 강한 동기를 지니고 있지만 친구들로부터 환영받지 못하는 학생들이 있다. R군이 그 대표적인 경우다.

대학교 2학년 학생인 R군은 요즘 친구들로부터 은근히 따돌림을 당하고 있다. 1학년 때 가깝게 지냈던 학과친구들이 여행을 가면서 자신에게는 알리지도 않았다. 또 고등학교 동창들은 그룹미팅을 하면서 자신에게는 연락도 하지 않았다. 활달한 성격인 R군은 캠퍼스 내에 알고 지내는 사람이 많은 편이나 R군을 좋아하고 신뢰하는 친구는 거의 없는 상태다. 학교에서 마주치는 대부분의 친구들은 R군과 건성으로 인사를 나눌 뿐 이야기를 길게 하려 들지 않는다.

사실 학과동료나 친구 사이에서 R군은 기피대상이다. 우선 R군은 주의가 산만해서 상대방의 말을 주의 깊게 듣지 않는다. 상대방의 이야기를 도중에 자르며 일방적으로 자신의 결론을 제시한 후, 다른 주제로 옮겨 가는 경우가 많다. 여러 친구들이 R군과 함께 집단토의를 하면, 토의주제와 관계없는 부적절한 말을 자주 해 대는 R군 때문에 한 가지 주제를 깊이 있게 논의할 수가 없다. 뿐만 아니라 R군은 회식을 할 때면 마치 독상을 받은 듯이 다른 사람의 눈치를 보지 않고 마구 먹어댄다. 또한 R군은 주변 사람들에게 강의노트나 노트북을 빌려 달라는 등 요구가 많은 반면, 한번 빌려 가면 잘 돌려주지 않는 습성이 있다. 친구들 사이에 R군은 '나쁜 애는 아닌데 몹시 피곤한 사람'으로 알려져 있다.

R군의 사례는 동료들과 친해지려는 동기는 있으나 대인기술이 부족하여 은따를 당하는 대표적인 경우다. 이성관계를 맺지 못하는 학생들 중에는 대인기술이 부족한 경우가 흔하다. 이성친구에 대한 열망은 있으나 상대방이 호감을 느낄 수 있는 행동을 하지 못한다. 미팅이나 데이트에서 상대방을 실망시키거나 상처를 주는 행동을 일삼기 때문에 이성관계가 진전되지 못한다.

인간관계는 나무를 키우는 것과 같다. 정성스럽게 가꾸어야 한다. 정성스럽게 가꾸면, 그 아래에서 편안히 쉴 수 있는 넉넉한 그늘을 만들어 줄 뿐만 아니라 아름다운 꽃과 풍성한 열매를 선사하게 된다. 그러나 애정이 없으면 인간관계의 싹을 피우지 못하고, 대인기술이 부족하면 인간관계가 자라지 않는다.

(1) 상대방의 이야기를 잘 경청하라

인간관계에서 상대방의 이야기를 잘 듣는 것만큼 중요한 것도 없다. 사람들은 말을 잘 해야 상대방에게 호감을 줄 것으로 생각한다. 자신의 박학다식함과 똑똑함을 전달해야 상대방이 호감을 느낄 것으로 생각한다. 그러나 이것은 잘못된 생각이다. 사람들은 자신의 이야기를 정성스럽게 잘 들어주는 사람을 더 좋아한다. 자신의 이야기에 관심을 보이며 눈빛을 반짝이면서 정성스럽게 경청하는 사람에게 호감을 느낀다.

사실 일상적인 대화에서 말을 하는 것보다 듣는 것이 더 어렵다. 잘 듣기 위해서는 기술이 필요하다. 경청listening은 소극적 경청과 적극적 경청으로 구분된다. 소극적인 경청은 수동적인 자세로 상대방이 말을 하도록 내버려 두며 기다리는 것이다. 적극적 경청은 상대방의 말에 흥미를 느끼며 이야기를 잘 이해하며 따라가고 있음을 상대방이 느끼도록 하는 듣기 행동이다. 인간관계에서 더 중요한 것은 적극적인 경청이다. 예컨대, 상대방의 이야기에 집중하기 위해 약간 앞으로 기울인 자세, 적절한 눈맞춤, "그렇지!" "맞는 말이야."와 같은 맞장구나 고개 끄덕임, "그러니까 네 이야기는 ∼한 뜻이지."와 같은 이해의 전달행동, "그다음에는 어떻게 됐니?" "그래서 넌 어떻게 했니?"와 같은 흥미의 표현, "이런 점에 대해서는 어떻게 생각하니?"와 같은 적절한 질문, "그때 참 어이가 없었겠구나!"와 같은 공감반응을 보여 줄 때, 상대방은 자신이 잘 이해받고 있다는 느낌을 갖게 될 것이다.

일상적 대화에서 대학생들은 자신의 생각을 말하고 주장하는 일에 바쁘다. 상대방의 이야기는 건성으로 듣는다. 말을 중간에 자르거나 잘 듣지도 않고 반박한다. 기분 나쁘다. 이야기할 기분이 나질 않는다. 그런데 자신의 이야기를 정성스럽게 잘 경청해 주는 친구가 있다. 흥미롭게 들어준다. 호감이 간다. 그런 친구와 이야기를 나누고 싶다. 계속 사귀고 싶어진다.

다른 사람의 이야기를 흥미롭게 경청하는 사람은 많은 것을 얻는다. 많은 것을 듣고 배운다. 지식과 정보가 늘어난다. 자신이 성장한다. 친구들로부터 환영을 받는다. 친구들이 늘어난다. 인간관계가 넓어지고 깊어진다. 대학생활이 즐겁고 풍요로워진다.

(2) 상대방의 입장에서 공감하라

우리는 사물을 앞에 두고 말하지 않는다. 사물은 우리의 말을 이해하고 공감해 주지 못하기 때문이다. 인간은 누구나 다른 사람으로부터 이해받고자 하는 깊은 욕구를 지니고 있다. 그래서 우리는 자신의 마음을 잘 알아주고 공감해 주는 사람을 좋아한다.

공감empathy은 인간관계를 심화시키는 중요한 대인기술이자 상담기술이기도 한다. 공감은 상대방의 관점에서 그의 이야기와 마음을 이해하는 것이다. 자신의 입장에서 보면 상대방이 잘 이해되지 않는다. 관점과 경험이 다르기 때문이다. 예컨대, 이성관계의 갈등을 호소하는 친구의 이야기를 들으면 그 이성에게 집착하는 친구가 잘 이해되지 않는다. 그래서 "야! 그런 일로 그렇게 고민하냐? 골치 아프면 헤어져. 좋은 사람 소개시켜 줄게."라고 말해 버린다. 자신이라면 그런 관계를 청산하겠다는 것이다. 그러나 상대방은 그동안 이성친구와 쌓은 깊은 애정이 남아 있으며 이번 갈등만 잘 넘기면 관계가 회복될 것이라는 기대를 지니고 있다. 그래서 고민하는 것이다. 자신의 이런 마음도 모르고 헤어지라고 한다. 그 대신 "네 마음이 참 심란하겠구나. 그동안 둘이 잘 지내왔는데 이런 오해가 생겼으니 무척 답답하겠다. 좋은 해결책이 없을까?"라고 말해 준다면, 상대방은 자신의 마음이 좀 더 잘 이해받고 있다고 느낄 것이다.

공감은 상대방이 느끼는 심리상태를 그의 입장에서 헤아려 보고 그렇게 이해된 바를 전달하는 것이다. 공감을 위해서는 입장을 바꾸어 생각하는 역지사지易地思之의 자세가 필요하다. 상대방의 이야기를 자세하게 경청하고 그의 입장과 마음을 이해하면서 그가 느꼈을 감정을 피드백해 주는 것이다. 공감은 두 사람 사이의 관계를 깊이 있게 만든다. '내 마음을 나와 같이 알아주는 사람'이라는 느낌을 전달해 주기 때문이다. 공감은 우정을 심화시키고, 우정이 깊은 친구들은 서로 잘 공감한다. 공감은 상대방의 아픔을 반감시키는 반면, 그의 기쁨은 배가시키는 효과를 지닌 강력한 대인기술이다.

(3) 상대방을 지지하고 강화하라

상대방에 대한 호감, 인정, 칭찬, 격려, 지원, 위로, 도움을 전달하는 말과 행동은 매우 중요한 대인기술이다. 인간관계는 보상적일 때 발전한다. 서로를 지지하고 강화하면 좋은 친구가 된다. 좋은 친구들은 서로 지지하고 강화하며 돕는다.

친구를 만나면 항상 기분이 좋다. 나를 보면 환한 미소를 지으며 반긴다. 나를 좋아하는 것 같다. 내 이야기를 흥미롭게 잘 들어준다. 내 생각이 창의적이란다. 자신이 감동 받은 책을 보라며 빌려준다. 미팅 기회가 있는데 같이 가자고 한다. 용돈이 부족해 어려워할 때 아르바이트 자리를 주선해 준다. 내가 힘들어 할 때 어깨를 두드리며 용기를 심어 준다. 친구는 나에게 큰 힘이 된다. 나는 그 친구가 좋다.

이처럼 인간은 자신을 좋아하는 사람을 좋아한다. 자신을 인정하고 칭찬해 주는 사람을 좋아한다. 자신을 소중한 존재로 받아들여 주기 때문에 자존감과 자신감이 증가한다. 기분이 좋아지고 힘이 나는 것이다. 친구가 좋아지고 만남이 즐겁다.

인간은 자신을 돕는 사람을 좋아한다. 마음이 괴로울 때, 심리적인 위로와 지지를 해 주는 사람만큼 소중한 사람은 없다. 어려움에 처했을 때, 흔쾌히 도움을 주는 친구만큼 소중한 친구는 없다. "번영은 친구를 만들고 역경은 친구를 시험한다."는 말이 있다. 어려운 역경에 처했을 때 도움을 주는 친구가 진정한 친구라는 의미다. 물질적인 것이든 심리적인 것이든 도움을 주고받으며 신뢰와 우정은 깊어진다.

(4) 5대 1의 법칙을 이해하라

친구에게 "너 참 성격이 좋구나."라고 말하면 그 친구는 기분이 좋아질 것이다. 반면에 "너 참 성격이 나쁘구나."라고 말하면 그 친구는 기분이 나빠질 것이다. 이 두 가지 경우에 친구의 기분이 좋아진 정도와 나빠진 정도가 같을 것이라고 생각하는가? '좋구나'와 '나쁘구나'라는 긍정과 부정의 어휘가 상대방에게 미치는 영향은 현저하게 다르다. 상대방에 대한 비판은 그에 대한 칭찬보다 5배 이상의 파괴력을 지닌다.

인간관계에서는 상대방을 칭찬하며 지지하는 것이 중요하다. 그러나 상대방을 비판하거나 비난하지 않는 것은 그것보다 5배 이상 훨씬 더 중요하다. 인간은 누구나 장점과 단점을 지니고 있다. 친구를 사귀다 보면 상대방을 칭찬할 때도 있고 비판할 때도 있다. 그런데 칭찬을 통해서 관계가 돈독해지는 정도보다 비판을 통해서 관계가 훼손되는 정도가 훨씬 더 강하다. 심리학자들의 연구에 따르면, 비난은 칭찬보다 5배 이상의 강력한 영향을 미치며 인간관계를 소원하게 만든다. 한 번의 비난으로 상한 마음을 회복하기 위해서는 적어도 다섯 번 이상의 칭찬을 해 주어야 한다. 이를 의사소통의 5대 1의 법칙이라고 부른다.[25] 긍정적인 인간관계를 원한다면, 상대방을 함부로 비판하거나 비난하지 말라.

인간은 누구나 불완전하고 미숙한 점이 있다. 인간관계를 맺다 보면, 상대방의 잘못과 단점이 보이기 마련이다. 그래서 지적을 해 주거나 불평을 하고 싶을 때가 있다. 만약 상대방의 잘못을 지적해 주고 싶다면 둘만 있을 때 하라. 여러 사람이 있는 앞에서 상대방을 비난하지 말라. 또한 상대방의 행동을 억제하는 '너 화법You message' 보다는 자신의 불편한 감정을 표현하는 '나 화법I message' 을 사용하는 것이 바람직하다. 예컨대, "넌 이런 점이 나빠.""너, ~한 행동을 하지 마!""넌 이런 점을 고쳐야 해!"라고 상대방을 평가하거나 행동을 규제하는 너 화법보다는 "네가 그런 행동을 했을 때, 내가 많이 섭섭했다." "네가 달리 행동하면, 내 마음이 훨씬 편할 것 같다."와 같이 나 화법을 통해서 자신의 심정을 전하는 것이 좋다. 나 화법은 상대방의 기분을 상하게 하지 않으면서 그의 행동 변화를 요청하는 효과적인 대인기술이다.

(5) 자신에 관해서 적절하게 공개하라

오랫동안 만나 온 사람이지만 쉽게 친해지지 않는 사람이 있다. 오랫동안 자주 만났다고 해서 인간관계가 깊어지는 것은 아니다. 만나서 어떤 대화와 경험을 하느냐가 중요하다. 자신에 관한 이야기를 하지 않고 자신을 베일 속에 감추는 사람에게는 친밀감을 느끼기 어렵다.

인간관계가 깊어지기 위해서는 자신을 상대방에게 잘 알리는 동시에 상대방을 잘 이해하는 것이 중요하다. 서로에 대해서 깊이 알수록 친밀감과 신뢰가 깊어진다. 자기공개self-disclosure를 많이 할수록 인간관계가 깊어진다. 자기공개는 주변 사람들에게는 잘 알려져 있지 않은 자신의 개인적인 정보를 상대방에게 알리는 것이다. 이는 상대방이 경계심을 풀고 신뢰감을 느끼며 자기공개를 하도록 촉진하는 효과를 지닌다. 따라서 좀 더 솔직하고 깊이 있는 대화가 가능해지며 서로 사적인 정보를 공유함으로써 인간관계가 심화된다.

자기공개는 인간관계를 심화시키는 매우 중요한 대인기술로 알려져 있다. 자기공개를 많이 할수록 친밀해지며, 친한 사이일수록 자기공개가 증가한다. 또한 친밀해질수록 자기공개의 수준이 깊어진다. 인간관계의 초기단계에서는 개인의 공식적인 정보이름, 나이, 학력, 직업이나 직장, 출생지 등를 알리는 피상적인 자기공개만이 이루어지나, 점차 관계가 진전될수록 중요한 정보가 공개된다. 개인의 사적인 취향이나 태도관심사, 취미, 사회적 이슈에 대한 의견이나 입장 등가 공개된다. 그리고 깊은 수준의 자기공개에서는 개인의 매우 사적이고 비밀스러운 정보개인적 고민이나 가족 갈등, 열등감, 신체적 결함, 돈에 관한 재정 상황, 성적인 문제 등가 공개된다.

자기공개는 상호적으로 이루어지면서 그 수준도 점차 깊어진다. 한 사람이 좀 더 깊은 자기공개를 하면, 상대방 역시 그에 준하는 수준의 자기공개를 하게 된다. 자신을 솔직하게 내어 보이면, 상대방도 자신을 진솔하게 내어 보이는 것이다. 예컨대, 한 친구가 "사실은 우리 집안에 ~한 고민이 있어."라고 말하면, 대부분의 경우 상대방도 "그랬구나. 사실 우리 집도 ~한 문제가 있어."라고 응답하게 된다. 자기공개의 수준은 점진적으로 깊어지는 것이 바람직하다. 너무 갑자기 깊은 수준의 공개를 하게 되면, 상대방이 당황하게 되며 자신도 같은 수준의 공개를 해야 하는 부담을 느끼게 된다.

자기공개를 통해서 서로를 잘 알고 있으면, 대화의 주제가 넓어지고 서로의 이야기를 공감적으로 잘 이해할 수 있다. 상대방의 행동을 예측하기가 쉬워져서 편안함을 느끼게 된다. 또한 서로의 의도를 오해하는 일이 줄어들기 때문에 갈등도 줄어든다. 이처럼 자기공개를 통해서 친밀감이 증진되고 또한 친밀감이 증진됨으로써 자기공개 수준이 심화되는 선순환 과정을 통해서 우정과 신뢰가 깊어지게 된다.

(6) 유머를 활용하라

유머는 인간관계를 맛깔스럽게 만드는 양념과도 같다. 유머는 긴장감을 풀어 주며 만남을 편안하고 유쾌하게 만든다. 특히 처음 만나 어색하고 긴장되는 상황에서 재미있는 유머를 통해 함께 웃고 나면 한결 분위기가 부드럽고 편안해진다. 대학생들이 선호하는 데이트 상대의 특성으로 유머감각을 손꼽는 이유가 여기에 있다.

만남이 항상 재미있고 유쾌할 수만은 없지만, 지나치게 진지하고 딱딱한 이야기는 부담스러울 수밖에 없다. 재미있는 이야기를 적절하게 하면서 만남을 편안하고 유쾌하게 만드는 것은 중요한 대인기술이다.

유머 능력은 노력하면 향상될 수 있다. 재미있는 이야기를 들으면 잘 기억해 둔다. 때로는 기억을 되살려 기록해 둔다. 친구들을 만날 때, 적절한 상황에서 유머를 소개한다. 유머 능력은 자꾸 사용할수록 발전한다. 처음에 다소 썰렁한 반응이 나타나더라도 지속적으로 노력하면 유머 능력이 발달한다. 유머 감각은 타고나는 것이 아니다. 유머 능력이 뛰어난 사람들은 보이지 않게 나름대로 많은 노력을 기울이는 사람들이다.

그러나 유머를 사용할 때는 주의가 필요하다. 부적절한 상황에서 농담을 하게 되면 오히려 역효과를 가져올 수 있다. 특히 유머나 농담의 주제는 성적이거나 공격적인 내용이 많다. 또한 농담에

는 타인에 대한 조롱, 무시, 모욕, 비난, 험담과 같은 공격적 내용
이 담기는 경우가 많다. 이러한 농담은 자제해야 한다. 악의 없이
무심코 던진 농담이 상대방의 감정을 상하게 할 수 있기 때문이다.
유머는 상대방과 상황을 고려하여 적절하게 하는 것이 중요하다.

(7) 인간관계의 갈등을 지혜롭게 해결하라

개성이 각기 다른 사람들의 인간관계에는 필연적으로 크고 작은
오해와 갈등이 생겨난다. 이러한 오해와 갈등은 인간관계를 와해
시키는 중요한 요인이다. 그러나 더욱 중요한 것은 갈등 그 자체보
다 갈등을 해결하려는 노력이다. 갈등을 방치하면 관계가 소원해
지지만, 갈등을 잘 해결하면 오히려 관계가 깊어진다.

인간관계에서 갈등이 생겼을 경우, 사람들이 대응하는 방식에는
네 가지 유형이 있다. 첫째는 갈등적인 관계를 떠나는 것이다. 더
이상 상대방을 만나지 않으면서 불편한 관계를 청산하는 것이다.
이러한 방법을 자주 선택하는 사람은 인간관계가 줄어들면서 고립
될 가능성이 높다.

둘째는 상대방을 비난하는 것이다. 갈등의 원인을 상대방에게
돌리면서 그가 사과하거나 변화하기를 요구하는 것이다. 이 경우
에는 대부분 갈등이 더욱 악화된다. 서로에 대한 불쾌감과 분노를
지닌 채 결국 관계는 와해되어 버린다.

셋째는 갈등을 덮어 두고 언젠가 개선되기를 바라며 기다리는
것이다. '세월이 약'이라고 생각하는 것이다. 예민한 갈등으로 감
정이 격앙되어 있을 때는 그 주제를 다루기보다 시간적인 여유를

두고 기다리는 것이 효과적일 수도 있다. 그러나 세월이 해결해 주지 못하는 갈등이 더 많다.

마지막 방법은 갈등을 초래한 문제를 해결하기 위해 노력하는 것이다. 많은 경우, 인간관계의 갈등은 사소한 것에서 발생한다. 그러나 자존심 때문에 문제를 솔직하게 이야기하면서 해결하지 못하고 오해가 늘어나며 문제가 커지는 경우가 흔하다. 갈등은 초기에 해결하는 것이 바람직하다. 그 책임을 상대방에게 일방적으로 전가하지 않는 것도 중요하다. 인간관계에서 겪는 대부분의 갈등은 객관적인 문제 자체보다 그와 관련된 불쾌한 감정이 주된 원인이다. 문제의 책임을 따지려 들기보다 솔직한 대화를 통해 서로의 생각과 감정을 이야기하며 공감해 주면 갈등이 해소되는 경우가 많다. 때로는 갈등의 해결을 위해서 다른 사람의 도움을 구할 수도 있다.

우정은 쌓기보다 허물지 않고 유지하기가 더 어렵다. 이성관계도 마찬가지다. 인간관계에서 필연적으로 발생하는 오해와 갈등을 지혜롭게 해결하는 것이 원만한 인간관계를 유지하는 가장 중요한 비결이다.

고독의 의미

대학생 중에는 혼자 있는 것을 잘 견디지 못하는 학생들이 있다. 그래서 항상 친구들을 찾아다니고 함께 지내려 하며 캠퍼스를 배회한다. 혼자 있게 되면 무언가 허전하고 불안하다. 친구에게 전화를 하고 문자를 보내서 만나자며 불러낸다. 밤늦도록 이런저런 이야기를 나누며 시간을 보낸다. 보고서를 쓰기 위해서 컴퓨터를 켜면, 이메일을 확인하고 친구들의 블로그를 방문하여 글을 남기는 일에 많은 시간을 허비한다.

대학생활에서 인간관계는 매우 중요하다. 그러나 혼자 있는 고독의 시간도 매우 중요하다. 학업은 대부분 혼자서 하는 일이다. 책을 읽고, 생각을 정리하며, 컴퓨터 작업을 하고, 시험 준비를 하는 일은 모두 혼자 해야 하는 일이다. 사람을 너무 좋아하다 보면, 혼자만의 시간을 갖지 못하게 되어 학업에 충실하기 어렵다. 이 밖에도 자신에 관해 생각하고, 미래의 계획을 세우며, 글을 쓰고, 음악을 듣는 일과 같이 대학생활을 풍요롭게 하는 많은 일들은 혼자 있는 시간에 이루어진다.

고독은 회피해야 할 상태가 아니다. 고독은 자기성찰과 창조적 작업을 이루는 바탕이다. 자기성찰을 위해서는 자신과 깊이 대면하는 고독의 시간이 필요하다. 수도자들이 외딴 곳에서 홀로 수행하는 이유다. 창조적 작업을 위해서는 고독이 필수적이다. 혼자만의 공간에서 깊은 사색과 집중적인 노력을 기울여야 하기 때문이다. 훌륭한 학자나 예술가들은 오랜 고독의 시간을 보낸 사람들이다. 고독을 견뎌낼 수 있어야 한다. 나아가서 고독을 즐길 줄 알아야 한다. 고독을 의미 있게 잘 활용할 줄 알아야 한다.

대학생활뿐만 아니라 인생 전반에 있어서 인간관계와 고독의 균형이 중요하다. 다른 사람과 친밀한 관계를 맺을 줄도 알고, 혼자만의 고독을 즐길 줄도 알아야 한다. 인간관계는 우리의 삶을 따뜻하게 만들고, 고독은 우리의 삶을 깊이 있게 만든다.

인생의 비전과 목표를 세워라

행복의 비결 중 하나는 하루하루를 설레는 마음으로 사는 것이다. 행복한 삶은 매일 아침을 기대감 속에서 설레는 마음으로 맞이하고 매일 밤 뿌듯한 보람 속에서 잠자리에 들 수 있는 그런 삶일 것이다.

하루 중에서 아침은 매우 소중한 시간이다. 특히 아침에 잠에서 깨어나는 순간은 특별한 의미를 갖는다. 이 순간 어떤 마음자세로 하루를 맞이하느냐가 하루의 생활을 결정하고 인생을 좌우하기 때문이다.

당신은 오늘 아침을 어떻게 맞이했는가? 어떻게 잠에서 깨어났는가? 잠에서 깨어났을 때, 가장 먼저 떠오른 생각은 무엇이었는가? 어떤 기분이 들었는가? 오늘 하루에 대한 기대감으로 설레는 기분과 활기를 느꼈는가? 오늘 마지못해 해야 하는 일들의 중압감

으로 마음이 무거웠는가? 아니면 아무 생각 없이 머뭇거리며 단잠
을 아쉬워했는가?

대학생들이 아침을 맞이하는 방식은 매우 다양하다. 아침에 스
스로 깨어나지 못하는 학생들이 있다. 자명종을 켜 놓고 자지만 소
용이 없다. 자명종이 울리면 꺼 놓고 또 자기 때문이다. 그래서 아
침 수업에 지각을 한다. 강의실에서 졸거나 맨 뒷좌석에 앉아 집중
하지 못하고 책상 아래로 문자를 주고받는다. 수업은 그저 학점을
따기 위해 마지못해 들어야 하는 고역일 뿐이다. 그렇다고 나름대
로 열심히 의욕적으로 하는 일도 없다. 어슬렁거리며 등교하여 강
의를 듣고, 동아리 방을 둘러보고, 휴게실에서 친구들과 잡담하며
시간을 죽이다가 저녁모임이 있으면 한잔 하고 없으면 집으로, 자
취방으로 향하여 인터넷 서핑과 컴퓨터 게임을 밤늦도록 하며 소
중한 하루를 허비한다. 비싼 등록금을 내고서 말이다.

반면, 이런 학생들도 있다. 이른 아침 자명종이 울리기 전에 깨어난다. 번잡한 교통을 피해 일찍 등교한다. 아침의 대학 캠퍼스가 신선하다. 오늘 하루의 일정을 살펴본다. 오전 강의에 참석하여 열심히 경청하고 필기하며 수업에 집중한다. 이런 학생들은 눈빛이 반짝거린다. 수업이 끝나면 자신의 계획에 따라 동아리활동을 하거나 도서관에서 수업과 관련된 책을 읽는다. 저녁에는 모임에 참석하거나 아르바이트를 한다. 집에 돌아와 하루를 정리하며 일기를 쓴다. 하루를 알차게 보낸 뿌듯함이 밀려온다. 내일 해야 할 일들을 계획한다. 기대감을 안고 잠자리에 든다.

하루의 대학생활을 이렇게 달리 하는 학생들의 차이점은 무엇일까? 부지런함과 게으름일까? 아침형과 야간형의 생활패턴 때문일까? 아니다. 가장 큰 차이는 대학생활에서 추구하는 뚜렷한 목표의 존재여부다. 대학생활에 열중하지 못하는 학생들의 공통점은 자신이 추구하는 뚜렷한 목표가 없다는 점이다. 자신의 인생에서 그리고 대학생활에서 정말로 하고 싶은 것이 무엇인지를 잘 알지 못한다. 이번 학기에 그리고 졸업 후에 무엇을 할 것인지에 대한 분명한 계획이 없다. 목표가 없는 대학생활은 넓은 바다를 정처 없이 떠도는 난파선과 같다.

1. 목표의 긍정적 효과

현재는 조만간 과거가 되고, 미래는 머지않아 현재로 다가온다.

우리의 삶에서 중요한 것은 현재 어디에 있느냐가 아니라 어디를 향해 가고 있느냐다. 앞으로 나아갈 인생의 목표와 방향을 뚜렷하게 지니는 것이 중요하다.

목표goal는 자신의 노력을 통해서 성취하기를 바라는 미래의 상태를 뜻한다. 미래에 성취하기를 간절히 바라는 소망이다. 목표는 우리의 삶에 강력한 영향을 미친다. 분명한 목표를 지니는 것은 행복과 성공의 필수요건이다. 다양한 혜택을 주기 때문이다.

첫째, 목표는 우리의 삶에 의욕과 생동감을 불어넣는다. 분명한 목표가 있을 때, 우리는 그것을 이루기 위한 도전의식과 의욕 속에서 열심히 살아가게 된다. 목표에 대한 열망이 클수록 우리는 더 열정적으로 살게 된다. 간절히 소망하는 목표가 이루어진 상태를 상상하기만 해도 가슴이 뛰고 설레기 때문이다.

둘째, 목표는 일상생활의 방향과 의미를 제공한다. 무엇을 위해 어떻게 살아야 하는지가 분명해지기 때문이다. 매일 비슷하게 반복되는 대학생활이 자칫 단조롭고 무의미하게 느껴질 수 있다. 그러나 목표가 뚜렷한 학생은 이번 학기에, 이번 달에 그리고 오늘 무엇을 해야 하는지가 분명하게 드러난다. 그리고 이러한 노력이 자신의 삶에 어떤 의미를 주는지도 잘 알게 된다. 갈망하는 목표를 향한 것이기 때문이다.

셋째, 목표는 행복감을 선사한다. 행복감은 목표와 밀접하게 연관되어 있다. 행복감은 소망하는 목표를 달성했거나 그 목표를 향해 조금씩 진전되고 있다는 인식으로부터 생겨난다. 하루하루의 생활을 통해 조끔씩 목표에 가까워지고 있다는 느낌은 우리에게 행복감으로 다가온다.

넷째, 목표는 일상생활의 스트레스를 이겨내도록 돕는다. 밝은 미래에 대한 기대는 현재의 어려움을 극복하도록 만들기 때문이다. 추구하는 목표가 분명한 사람은 고난과 역경을 잘 이겨낼 수 있다.

마지막으로, 목표는 성공 가능성을 높인다. 분명한 목표를 지닌 사람은 그렇지 않은 사람에 비해서 더 의욕적이고 열정적으로 노력한다. 또한 일상생활을 더 체계적으로 영위할 뿐만 아니라 스트레스를 잘 이겨낼 수 있기 때문에 더 뛰어난 성과와 성취를 거두게 된다.

2 좋은 목표의 조건

새해 초에는 누구나 나름대로의 목표를 세운다. 그러나 작심삼일作心三日이다. 그 목표를 실천하려는 의지는 며칠을 가지 못하고 시들어 버린다. 흐지부지되어 버린다. 이러한 경험을 몇 번 하고 나면, 목표를 세우는 일이 쓸모없는 짓이라고 생각되어 더 이상 목표를 세우지도 않게 된다.

이러한 결과가 초래되는 것은 목표를 잘 세우지 못했기 때문이다. 좋은 목표를 세우지 못했기 때문이다. 좋은 목표란 우리의 열정을 일깨워 그 실현을 위해 적극적으로 노력하게 만드는 목표를 말한다. 그러한 좋은 목표는 몇 가지 조건을 지닌다.

(1) 가슴을 설레게 하는 목표를 세워라

목표는 당신의 열정을 자극할 수 있는 것이어야 한다. 마음을 설레게 하는 것이어야 한다. 목표를 생각하기만 해도, 가슴 벅찬 행복감을 느끼게 만드는 것이어야 한다. 목표가 큰 것이든 작은 것이든 상관없다. 목표를 성취하기 위한 뜨거운 열정과 도전의식을 북돋우는 그런 것이어야 한다. 그래서 당장 내일부터, 아니 지금 이 순간부터 그러한 목표를 위해서 무언가를 하게 만드는 것이어야 한다. 아침에 눈을 떴을 때 당신을 벌떡 일으켜 세우는 그런 목표여야 한다. 신바람 속에서 대학생활을 하도록 만드는 그런 목표여야 한다.

(2) 성취 가능한 도전적인 목표를 세워라

목표는 성취가 가능한 것이어야 한다. 목표의 성취 가능성은 그 매력도와 반비례하는 경향이 있다. 가슴을 설레게 만드는 매력적인 목표는 성취하기가 어려운 반면, 성취하기 쉬운 목표는 그 매력이 떨어진다. 그러나 아무리 매력적인 것이라도 성취가 불가능한 목표를 추구하는 것은 어리석은 일이다. 또한 성취하기가 쉽다고 해서 매력을 느끼지 못하는 목표를 추구하는 것은 무의미한 일이다. 이것이 목표설정 과정에서 흔히 겪게 되는 딜레마다.

이러한 딜레마를 해결하는 최선의 방법은 성취가 가능하되 도전적인 목표를 정하는 것이다. 이러한 목표는 자신이 최대한 노력했을 때 실현이 가능한 목표를 말한다. 즉, 자신의 역량을 최대한 발휘하여 열심히 노력했을 경우에 성취할 수 있는 매력적인 목표를 선택하는 것이 중요하다.

도전감을 느낄 수 있는 매력적인 목표를 추구할 때, 의욕과 열정이 강화된다. 너무 쉬운 목표는 권태감을 주는 반면, 너무 어려운 목표는 불안과 좌절감을 준다. 열심히 노력하면 성취할 수 있는 도전적인 목표는 우리의 마음을 설레게 하는 동시에 우리 자신을 분발하게 만든다.

(3) 목표는 자율적으로 정한 것이어야 한다

목표는 스스로 정한 것이어야 한다. 자율적으로 선택하고 결정한 것이어야 한다. 목표에 대해 주인의식을 느낄 수 있어야 한다. 강요된 목표보다는 스스로 선택한 목표가 우리의 열정을 자극하여 달성 가능성을 높이기 때문이다. 그러한 목표를 추구하는 과정에서도 더 많은 행복감을 느낄 수 있다.

타인에 의해서 강요된 목표에 열정을 느낄 수 있을까? 대학생 중에는 부모의 기대와 압력에 의해 자신이 원하지 않는 목표를 추구하는 경우가 많다. 그러한 목표가 가슴을 설레게 할 수 있을까? 즐거운 마음으로 목표 성취를 위해 생활할 수 있을까? 목표 선택에 관한 심리학의 연구에 따르면, 타율적으로 부과된 목표를 추구하는 대학생은 삶의 만족도가 낮았을 뿐만 아니라 학업성취도도 낮았다.

(4) 목표는 구체적이어야 한다

목표는 가능한 한 구체적으로 설정하는 것이 바람직하다. 모호하고 막연한 목표는 실현되기 어렵다. 목표에 대한 이미지가 모호하면, 그 목표에 대한 실천의지도 약해진다. 목표의 이미지가 구체적이고 분명할수록 기억이 잘 될 뿐만 아니라 그것을 성취하려는 의욕과 열정도 강렬해진다.

우선, 목표를 측정 가능한 형태로 구체화한다. 목표달성 여부를 분명하게 파악할 수 있도록 구체화한다. 예를 들어, '공부 열심히 하기' 보다는 '평균학점 A_ 이상 받기' 로, '영어실력 향상하기' 보다는 '토플점수 100점 이상 받기' 로, '체중 감량하기' 보다는 '체중 5Kg 줄이기' 로 구체화하는 것이다.

또한 목표달성의 시점을 정한다. 목표는 시간제한적인 것이어야 한다. 언제까지 목표를 달성하겠다는 시점을 분명하게 정해야 한다. 목표달성 시점이 불분명하면, 목표를 성취하려는 의지가 약화될 뿐만 아니라 다른 일에 밀려서 목표 성취가 자꾸 지연될 수 있기 때문이다. 예를 들어, '이번 학기에 반드시 평균학점 A_ 이상 받기' '올해 말까지 토플점수 100점 이상 받기' 또는 '8월 말까지 체중 5Kg 줄이기' 로 목표달성 시점을 구체화하는 것이 바람직하다.

목표가 분명하고 또렷해야 그 성취 가능성이 높아진다. 도착해야 할 목적지와 도착시간을 분명하게 알고 있는 항해사는 머뭇거리며 방황하지 않는다. 오늘 어떤 항로를 얼마나 가야 하는지를 잘 알고 있기 때문이다.

가슴을 설레게 하는 목표, 노력하면 실현 가능한 목표, 스스로 원해서 정한 목표, 그리고 오늘 무엇을 해야 하는지를 분명하게 말해 주는 구체적인 목표를 가슴에 지니고 생활하는 대학생은 하루의 아침을 의욕적이고 활기차게 맞이하게 된다.

♪ 소년 시절의 꿈을 이룬 사나이

누구나 어린 시절 미래에 이루고 싶은 여러 가지 꿈들을 지닌다. 그러나 세월이 흐르고 시급한 일에 매몰되면서 그러한 꿈들은 망각되어 버린다. 또는 철없던 어린 시절의 허황한 꿈

이라고 여기며 포기하는 경우가 대부분이다.

그러나 여기 놀라운 사람이 있다. 청소년 시절에 127개의 인생목표를 세우고 평생 동안 실행에 옮겨 온 사람이 있다. 존 고다드(John Goddard: 1925~현재)라는 미국인이다. 1972년 미국의 유명한 잡지인 《라이프(Life)》가 '꿈을 성취한 사람'으로 대서특필했을 때, 그는 127개의 목표 가운데 100개 이상을 달성한 상태였다.

고다드가 이러한 목표를 세우게 된 계기는 열다섯 살이던 1940년 어느날 우연히 할머니와 숙모가 나누는 이야기를 엿들으면서다. 할머니와 숙모는 이미 지나간 과거를 아쉬워하며 후회하는 이야기들을 하고 있었다. "이런 일을 했으면 좋았을 텐데." "내가 조금만 더 젊었더라면⋯⋯." 이런 말을 듣게 된 고다드는 "나는 커서 '무엇을 했더라면⋯⋯' 하는 후회는 하지 말아야지!"라고 결심했다. 그리고는 노란색 종이 위에 '나의 인생목표'라는 제목으로 살아가는 동안 꼭 하고 싶은 인생의 꿈 127가지를 적어 내려갔다. 꿈 많고 상상력이 풍부한 한 소년의 엉뚱한 인생목표였다. 그가 세운 목표는 다음과 같다.[26]

* 탐험해 보고 싶은 강: ① 나일 강 ② 아마존 강 ③ 콩고 강 ④ 콜로라도 강 ⑤ 양쯔 강(중국) ⑥ 니제르 강 ⑦ 오리노코 강(베네수엘라) ⑧ 리오코코 강(니카라과)
* 공부하고 싶은 원시문화: ⑨ 콩고 ⑩ 뉴기니 ⑪ 브라질 ⑫ 보르네오 ⑬ 수단 ⑭ 호주 ⑮ 케냐 ⑯ 필리핀 ⑰ 탄자니아 ⑱ 에티오피아 ⑲ 나이지리아 ⑳ 알래스카
* 오르고 싶은 산: ㉑ 에베레스트 ㉒ 아콘카구아(아르헨티나) ㉓ 멕킨리 ㉔ 후아스카란(페루) ㉕ 킬리만자로 ㉖ 아라라트(터키) ㉗ 케냐 ㉘ 쿡(뉴질랜드) ㉙ 포포카테페틀(멕시코) ㉚ 마터호른 ㉛ 라이니어 ㉜ 후지 ㉝ 베수비오 ㉞ 브로모(자바) ㉟ 그랜드 테톤스 ㊱ 발디(캘리포니아)
* 사진 찍고 싶은 곳: ㊲ 이과수 폭포 ㊳ 빅토리아 폭포 ㊴ 서덜랜드 폭포(뉴질랜드) ㊵ 요세미티 폭포 ㊶ 나이아가라 폭포 ㊷ 마르코 폴로와 알렉산더 대왕이 여행했던 길
* 보고 싶은 수중 세계: ㊸ 플로리다의 산호초 ㊹ 호주 대보초 ㊺ 홍해 ㊻ 피지 섬 ㊼ 바하마 군도 ㊽ 오케페노키 늪지대와 에버글레이즈 탐험
* 가 보고 싶은 곳: ㊾ 북극과 남극 ㊿ 중국의 만리장성 (51) 파나마와 수에즈 운하 (52) 이스터 섬 (53) 갈라파고스 섬 (54) 바티칸 (55) 타지마할 (56) 에펠 탑 (57) 카프리의 블루 그로또 (58) 런던탑 (59) 피사의 사탑 (60) 멕시코의 성스러운 우물 (61) 호주의 에어스록 등반 (62) 갈릴리 해부터 사해까지 요르단 강을 따라가 보기
* 수영하고 싶은 곳: (63) 빅토리아 호수 (64) 슈페리어 호수 (65) 탕가니카 호수 (66) 티티카카 호수 (67) 니카라과 호수
* 하고 싶은 일: (68) 의술을 배우고 탐험하는 직업 갖기(원시부족의 질병 치료하기) (69) 세계의 여러 나라(30개국 이상) 가 보기

⑦⓪ 나바호와 호피 인디언 연구하기 ⑦① 비행기 조종법 배우기 ⑦② 로즈 퍼레이드에서 승마하기 ⑦③ 이글 스카우트 대원되기 ⑦④ 잠수함 타 보기 ⑦⑤ 항공모함에서 비행기로 이·착륙해 보기 ⑦⑥ 열기구, 행글라이더 타고 날아 보기 ⑦⑦ 코끼리, 낙타, 타조, 야생말 타 보기 ⑦⑧ 40피트 깊이까지 다이빙을 하고 물속에서 2분 30초간 숨 쉬지 않기 ⑦⑨ 10파운드짜리 가재와 10인치짜리 전복 잡기 ⑧⓪ 플루트와 바이올린 연주하기 ⑧① 1분에 50글자 타이핑하기 ⑧② 수상스키와 스키 배우기 ⑧③ 낙하산 점프 해 보기 ⑧④ 선교활동하기 ⑧⑤ 존 무어의 여행길 따라가 보기 ⑧⑥ 토착의술을 배워 도와주기 ⑧⑦ 코끼리, 사자, 코뿔소, 치타, 물소, 고래의 사진 직접 찍어 보기 ⑧⑧ 담장치는 법 배우기 ⑧⑨ 유도 배우기 ⑨⓪ 대학에서 가르쳐 보기 ⑨① 발리 섬에서 화장 의식 구경하기 ⑨② 깊은 바다 속 탐험하기 ⑨③ 타잔 영화에 출연해 보기 ⑨④ 말, 침팬지, 치타, 코요테 직접 기르기 ⑨⑤ 아마추어 무선기사 되기 ⑨⑥ 망원경 직접 만들어 보기 ⑨⑦ 나일 강 여행에 관한 책 쓰기 ⑨⑧ 《내셔널 지오그래픽》 잡지에 기사 게재하기 ⑨⑨ 5피트 높이뛰기 ⑩⓪ 15피트 멀리뛰기 ⑩① 1마일을 5분에 달리기 ⑩② 몸무게 175파운드 되기 ⑩③ 윗몸 일으키기 200번, 팔굽혀 펴기 20번 하기 ⑩④ 불어, 스페인어, 아랍어 배우기 ⑩⑤ 코모도 섬에서 왕도마뱀 관찰하기 ⑩⑥ 할아버지 고향에 가 보기 ⑩⑦ 할머니 고향에 가 보기 ⑩⑧ 선원으로 화물선 타 보기 ⑩⑨ 브리태니커 백과사전 독파하기 ⑪⓪ 성경책 완독하기 ⑪① 셰익스피어, 플라톤, 아리스토텔레스, 디킨스, 소로우, 루소, 콘래드, 헤밍웨이, 마크 트웨인, 톨스토이, 롱펠로, 키이츠, 에드거 앨런 포, 베이컨, 에머슨의 작품 읽기 ⑪② 바흐, 베토벤, 드뷔시, 멘델스존, 림스키-코르사코프, 라흐마니노프, 파가니니, 스

트라빈스키, 차이코프스키, 베르디의 작품을 자주 듣고 익숙해지기 ⑪③ 비행기, 모터사이클, 트랙터, 서핑 보드, 공기소총, 권총, 카누, 현미경, 축구, 농구, 양궁, 부메랑에 능숙해지기 ⑪④ 음악 작곡하기 ⑪⑤ 피아노 배우기 ⑪⑥ 발리나 수리남에서 불 위를 걷는 원주민 의식 구경하기 ⑪⑦ 독사의 독 빼 보기 ⑪⑧ 22구경 총으로 성냥불을 켜 보기 ⑪⑨ 영화 스튜디오 구경하기 ⑫⓪ 피라미드 올라가 보기 ⑫① 탐험가 및 모험가 클럽 회원 되기 ⑫② 폴로 경기 배우기 ⑫③ 보트로 그랜드 캐넌 여행하기 ⑫④ 배 타고 세계일주하기 ⑫⑤ 달에 가 보기 ⑫⑥ 결혼하여 자녀 낳기 ⑫⑦ 살아서 21세기 맞이하기

고다드는 성인이 되어서도 이러한 목표를 잊지 않고 하나씩 실행에 옮겼다. 그는 현재 127개의 목표 중 '달에 가 보기' '북극과 남극 가 보기' '에베레스트 오르기' 등을 제외한 110개를 실천했다.

존 고다드는 모험가이자 탐험가로 살아가면서 탐험대를 조직하여 안내하는 단체를 운영하였다. 《생존자들》《나일 강의 탐험》이라는 두 권의 저서를 발간했으며 수많은 강연을 통해 자신의 탐험경험을 소개했다. 그는 이렇게 말하고 있다. "나는 127개의 목표를 모두 이루려고 고민하지는 않았습니다. 중요한 것은 내가 그렇게 살고 싶었다는 것입니다. 틀에 박힌 생활을 하고 싶지 않았으며 끊임없이 나의 한계에 도전하고 싶었습니다. 독수리처럼 말입니다." 그의 삶이 놀라운 것은 15세의 어린 나이에 인생의 목표를 구체적인 목록으로 작성하고 평생에 걸쳐 하나씩 실천해 나갔다는 점이다.

목표는 '미래'에 실현되기를 소망하는 결과다. 목표는 실현되기를 소망하는 미래의 시점에 따라서 단기, 중기, 장기 목표로 구분될 수 있다. 목표에는 당장 이번 주에 이루어지기를 기대하는 단기적 목표도 있고, 20~30년 후에 이루어질 수 있는 장기적 목표도 있다. 또는 인생의 큰 모양새를 결정하는 거시적 목표가 있는 반면, 일상생활과 관련된 미시적 목표도 있다. 흔히 거시적인 목표는 오랜 시간에 걸쳐 이루어지므로 장기적인 목표가 되며, 미시적 목표는 단기적 목표와 일치하는 경우가 흔하다.

어떤 학생은 단기적인 목표는 있으나 장기적인 목표가 모호하다. 예컨대, '이번 학기에 높은 학점을 받겠다'는 단기적인 목표는 뚜렷하나 좋은 학점을 받아서 나중에 무엇을 하겠다는 장기적인 목표가 없는 경우다. 반대로, 장기적인 목표는 있으나 단기적인 목표가 없는 학생들도 있다. 예를 들어, '훌륭한 문학가가 되겠다'는 장기적 목표는 있으나 그러한 문학가가 되기 위해서 이번 학기에 무엇을 하겠다는 구체적인 생각이 없는 경우다.

어떤 유형의 목표를 추구하느냐에 따라서 일상적인 행동이 달라진다. 심리학의 연구[27]에 따르면, 장기적인 거시적 목표를 추구할수록 현재의 행복도가 낮아진다. 왜냐하면 장기적인 목표일수록 그것이 언제 성취될 수 있는지, 그리고 지금의 행동이 그러한 목표에 어떤 도움이 되는지를 알 수 없기 때문이다. 따라서 장기적인 거시적 목표를 추구하는 사람은 생활 속에서 의욕과 열정을 느끼기 어려울 뿐만 아니라 그러한 목표를 지속적으로 유지하기가 어렵다.

일반적으로 단기적인 미시적 목표를 추구할수록 생활 속의 활력과 행복감을 유지하기 쉽다. 왜냐하면 자신의 노력에 따라 목표를 향해 진전되는 정도를 쉽게 확인할 수 있을 뿐만 아니라 비교적 짧은 시기 내에 목표달성의 기쁨을 맛볼 수 있기 때문이다. 그러나 단기적인 미시적 목표만을 추구하는 사람은 인생의 방향을 잃고 우왕좌왕할 수 있다. 단기적 목표를 위한 노력이 자신의 인생에 어떤 의미를 지니는지를 인식하기 어렵기 때문이다. 장기적인 거시적 목표는 인생의 방향과 더불어 일상생활에 의미를 느끼게 해 준다.

그러므로 대학생활에서는 장기적인 거시적 목표와 더불어 단기적인 미시적 목표가 모두 중요하다. 거시적인 목표는 인생의 장기적인 방향 감각을 제공해 주는 반면, 미시적인 목표는 그를 향한 진전과 달성을 통해 의욕과 행복감을 제공해 주기 때문이다. 즉, 거시적인 목표와 미시적인 목표의 조화가 중요하다. 이를 위해서는, 장기적인 거시적 목표를 지니는 것과 더불어 그와 연결될 수 있는 단기적인 미시적 목표를 세우는 것이 가장 좋은 방법이다.

대학생의 경우, 장기적인 거시적 목표는 적어도 10년 이후에 실현될 수 있는 인생의 중요한 목표가 될 수 있다. 즉, 평생을 통해서 이루고자 하는 인생의 비전, 40~50대의 전성기에 이루기를 원하는 성취, 자신의 인생에서 가장 사회적으로 성공한 상태의 직업이나 직위가 될 수 있다.

반면에 단기적인 미시적 목표는 이번 학기, 이번 달, 이번 주의 목표가 될 수 있다. 예컨대, 이번 학기에 학점을 잘 받는 것, 이번 달에 치를 시험의 성적을 잘 받는 것, 이번 주에 마감인 보고서를 잘 쓰는 것 등이 될 수 있다.

장기적 목표와 단기적 목표 사이에는 중기적 목표가 있다. 적어도 3~10년 사이에 이루고자 하는 목표다. 예컨대, 대학생활을 통해서 하고 싶은 일들이나 20대에 이루고자 하는 성취가 이에 속할 수 있다.

인생의 설계는 장기적 목표, 중기적 목표 그리고 단기적 목표가 서로 조화롭게 잘 연결될 수 있도록 체계적으로 계획하는 것이다. 장기적인 목표 설정을 통해 인생의 거시적 방향을 정하고 그러한 목표를 이루기 위한 중기적 목표들을 세운다. 그리고 중기적 목표의 달성을 위해서 필요한 구체적인 일들을 단기적 목표로 설정하여 실천하도록 계획하는 것이다.

♪ 나는 인생의 전성기에 무엇을 하고 있을까?

인생의 목표를 정립하는 방법 중에 BPS라는 유명한 방법이 있다. **BPS**는 Best Possible Self의 약자로서 '최선의 가능한 자기'를 떠올리는 방법이다.[28] 인생에서 최선의 상태에 도달한 나의 모습은 어떤 것일까? 나의 능력을 최대한 발휘한다면, 나는 어떤 사람이 되어 있을까? 내가 최대한 열심히 노력하여 성취할 수 있는 최상의 내 모습을 무엇일까?

가능한 자기(possible self)는 미래에 실현 가능한 자신의 모습을 의미한다. 현재는 그러하지 못하지만 노력을 통해 실현할 수 있는 자신의 상태를 뜻한다. 가능한 자기는 과거와 현재 그리고 미래의 자기를 연결하는 중요한 생각으로서 자신을 변화시키는 동기를 제공한다. 설혹 과거에는 부족한 점이 많았을 뿐만 아니라 현재에도 불만족한 점이 있지만 미래에 긍정적인 모습을 이룰 수 있다고 여기는 사람은 희망을 가지고 열심히 노력하게 된다. 우리의 노력을 촉진하는 것은 과거와 현재 경험이 아니라 미래에 대한 희망적인 예상인 것이다. 과연 당신에게 있어서 최선의 가능한 자기는 어떤 모습일까?

대학생의 경우, 젊음과 시간이라는 커다란 자원을 지니고 있기 때문에 선택할 수 있는 목표의 범위는 무한히 넓다. 최선을 다해 노력할 경우, 이루지 못할 것이 있겠는가? 최대한으로 실현 가능한 나의 미래상은 무엇인가? 나의 BPS를 그려 보기 위해서 첫째로 필요한 것은 나의 소망과 포부다. 내가 진정으로 소망하는 미래의 모습은 무엇인가? 나의 인생에 가치와 의미를 부여해 줄 미래의 모습은 무엇인가? 둘째로 고려해야 할 점은 그러한 목표를 성취할 수 있는 구체적인 실천방법과 강렬한 동기다. 목표를 성취할 수 있는 구체적인 방법을 알고 있을 뿐만 아니라 그러한 방법을 실천에 옮길 수 있는 동기를 지닌다면, 목표 성취는 가능하다. '최선의 가능한 자기'를 이룰 수 있다는 희망은 실현방법의 인식과 그 실천동기에 의해서 결정되는 것이다. 즉, 목표를 설정하는 과정에서 중요한 것은 목표뿐만 아니라 그러한 목표를 달성하는 방법을 모색하고 실천하려는 강렬한 동기인 것이다.

우리가 추구하는 목표가 항상 실현되는 것은 아니다. 그러나 목표를 추구하는 것은 그렇지 않는 것보다 항상 더 긍정적인 결과를 만들어 낸다. 도전했지만 실패한 것에 대한 후회보다는 어렵다고 도전조차 해 보지 못한 것에 대한 후회가 더 쓰라리다. 또한 도전하여 목표를 이루지 못했다 하더라도, 목표를 성취하기 위해 노력하는 과정에서 자신의 역량이 강화될 뿐만 아니라 부분적인 성과를 거둘 수도 있다. 대학생 시절에 자신의 BPS를 설정하고 그 실현방법을 모색하며 열정적으로 하나씩 실천해 나감으로써 미래에 당신의 BPS가 실현될 수 있을 것이다.

4 대학생활의 목표 세우기

당신은 어떤 목표를 가지고 대학생활을 하는가? 대학생활에서 이루고 싶은 목표는 어떤 것인가? 대학생 시기에 꼭 해 보고 싶은 일 또는 반드시 이루고 싶은 것은 무엇인가?

이러한 질문을 대학생들에게 던져 보면, 명쾌하게 자신의 목표를 말하는 학생들이 드물다. "글쎄요. 학점 잘 받는 것?" "국가고시에 합격하는 것?" "대기업에 취직하거나 대학원에 진학하는 것?" "화끈한 연애를 해 보는 것?" "배낭여행을 해 보는 것?" 말꼬리를 올리며 모호한 대답을 내놓는다. 심지어는 "잘리지 않고 무사히 졸업하는 것?"이라는 대답을 내놓는 학생도 있다. 대부분의 학생들이 분명한 목표 없이 대학생활을 하고 있는 것이다. 그래서 대학생활이 재미가 없고 시큰둥해지는 것이다.

목표 없이 살아가는 사람은 없다. 다만 목표가 모호한 것이다. 자신이 추구하는 목표를 분명하게 자각하지 못할 뿐이다. 자신이 어떤 것을 하고 싶은지 깊이 생각해 보지 못했기 때문이다. 또는 하고 싶은 일들이 너무 많아 자신이 정말 원하는 것이 무엇인지 그 우선순위를 정하지 못했기 때문일 수도 있다.

자, 대학생활의 목표에 대해서 생각해 보자. 과연 내가 대학생활을 통해서 '정말 하고 싶은 일'은 무엇인가? '반드시 이루고 싶은 것'은 무엇인가? 스스로에게 물어 보자. 곰곰이 생각해 보자. 내 마음 깊숙한 곳에서 진정 하고 싶어 하는 일들은 무엇일까? 고등학생 시절, 대학에 가면 꼭 해 보고 싶었던 일들이 무엇이었는가? 대학을 졸업하게 될 때, 뿌듯한 보람을 느낄 수 있는 성취나 경험은 무엇일까? 먼 훗날 "대학생 시절에 해 보았으면 좋았을 것을……" 하고 후회하지 않으려면 무엇을 해야 할까? 떠오르는 대로 하나씩 적어 본다. 가능한 한 많이 열거해 본다. 최소한 20가지 이상을 적어 본다. 거창한 것이든 사소한 것이든 상관없다. 내가 진정으로 원하는 것들을 솔직하게 적어 본다.

〈대학생활에서 하고 싶거나 이루고 싶은 일 20가지〉

1. _____
2. _____
3. _____
4. _____

5. _____

6. _____

7. _____

8. _____

9. _____

10. _____

11. _____

12. _____

13. _____

14. _____

15. _____

16. _____

17. _____

18. _____

19. _____

20. _____

대학생이 해 보아야 할 20가지

다음은 졸업을 앞둔 대학생들이 해 보지 못해 후회하거나 후
배들에게 해 보기를 권장하는 것들이다. 자신의 대학생활을 돌아

보며 커다란 보람을 느꼈거나 매우 유익했다고 경험한 것들이기도 하다. 매우 다양한 것들이 있지만 빈도와 권장강도를 고려하여 필자가 20가지를 선정하여 소개한다.

(1) 적어도 한 과목 이상에서 A⁺ 학점 받아보기(한 학기 이상 평균학점 A₋ 이상 받아 보기)

(2) 절친한 친구 7명 이상 사귀기

(3) 한 개 이상의 동아리에 가입하여 활동하기

(4) 한 번 이상 외국으로 배낭여행 다녀오기

(5) 한 개 이상의 외국어를 능숙하게 말하기

(6) 한 번 이상 장학금 타기

(7) 연애하기

(8) 사회봉사활동에 참여해 보기

(9) 매년 교양도서 27권 이상 읽기(2주에 1권 이상 읽기: 강의 교재 제외)

(10) 한 분 이상의 교수님과 인간적 유대 형성하기

(11) 아르바이트 해서 돈 벌어 보기(졸업 시에 500만 원 이상 저축하기)

(12) 3학년이 되기 이전에 졸업 후 진로 정하기(해당 분야의 종사자 두 명 이상과 면담해 보기)

(13) 동아리든 학생회든 크고 작은 모임의 임원(회장 포함)을 해 보기

(14) 최소한 일주일 이상 완전히 쉬어 보기(예: 명상, 단식, 피정, 템플 스테이 프로그램에 참가해 보기)

(15) 아버지 또는 어머니와 1:1로 대화하며 서로의 깊은 마음 나누어 보기

(16) 한 가지 이상 자신만의 개인기 만들기(예: 춤, 노래, 운동, 컴

자신이 대학생활에서 하고 싶거나 이루고 싶은 일 20가지를 열
거했다면, 그 목록을 다시 한번 살펴본다. (1) 20가지의 우선순위
를 나름대로 정해 본다. 이때 자신의 삶에 기여하는 중요도와 절실
하게 원하는 소망 정도를 고려한다. 우선순위를 정하는 일이 어렵
다면, 각 항목을 중요도와 소망 정도에 따라 0~10 사이의 점수로
평가해 본다. (2) 20가지 중 반드시 이루고 싶은 것 Best 7을 선정
한다. 우선순위에서 상위 7위에 속하는 것들을 선발한다. 대학생
활에서 소중하게 추구해야 할 7가지 목표가 되는 셈이다. (3) Best
7의 목표를 구체화한다. 목표달성의 기준과 달성시점을 정해 본다.
(4) Best 7 각각을 달성할 수 있는 구체적인 계획을 세워 본다. 당
장 이번 주부터 실천에 옮길 수 있는 일들이 무엇인지를 생각해 본
다. (5) Best 7에 속하지 못한 13가지는 상대적으로 덜 중요한 것
이긴 하지만 대학생활을 통해서 계속 실천하도록 노력한다.

● 세월이 흐른 뒤의 후회

시간은 한 번 흘러가면 영원히 되돌아오지 않는다. 대학생 시절도 한 번 지나가면 다시는 돌아오지 않는다. 그래서 사람들은 시간이 흐른 후에 과거를 되돌아보며 후회를 한다. 후회에는 두 가지가 있다. 즉, 하지 못한 일에 대한 후회와 한 일에 대한 후회다. 심리학자들의 연구에 따르면, 사람들은 한 일에 대한 후회보다는 하지 못한 일에 대한 후회로 더 가슴 아파한다.

만약 당신이 대학을 졸업하게 될 때 또는 중년이 되어 대학시절을 되돌아본다면 어떤 후회를 하게 될까? 이런 것을 해 볼걸, 이런 일을 했어야 했는데……, 그때 그런 일은 하지 말았어야 했는데…….

사람들은 세월이 흐른 후에 어떤 일에 대해서 후회를 많이 할까? 1989년과 2003년 사이에 이루어진 후회에 관한 여러 연구에서 모든 연령대의 성인에게 "만약 과거로 돌아가서 삶을 다시 산다면 무엇을 다르게 만들고 싶습니까? 당신 인생의 어떤 부분을 바꾸고 싶습니까?"라고 질문했다. 이러한 연구들의 결과를 종합한 결과, 후회의 순위는 다음과 같았다.[29] 첫째는 학업(32%)이었으며, 그다음으로 직업경력(22%), 사랑과 인간관계(15%), 자녀 양육(11%), 자기계발(5.4%) 등이 뒤를 이었다. 상위 네 가지 후회는 거의 모든 연구에서 일관적으로 동일하게, 특히 같은 순서로 상위권에 나타났다. 사람들이 가장 많이 하는 후회는 공부를 열심히 하지 않아 좀 더 나은 학교에 진학하지 못한 것이었다. 그래서 자신이 지녔던 인생의 꿈을 이루지 못한 것이었다.

5 목표성취를 위한 5단계 전략

목표를 세우는 것 자체만으로도 기분이 좋아진다. 대학생활에서 이루고 싶은 20가지를 열거하면서 어떤 기분을 느꼈는가? 생각만 해도 즐겁지 않은가? 그러한 목표를 이루고 싶은 의욕이 솟아오르지 않는가?

목표와 계획을 세우는 일은 항상 즐겁다. 희망과 의욕이 샘솟아 오른다. 며칠 동안은 열심히 노력한다. 그러나 이러한 노력을 지속적으로 기울이기가 쉽지 않다. 여러 가지 일로 바삐 돌아가는 대학생활을 하다 보면, 그 목표가 점차 희미해지면서 흐지부지해지는 경우가 많다.

자신의 목표를 성취하는 사람들의 중요한 특징이 있다. 이들은 목표를 세울 뿐만 아니라 지속적으로 목표관리를 한다는 점이다. 목표관리는 자신이 정한 목표의 달성을 위해서 구체적인 계획을 세우고 실행하며 그 진전정도를 평가해 나가는 체계적인 노력을 말한다.

● 목표를 기록하여 관리하라

목표는 미래의 성공 가능성을 높인다. 특히 목표를 구체화하여 기록하는 것이 중요하다. 이와 관련된 흥미로운 연구결과가 있다.

미국 블라토닉 연구소는 1972년에 예일 대학교의 경영학 석사과정 졸업생 200명을 대상으로 목표관리에 대한 조사를 실시했다. 미래의 분명한 목표가 있는지 그리고 그러한 목표를 기록하여 관리하는지를 조사했다. 이들 중 84%의 학생들은 뚜렷한 목표를 지니고 있지 않았으며, 13%의 학생들은 목표가 있기는 하지만 기록을 하여 관리하지는 않았다. 단지 3%의 학생들만이 자신의 목표를 글로 기록하여 관리하고 있었다.

그로부터 20년이 지난 후에 이들을 추적하여 재산상황을 조사했다. 그 결과, 기록하진 않았지만 목표를 지니고 있었던 13%의 사람들은 뚜렷한 목표가 없다고 응답했던 84%의 집단에 비해서 재산이 2배나 많았다. 더욱 놀라운 사실은 자신의 목표를 글로 써서 관리했던 3%의 사람들은 목표를 기록하여 관리하지 않았던 집단에 비해서 재산이 무려 10배에 달했다는 점이다. 더욱이 이들의 재산은 나머지 97%의 사람들이 지닌 재산을 모두 합한 것보다 더 많았다.

이처럼 목표를 마음속으로만 생각하는 것과 글로 써서 기록하는 것은 커다란 차이를 나타낸다. 목표를 기록하는 것은 다양한 도움을 준다. 우선, 목표를 글로 쓰는 과정에서 목표가 구체화되고 선명해진다. 또한 목표를 잊지 않고 기억하는 데 도움을 준다. 목표를 기록한 수첩이나 플래너를 자주 확인하면서 목표를 상기할 수 있다. 때로는 목표를 써서 책상 앞이나 일기책에 붙여 놓고 자주 확인할 수 있기 때문이다. 목표를 자주 확인할수록 의욕과 열정을 잃지 않고 계획을 행동으로 실천할 수 있다. 목표와 계획을 꼼꼼하게 기록하는 것은 성공하는 사람들의 공통적인 습관이다.

목표를 잘 세웠다고 해서 그 목표가 쉽게 달성되는 것은 아니다. 체계적인 목표관리를 통해서 꾸준히 노력해야만 목표를 성취할 수 있다. 과연 어떻게 하면 목표를 잘 관리하여 달성할 수 있을까? 성공적인 목표달성은 다음과 같은 5단계의 과정으로 이루어진다. (1) 목표 설정하기, (2) 계획 수립하기, (3) 계획 실행하기, (4) 점검 및 평가하기, (5) 목표 재확인하기 또는 수정하기. 성공적인 대학생활을 위한 5단계의 목표관리 전략을 소개한다.

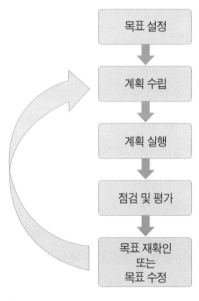

목표달성의 5단계 과정

(1) 목표 설정하기

목표관리의 제1단계는 목표를 잘 세우는 일이다. 가슴을 설레게 하는 현실적인 목표들을 구체적으로 세우는 것이다. 올해 또는 이번 학기에 자신이 정말 이루고 싶거나 하고 싶은 일들을 곰곰이 생각해 본다. 대학생활에 중요할 뿐만 아니라 자신이 진정으로 갈망하는 목표를 세운다. 이루고자 하는 목표들을 종이나 컴퓨터에 기록한다. 마음속으로만 생각하지 말고 반드시 기록하는 것이 중요하다.

이제 목표들을 구체화한다. 목표 달성을 확인할 수 있는 구체적인 상태와 달성 시한을 정한다. 여러 목표들의 우선순위를 정한다. 가장 이루고 싶은 중요한 목표에 우선적인 순위를 부여한다. 예를 들면, 신입생 A군은 다음과 같이 네 가지 목표를 설정할 수 있다.

→ 목표 1: 학업 관련 목표
→ 학점 잘 받기 → 이번 학기에 한 과목 이상에서 A⁺ 학점 따기
(또는 전체 평균 학점 B⁺ 이상 받기)

→ 목표 2: 친구관계 관련 목표
→ 새로운 친구 사귀기 → 신입생의 경우 첫 학기에 친구 3명 이상 만들기(학교에서 종종 점심을 같이 먹고, 주말에는 불러내어 영화도 같이 보며, 대학생활에 대해 깊이 있게 상의할 수 있는 친구 만들기)

→ 목표 3: 자기계발 관련 목표
→ 교양서적 읽기 → 이번 달에 교양서적 4권 이상 읽기(250쪽 이

상의 자기계발 도서나 인문학, 사회과학, 자연과학 분야의 교양도
서 읽기)

→ 목표 4: 이성관계 관련 목표
→ 이성친구 사귀기 → 올해 말까지 이성친구 만들기(서로를 연
인으로 인정하는 사이로서 손을 잡고 팔짱을 끼며 데이트를 할 수
있는 이성관계 맺기)

(2) 계획 수립하기

목표를 세운 다음에는 그 목표를 성취하기 위한 구체적인 계획
을 세운다. 목표를 성취하기 위해서 어떤 과정과 노력이 필요한지
를 생각해 본다. 목표를 이루기 위해 필요한 과업들을 잘게 쪼개어
하위목표들을 구성한다. 그러한 하위목표들을 이루기 위한 실천적
행동과 시간계획을 세운다.

이러한 계획을 세울 때는 두 가지 사항을 고려한다. 그 하나는
목표를 달성할 수 있는 나의 강점과 자원을 고려하여 활용하는 것
이다. 다른 하나는 목표 성취를 방해하는 장애요인들을 파악하여
극복방법을 고려하는 것이다. 이러한 계획들은 반드시 기록한다.
아울러 이러한 목표와 계획을 자주 확인할 수 있도록 수첩의 첫 페
이지에 기록하거나 종이에 써서 책상 앞에 붙여 놓는다. A군의 경
우, 다음과 같은 계획을 세울 수 있다.

→ 목표 1: A⁺ 학점 따기

(1) 흥미를 느끼며 열심히 공부할 수 있는 수강과목 선택하기

(2) 강의계획서에 제시된 강의내용과 학점 평가기준 숙지하기

(3) 강의교재 미리 구해 읽어 보기

(4) 강의내용 충실하게 필기하기(필요하면 녹음기 활용하기)

(5) 중간고사와 기말고사의 출제경향과 보고서의 주제와 형식 등을 파악하기

(6) 가장 중요하고 애착이 가는 과목을 A⁺ 후보 과목으로 선정 하고 집중적으로 공부하기

(7) 매주 또는 시험을 앞두고 공부시간 확보하기

※ 자원과 강점: 흥미를 느끼면 깊이 몰두하는 집중력, 치밀하게 계획하여 행동에 옮기는 실행력, 철학적 주제에 대한 깊은 관 심 등을 활용한다.

※ 장애요인: 전자오락, TV시청, 미루기 습관을 경계하며 집보다 는 학교 도서관에서 공부한다.

→ 목표 2: 새로운 친구 사귀기

(1) 신입생 환영회 또는 새터 모임에 반드시 참석하기

(2) 같은 학과 동기생들의 이름과 자기소개 내용(출신 고등학교, 고향, 흥미나 취미, 가족관계 등)을 잘 기억하기

(3) 동기생들에게 깊은 관심을 지니고 대화에 적극적으로 임하기

(4) 과방에 자주 들르기

(5) 동기생들과 같은 수업을 듣거나 점심식사를 같이하기

(6) 저녁의 뒤풀이 모임에 반드시 참석하기

(7) 관심이 가는 동아리에 가입하여 적극적으로 참여하기

(8) 호감이 가는 학우에게 먼저 다가가서 대화를 나누고 음료나
점심식사를 같이하자고 제안하기

※ 자원과 강점: 내성적이지만 다른 사람의 말을 잘 경청하며 편
안하게 해 주는 성격, 스포츠와 연예인에 관한 해박한 지식,
유머감각 등을 활용한다.

※ 장애요인: 수줍음이 있어 처음 만난 사람에게 말을 잘 걸지 못
하는 점, 여러 사람 앞에서 자신을 소개해야 할 때 많이 긴장
하는 점 등을 극복하도록 노력한다.

→ 목표 3: 교양서적 읽기

(1) 가장 관심이 가는 주제나 분야의 책을 탐색하기

(2) 도서관이나 서점에 들러 관심 가는 서적들을 살펴보기

(3) 도서관에서 책을 빌리거나 서점에서 책 구입하기

(4) 가방에 책을 넣어 다니며 공강시간에 틈틈이 책 읽기

(5) 저녁시간이나 주말에 책 읽기

(6) 최소한 일주일에 책 한 권 읽기

(7) 읽은 책의 목록 만들기

※ 자원과 강점: 흥미로운 주제에는 깊이 몰두하는 집중력, 철학
적 주제에 대한 깊은 관심 등을 활용한다.

※ 장애요인: 전자오락, TV시청에 시간을 빼앗기지 않도록 노력
한다.

→ 목표 4: 이성친구 사귀기

(1) 이성과 자연스럽게 만날 수 있는 모임에 적극적으로 참여하기

(2) 친구나 선후배들에게 이성교제의 의향이 있음을 알리기

(3) 미팅이나 소개팅에 적극적으로 임하기

(4) 이성교제나 대인관계를 잘 할 수 있는 노하우를 소개하는 책 탐독하기

(5) 이성에게 호감을 줄 수 있는 자신만의 강점이나 대인관계 기술을 계발하기

※ 자원과 강점: 다른 사람의 말을 잘 경청하며 편안하게 해 주는 성격, 스포츠와 연예인에 관한 해박한 지식, 유머감각 등을 활용한다.

※ 장애요인: 수줍음이 있어 처음 만난 이성에게 말을 잘 걸지 못하는 점을 극복하도록 노력한다.

(3) 계획 실행하기

나름대로 세운 계획을 당장 실천에 옮긴다. '시작이 반'이라는 말이 있다. '천리 길도 한걸음부터' 시작된다. 작은 것이라도 목표를 향한 첫걸음을 내딛는다. 많은 학생들이 계획을 실천에 옮기는 일에서 머뭇거리며 망설인다. 익숙하지 않은 새로운 행동을 실천에 옮기는 것이 생각처럼 쉽지는 않다. 어색함과 두려움을 돌파하는 용기가 필요하다. 진정으로 소망하는 목표라면 용기를 내어 첫걸음을 내딛어라. 먼저 쉽게 행할 수 있는 작은 일부터 시작하라. A군의 경우, 다음과 같은 계획은 신속하게 실행에 옮길 수 있다.

→ 목표 1: A⁺ 학점 따기

(1) 학교의 홈페이지나 수강편람에 제시된 강의계획서를 살펴본다.

(2) 흥미로운 수강과목을 선택하여 수강신청을 한다.

(3) 가장 흥미로운 수강과목의 강의계획서에 제시된 교재를 구입하여 미리 읽어 본다.

→ 목표 2: 새로운 친구 사귀기

(1) 신입생 환영회 또는 새터 모임에 반드시 참석한다.

(2) 같은 학과 동기생들의 이름과 자기소개 내용(출신 고등학교, 고향, 흥미나 취미, 가족관계 등)을 기억하도록 노력한다.

(3) 동기생들에게 관심을 보이며 적극적으로 대화에 임한다.

(4) 과방에 자주 들러 동기생이나 선배들과 얼굴을 익힌다.

(5) 학기 초에 실시되는 동아리 설명회에 참석하고 호감이 가는 동아리에 가입한다.

→ 목표 3: 교양서적 읽기

(1) 서점에 들러 가장 관심이 가는 책 한 권을 구입하여 오늘부터 읽는다.

(2) 인터넷을 통해 최근 베스트셀러나 관심이 가는 책들의 목록을 살펴보며 읽을거리를 찾아본다.

→ 목표 4: 이성친구 사귀기

(1) 이성과 자연스럽게 만날 수 있는 학과 모임이나 동아리 모임

에 적극적으로 참여한다.

(2) 친구나 선후배들에게 미팅이나 소개팅 주선을 부탁한다.

(3) 이성교제를 잘 할 수 있는 노하우를 소개하는 책을 구해 읽는다.

(4) 점검하고 평가하기

매주 또는 매달 주기적으로 목표를 확인하고 그 진전상태를 점검한다. 우선, 자신이 설정한 목표를 망각하지 않고 꾸준한 노력을 통해 추진하는 것이 중요하다. 수첩이나 책상 앞에 적여 있는 목표와 계획을 수시로 확인한다. 계획에 따라 실천이 이루어지고 있는지 매주 또는 매달 정기적으로 확인하며 점심한다.

조금씩 진전되는 긍정적인 작은 변화에 주목하는 것이 중요하다. 긍정적인 진전에 주목하며 소기의 성과에 대해 스스로에게 격려를 보낸다. 새로운 행동을 시도하여 긍정적 성과를 거둔 자신의 노력에 대해서 스스로 높이 평가한다. 자신을 대견스럽게 여기며 자신을 강화한다. 설혹 계획대로 잘 진전이 되지 않았더라고 자신을 너무 자책하지 않는다. 계획의 50%만 실천해도 대성공이라고 할 수 있다. 계획의 절반도 실천에 옮기지 못하는 경우가 대부분이다. 장애물을 만났을 때는 목표를 쉽게 포기하고 싶은 유혹을 잘 이겨내는 것이 매우 중요하며, 예상치 못한 장애물이 나타났을 경우에는 유연하게 목표나 계획을 수정하기도 한다. 계획대로 진전되지 않은 장애요인을 파악하여 극복하도록 노력하고, 필요하다면 다른 사람에게 조언을 구하거나 도움을 요청한다.

이러한 점검 결과에 따라 다음 주 또는 다음 달의 실천행동을 계획한다. 매주 또는 매달 정기적으로 목표를 확인하고, 진전상태를 점검하며, 소기의 성과를 자축하고, 앞으로 해야 할 일들을 계획하여 실천하는 것을 습관으로 익히는 것이 중요하다. 이것은 우리 사회에서 자신의 꿈을 성취한 사람들이 공통적으로 지니고 있는 습관이다.

(5) 목표를 재확인하거나 수정하기

설정한 기간 내에 목표를 성취한 경우에는 그러한 성공경험을 충분히 즐겨라. 그동안 노력과 성과에 대해서 자축하라. 스스로 대견하게 여기며 자신에게 격려와 칭찬을 보내라. 성공경험을 가족이나 절친한 친구에게 이야기하며 함께 기뻐하라. 성공경험의 기록물이나 증거들을 책상 앞에 걸어 두고 기쁨을 오래도록 만끽하라. 자신의 성공경험을 글을 써서 일기나 기록으로 남겨 두는 것도 좋은 방법이다.

설혹 설정한 기간 내에 목표를 달성하지 못했더라도 실망하지 말라. 목표를 100% 성취하지는 못했더라도 일부 성취한 성과에 주목하라. 목표에 완전히 도달하지 못했더라도 70%든 50%든 부분적인 성취를 이룬 것이다. 사실 중요한 것은 목표를 향해 노력하는 과정에서 만나게 되는 경험이라고 할 수 있다. 부분적인 성취를 이룬 경우에는 목표를 재확인하며 지속적으로 노력한다.

만약 목표달성에 실패했다고 판단된다면 그 이유에 대해서 생각해 본다. 목표가 무리한 것이었는지, 계획에 고려하지 못한 점이 있었는지, 계획을 실행하는 데 문제나 장애요인이 있었는지, 그러한 문제와 장애요인은 무엇이었는지를 살펴본다. 이런 점들을 고려하여 목표를 수정하거나 재설정한다.

성공경험을 통해서는 성취를 자축하며 기쁨을 만끽하고, 실패경험을 통해서는 교훈을 배우는 즐거움을 얻으려고 노력한다. 여행의 목표는 목적지에 도달하는 것이지만, 목적지에 도달하는 과정에서 얻게 되는 경험이 소중한 것이다. 인생의 행복은 반드시 목표를 달성해야만 얻을 수 있는 것이 아니라 그것을 추구하는 과정에서 얻는 것임을 기억한다.

● 대학에서 장학금 받는 방법

대학생활에서 반드시 관심을 가져야 할 일은 장학금을 받는 것이다. 대부분의 대학들은 학생들에게 다양한 장학금을 수여하고 있다. 또한 외부의 장학기관들이 대학생들에게 제공하는 장학금도 많다. 장학금은 부모님의 학비부담을 크게 덜어 줄 뿐만 아니라 다양한 활동에 필요한 몫돈을 마련할 수 있는 좋은 기회다. 그러나 하늘은 스스로 돕는 자를 돕는다. 장학제도를 잘 이해하고 그러한 혜택을 받을 수 있도록 다양한 노력을 기울이는 자에게만 기회가 온다.

대학에서 주어지는 장학금은 크게 교내장학금과 교외장학금으로 나눌 수 있다. 교내장학금은 대학교 자체적 재원으로 지원하는 장학금으로서 크게 세 가지 유형이 있다. 첫째는 성적우수자에게 주는 장학금이고, 둘째는 가정의 재정적 형편이 어려운 학생에게 주는 학비지원 및 면제 장학금이며, 셋째는 학내에서 근로봉사(도서관의 서가정리, 행정업무 보조 등)를 하는 대가로 제공하는 근로장학금이 있다. 교외장학금은 외부의 장학기관이 학교를 통해 지원하는 장학금을 말한다. 즉, 재원은 외부기관이 제공하되 장학생의 선발과 관리는 학교가 하는 경우다. 이 밖에도 학교와 무관하게 장학기관에서 자체적으로 학생을 선발하여 지원하는 장학금도 있다. 장학금의 종류에 따라서 장학금의 규모와 수혜기간은 매우 다양하다. 일부의 장학기관(예: 한국고등장학재단)에서는 우수한 학생을 선발하여 대학생활뿐만 아니라 외국 유학까지 지원하는 경우도 있다.

장학금은 대학생이 재정적 지원을 받을 수 있는 가장 좋은 기회이므로 적극적으로 활용해야 한다. 그러나 장학금을 받기 위해서는 다음과 같은 노력이 필요하다.

첫째, 장학금에 대한 정보(장학금의 유형, 지원자격, 지원시기, 지원서류, 액수나 조건 등)를 상세하게 파악해야 한다. 대학의 홈페이지나 안내책자에 소개되어 있는 장학금 관련 정보를 잘 숙지하고 있어야 한다. 아울러 자신이 받고 싶은 장학금의 지원자격을 잘 인식하여 그러한 자격을 갖추도록 미리 준비한다. 장학금은 준비된 자에게 주어지는 법이다.

둘째, 우수한 성적을 얻도록 노력해야 한다. 대부분의 장학금은 우수한 학점 또는 최소한의 학점수준을 필수조건으로 제시하고 있다. 학점이 좋을수록 장학금을 받을 가능성이 높다. 학점이 나쁘면 어떠한 경우에도 장학금 수혜는 어렵다. 열심히 공부하지 않는 학생에게 제공되는 장학금은 없기 때문이다. 대학에서 학업을 열심히 하면 다양한 이득이 주어진다. 좋은 학점을 받아 장학금을 받을 수 있을 뿐만 아니라 졸업 후에는 취업이나 대학원 진흭의 기회도 증가한다.

셋째, 장학금 신청을 안내하는 정보를 잘 입수해야 한다. 장학금은 매년 말이나 학기 말에 신청하는 경우가 많지만, 장학금의 유형에 따라 수시로 신청을 받는다. 따라서 학과의 게시판이나 홈페이지에 수시로 소개되는 장학금 신청안내 정보에 깊은 관심을 기울여야 한다. 대부분의 장학금은 신청자 중에서 선발을 해야 하기 때문에 신청기간이 제한되어 있다. 이 시기를 놓치면 아무리 좋은 자격을 갖추어도 장학금을 받을 수 없다. 종종 지도교수나 학과조교 또는 행정직원을 찾아가서 장학금 정보를 구하는 것도 좋은 방법이다.

넷째, 신청하고자 하는 장학금의 구비서류를 잘 갖추어 제출한다. 대부분의 장학금은 지원자격과 구비서류를 요구한다. 자신에게 적절한 장학금을 선정하여 구비서류(장학금 신청서, 자기소개서, 성적증명서, 지도교수 추천서, 가정의 재정상황 증명서 등)를 충실하게 준비한다. 추천서가 필요한 경우에는 지도교수를 찾아뵙고 장학금이 필요한 상황을 정중하게 설명한 후 추천서를 부탁한다. 평소에 지도교수와의 돈독한 관계를 맺은 학생들은 가정형편이나 성실성 또는 진로방향 등을 고려한 강력한 추천서를 받을 수 있다. 일부 장학금의 경우에는 면접이나 시험을 치르는 경우도 있으므로 이와 관련된 정보를 입수하여 잘 대비해야 할 것이다.

마지막으로, 장학금을 받게 되면 수혜기관에 감사의 표현을 하는 것이 바람직하다. 특히 교외장학금의 경우에는 장학재단이나 기부자에게 편지를 쓰거나 방문을 통해서 감사의 뜻을 전하는 것이 좋다. 교내장학금의 경우라도 도움을 준 지도교수나 학과조교에게 장학금 수혜사실을 알리고 감사의 뜻을 전하는 것은 당연한 도리일 것이다.

소중한 시간을 관리하라

대학 기숙사에는 오래전부터 전해 내려오는 전설이 있다. "100일간 빠짐없이 아침식사를 하면 용龍이 된다."는 전설이다. 100일 동안 매일 아침식사를 규칙적으로 할 만큼 아침에 일찍 일어나는 학생들이 그만큼 드물다는 이야기다. 대학에는 오전 9시에 시작하는 1교시 강의의 지각률과 결석률이 가장 높다. 그래서 1교시 강의를 기피하는 교수들이 많다. 고등학교 시절에는 아침 7시에 등교하고 밤늦게까지 공부를 하던 학생들이 대학에 진학하면 오전 9시에도 등교하지 못하는 것이다. 밤늦도록 술 마시고 친구들과 잡담하고 인터넷 서핑과 전자오락에 시간을 보내고는 아침잠의 달콤한 유혹에 빠져드는 것이다. 특히 부모의 눈길을 의식하지 않아도 되는 기숙사에서는 그런 일들이 더욱 빈번하다.

실제로 대학생이 100일간 빠짐없이 아침식사를 하면 용이 될 수

있다. 100일은 대체로 한 학기 수업 일수를 뜻한다. 한 학기 동안 매일 아침 일찍 일어나 시간을 효과적으로 사용하면 용이 될 수 있다. 학점이 하늘로 치솟는 용이 될 수 있으며, 자신의 목표를 성취하는 용이 될 수 있는 것이다. "가장 위대한 일은 남들이 자고 있을 때 이루어진다. 지금 잠을 자면 꿈을 꾸지만, 지금 공부를 하면 꿈을 이룬다."는 명언이 있듯이 말이다.

대학생활은 자유롭다. 아무도 간섭하지 않는다. 모든 것이 자율이다. 그래서 모든 것이 흐트러질 수 있다. 고등학교 시절 모범생이었던 학생이 대학에 들어와 망가지는 이유가 여기에 있다. 대학생에게 주어지는 자유로운 시간을 어떻게 관리하여 효과적으로 활용하느냐에 따라 대학생활이 현저하게 달라진다. 시간은 자유로운 대학생활에서 가장 허비하기 쉬운 대학생의 소중한 자원이다. 성공적인 대학생활을 하기 위해서는 시간을 효과적으로 관리하는 것이 매우 중요하다.

"승자는 시간을 관리하며 살고, 패자는 시간에 끌려 가며 산다." 는 명언이 있다. 대학가에는 시간에 끌려 가며 사는 학생들이 많다. 대학생들의 시간관리를 보여 주는 두 장면을 소개한다. 아침과 저녁에 대학가에서 흔히 볼 수 있는 두 장면이다.

 # 장면 1. 오전 9시에 수업을 시작하는 1교시 강의실. 정시에 강의실에 도착한 교수가 출석을 부른다. 두어 명 걸러 한 명씩은 대답이 없다. 강의가 시작된 지 10여 분이 지나서야 한두 명씩 학생들이 강의실로 들어선다. 수업이 끝나면 학생들이 주르륵 교수 앞으로 몰려든다. 지각은 했지만 결석이 되지 않도록 해달라는 것이다. 결석으로 체크되면 감점이 되기 때문이다. 그러나 교수는 말한다. "지각은 결석과 다르지 않다"고. 첫 수업시간에 그러한 원칙을 수강생들에게 천명했기 때문이다.

 # 장면 2. 저녁 7시 동아리 모임 겸 회식이 약속된 장소. 10일 전부터 여러 차례 공지되었던 모임이다. 20여 명의 회원이 모일 예정이다. 그런데 7시에 약속장소에 나타난 학생은 5~6명에 불과하다. 30분이 지나서야 서너 명이 나타난다. 심지어 간부들도 나타나지 않는다. 핸드폰으로 연락을 해 보니 깜빡했단다. 동아리 회장의 얼굴이 일그러진다. 동아리 행사준비에 관한 여러 가지 논의를 해

야 하는데 회원들이 모이질 않는다. 1시간이 지나서야 한 명 두 명 나타나기 시작한다.

대학생에게는 자유시간이 많다. 한 학기에 평균적으로 18학점 내외의 수업을 듣는다고 한다면, 매주 18시간 정도의 수업시간 외에는 자유시간이다. 하루에 3~4시간 이외의 나머지 시간은 자유롭게 사용할 수 있는 시간이다. 게다가 주말과 긴 방학이 주어진다. 그런데 대학생들은 바쁘다. 늘 시간에 쫓기며 대학생활을 한다. 수업시간에 지각을 하거나 약속시간을 지키지 못하는 일이 다반사다. 그렇게 바쁘게 사는 만큼 뾰족한 성과가 나타나는 것도 아니다. 왜 그럴까?

누구나 대학생 시절 4년을 똑같이 보내지만, 대학을 졸업할 때의 모습은 매우 다르다. 어떤 학생은 뿌듯한 보람을 느끼며 자신감과 희망 속에서 졸업식에 참석하는 반면, 다른 학생은 보잘것없는 성적표를 쥐고 암울한 졸업을 맞이하게 된다. 비슷한 상태로 대학에 입학했지만 졸업할 때의 모습이 이렇게 달라지는 이유는 무엇일까? 가장 중요한 이유는 4년이라는 시간을 어떻게 사용했느냐다. 시간을 효과적으로 관리한 학생과 그렇지 못한 학생의 차이다.

시간관리는 학업성취와 밀접하게 관련되어 있다. 성적이 부진한 대학생들을 조사한 한 연구[30]에 따르면, 이러한 학생들은 대학생활의 목표가 불분명할 뿐만 아니라 시간을 제대로 관리하지 못했다. 미국에서 대학 1학년생을 대상으로 학업부진의 원인을 조사한 결과, 잘못된 학습습관, 진로에 대한 불확실성, 잘못된 시간관리가 주된 원인으로 드러났다. 학사경고를 받은 학생들 대부분은 시간을 계획적으로 활용하지 못할 뿐 아니라 공부시간이 주당 10시간 미만이었고 주로 야간에만 공부하며 복습을 하지 않는 것으로 나타났다.

● 우리는 시간을 어떻게 사용하고 있는가?

우리의 인생에는 몇 시간이 주어질까? 하루는 24시간, 1주일은 168시간, 한 달(30일)은 720시간, 일 년(365일)은 8,760시간이다. 80년을 산다고 가정하면, 무려 70만 800시간이 주어진다. 우리는 이렇게 많은 시간을 어떻게 사용하며 살아가고 있을까?

하버드 대학교의 심리학자들은 현대의 미국인이 여러 가지 활동을 하며 평생 동안 보내는 시간을 조사하여 계산했다. 80년의 수명을 기준으로 하여 사람들이 평생 동안 사용하는 시간을 활동별로 계산했다. 아래의 표에서 볼 수 있듯이, 잠을 자는 데에만 무려 28년(약 24만 시간)을 보내고, TV시청에 13년 3개월(약 11만 시간)을 보내며, 아무 일도 하지 않고 빈둥거리는 데 4년(3만 5,000시간)을 보낸다.

수면시간	28년	가사활동	8년
담소 및 교제	6년 5개월	취미활동	6년 8개월
독서	4년 8개월	씻고 옷 입기	4년 9개월

몽상 ···················· 4년   TV 시청 ··············· 13년 3개월

빈둥거리기 ············· 4년

　한 대학교의 대학생활 실태조사[31]에서 대학생의 학습시간을 조사한 바 있다. 수업시간 이외의 하루 평균 학습시간은 1~2시간(33.2%)이 가장 많았다. 4시간 이상은 6.3%, 3~4시간은 4.7%, 2~3시간은 10.9%, 1시간 미만은 25.1%였으며, '거의 안 한다'는 학생들도 19.8%에 달했다.

　간단한 문제를 하나 풀어 보자. 20세인 대학생의 경우 80세까지 산다고 가정하면, 깨어서 활동할 수 있는 시간이 얼마나 될까? 위의 통계자료에 따라서 80년 중 잠을 자는 데 보내는 28년(하루 평균 수면시간 8시간 정도)을 제외하면, 깨어 있는 시간이 얼마나 될까?

　그렇다. 정답은 39년이다. 현재 20세인 대학생이 80세까지 살면서 깨어서 활동할 수 있는 시간은 39년이다. 이미 지나간 20년을 제외하고 남은 60년 중에서 미래의 수면시간을 빼면 39년이 된다.

그렇다면 남은 39년 중에서 20대의 10년 동안 사용할 수 있는 시간은 얼마나 될까? 고작 6.5년뿐이다. 인생의 가장 소중한 시기인 20대에 사용할 수 있는 시간은 6년 6개월뿐인 것이다. 지금도 흐르고 있는 20대의 소중한 시간을 당신은 어떻게 사용하고 있는가?

2 시간을 지배하라

현대인은 늘 시간에 쫓기며 산다. 시간압박이 현대인의 가장 큰 스트레스다. 다양한 활동을 하며 생활하는 대학생들도 마찬가지다. 수업 참석, 개인적 공부, 리포트 준비, 시험 준비, 동아리활동, 친구와의 만남, 데이트, 아르바이트, 저녁모임, 취미활동, 식사와 대화 등 수많은 활동을 하고 있다. 그래서 대학생들은 늘 시간에 쫓기며 바쁘게 살아간다. 대학 캠퍼스에는 강의시간에 늦은 대학생들을 주로 실어 나르는 마을 택시가 있을 정도다.

시간압박은 현대인의 가장 큰 스트레스로서 심리적인 불안과 초조감을 초래할 뿐만 아니라 다양한 신체적 질병의 주요한 원인이기도 하다. 그만큼 현대인들은 추구하는 목표가 많아서 해야 할 일도 많은 것이다. 그래서 현대인은 욕심을 버리고 느리게 사는 법을 배워야 한다고 주장하는 이들도 있다. 편안하고 여유 있게 살 수 있는 가장 좋은 방법은 추구하는 목표를 줄이는 것이다. 욕심을 줄이는 것이다. 인생에서 이루고 싶은 많은 것들을 포기해야만 한다. 어떤 목표를 추구하면, 필연적으로 시간과 노력이 필요하기 때문이다. 만약 이러한 목표들을 포기하지 못한다면, 바쁘게 동동거리며 살아야 한다. 대다수 현대인들이 겪는 딜레마다.

그렇다면 인생에서 이루고 싶은 목표를 추구하면서도 여유 있게 살아가는 방법은 없을까? 성공적인 삶과 여유 있는 삶, 두 마리 토끼를 모두 잡을 수 있는 방법은 없을까? 있다. 그런 방법이 있다. 그것은 시간을 효과적으로 관리하는 것이다. 여러 가지 목표를 추구한다고 해서 항상 시간에 쫓기는 것은 아니다. 시간을 효과적으로 관리하지 못하기 때문에, 늘 시간에 쫓기면서도 목표를 달성하지 못하는 것이다. 이런 점에서 시간관리는 현대인이 필수적으로 익혀야 할 삶의 기술이다.

"시간을 지배하는 것은 인생을 지배하는 것이다."라는 말이 있다. 시간관리는 시간에 지배당하는 것이 아니라 시간을 지배하는 기술이다. 시간에 쫓기며 떠밀려 가는 삶이 아니라 시간을 능동적으로 활용하며 자신이 원하는 것을 이루는 기술이다. 이런 점에서 시간관리는 인생의 소중한 기술이라고 할 수 있다.

● 시간을 정복한 남자

여기 놀라운 사람이 있다. 철저한 시간관리로 유명해진 사람이 있다. 러시아 곤충학자인 알렉산드르 류비세프다. 그의 별명은

'시간을 정복한 남자'다.

그는 82세로 생애를 마칠 때까지 70권의 학술서적을 발표했으며, 단행본 1백 권 분량에 해당하는 1만 2,500여 쪽의 논문과 연구자료를 남겼다. 곤충학은 물론 진화론, 수학, 생물학, 유전학, 식물학 등의 과학분야에서 폭넓은 업적을 남겼다.

엄청난 업적에도 그는 매일 8시간 이상을 자고, 운동과 산책을 한가로이 즐겼으며, 한 해 평균 60여 차례의 공연과 전시를 관람했다고 한다. 가장으로서 가족을 부양하기 위해 직장에 다녔을 뿐만 아니라 동료와 후배들에게 애정 어린 편지를 즐겨 쓰던 사람이었다. 그는 다른 사람들과 마찬가지로 하루 24시간을 살았지만 더 풍요로운 삶을 살았던 것이다. 그는 어떻게 엄청난 성취를 이루면서도 여유로운 삶을 살 수 있었을까? 그 비결은 바로 철저한 시간관리였다. 그는 평생 동안 시간을 철저하게 기록하고 관리하며 살았던 것이다.

3. 시간관리의 세 가지 원칙

우리는 하루 24시간 동안 다양한 활동을 하며 살아간다. 그렇게 하루하루 행한 활동들이 모여 한평생의 삶이 이루어진다. 앞 장에서 살펴본 목표관리는 인생의 항해에서 가고자 하는 목적지와 방향에 관한 것이다. 인생에서 무엇을 이룰 것인지에 관한 'What?'의 문제를 다루고 있다. 반면, 이 장에서 살펴볼 시간관리는 그러한 목적지에 도달하기 위해서 오늘 그리고 이번 주를 어떻게 살아야 하는지에 관한 'How?'의 문제를 다루고 있다. 항해의 목적지와 방향을 정하는 것도 중요하지만, 그 목적지에 도달하기 위해서 하루하루의 운행을 계획하고 실천하는 것이 중요하기 때문이다. 시간관리가 뒷받침되지 않으면 목표달성은 실현될 수 없다. 천리 길도 한 걸음 한 걸음을 통해서만 갈 수 있기 때문이다.

시간관리는 성공적인 삶을 위한 필수적인 기술이다. 세계적인 경영컨설턴트이자 자기계발 전문가인 피터 드러커Peter Drucker[32]는 시간관리의 중요성을 강조하면서 세 가지의 시간관리 원칙을 제시하였다.

(1) 시간사용을 기록하라

시간관리의 첫 번째 원칙은 시간사용을 기록하는 것이다. 시간관리에 성공하는 사람들은 예외 없이 자신의 시간사용을 계속 기록하는 습관을 지니고 있다. 류비세프 박사가 시간을 정복할 수 있었던 비결은 시간사용의 철저한 기록에 있다.

시간관리의 중요성을 역설했던 피터 드러커는 이를 입증해 보이기 위해서 간단한 실험을 한 적이 있다. 기억력에 자신이 있다는 경영자들을 대상으로

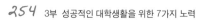

그들이 평소에 시간을 어떻게 사용하는지 물어보고 그들이 말하는 활동별 시간의 양을 계산했다. 그리고 이들에게 몇 주 동안 실제로 어떤 활동에 시간을 얼마나 사용하는지를 기록하게 했다. 기억에 근거한 어림짐작의 시간사용과 기록에 근거한 사실적인 시간사용을 비교해 본 결과, 놀랍게도 커다란 차이를 보였다. 예컨대, 한 경영자가 A, B, C라는 업무에 사용했다고 기억하는 시간의 양과 그러한 세 가지 업무에 실제로 투여한 시간의 양은 큰 차이를 보였다. 이러한 결과는 기록을 하지 않으면 실제로 사용한 시간을 정확하게 파악할 수 없다는 것을 잘 보여 주고 있다.

(2) 시간사용을 점검하라

시간관리의 두 번째 원칙은 시간사용을 점검하는 것이다. 시간사용의 기록을 통해서 자신이 실제로 시간을 어떻게 사용하고 있는지를 점검해 보는 것이다. 이를 위해서 다음과 같은 질문을 스스로에게 던져 볼 수 있다.

- 지난 일주일간 계획했던 일의 몇 %나 실천에 옮겼는가?
- 계획한 일을 실천하지 못했다면, 이를 방해한 요인은 무엇인가?
- 기상시간과 취침시간은 일정한가?
- 중요한 과제를 처리하는 시간대는 일정한 편인가?
- 하루 중 가장 능률이 잘 오르는 때는 언제인가?
- 일주일의 생활에서 가장 많은 시간을 차지하는 활동학업, 대인관계,

여가 등은 무엇인가? 여러 활동들 간에 균형을 이루고 있는가?
- 시간을 비효율적으로 사용했다면, 이러한 문제를 어떻게 개선할 것인가?

이러한 질문은 자신의 시간관리를 점검할 뿐만 아니라 시간관리의 문제점을 발견하도록 돕는다. 이러한 문제점을 파악하여 좀 더 효과적인 시간사용 방법을 강구해야 한다.

(3) 시간사용을 개선하라

시간은 모든 사람에게 공평하게 주어지는 귀중한 자산이다. 시간을 비효율적으로 사용하고 있다면, 그 원인을 찾아 해결책을 강구하고 시간사용의 개선방법을 모색해야 한다. 예컨대, 비현실적인 무리한 시간계획은 좀 더 현실적으로 개선해야 한다. 사람마다 가장 능률이 오르는 황금 시간대가 다르다. 자신의 황금 시간대를 찾아서 그 시간에 가장 중요한 과제를 처리하도록 한다. 또한 시간계획의 실천을 방해하는 요인을 찾아내어 제거하는 방법을 강구해야 한다.

소중한 자산인 시간을 관리하는 방법을 나름대로 연구해야 한다. 자신의 시간사용 방법을 수시로 점검하며 그 효율성을 평가해야 한다. 효과적인 방법은 적극적으로 실행하고, 비효과적인 방법은 새로운 것으로 대체한다. 이를 위해서 지속적으로 시간사용을 기록하는 것이 중요하다. 시간관리는 기록, 점검, 개선의 순환적인 과정이다. 남다른 업적을 남긴 위인들은 시간을 효과적으로 사용하는 방법을 끊임없이 탐구하며 자신의 시간을 철저하게 관리했던 사람들이다.

4 시간관리의 핵심기술

시간관리는 소중한 시간을 체계적으로 관리함으로써 우리가 원하는 목표를 효과적으로 달성하도록 돕는 삶의 기술이다. 중·고등학교 시절에 비해서 자유시간이 훨씬 많을 뿐만 아니라 다양한 활동을 하게 되는 대학생에게 있어서 시간관리는 매우 중요하다. 시간관리의 기술을 익혀 두면 알찬 대학생활을 영위할 수 있을 뿐만 아니라 졸업 후의 사회생활도 성공적으로 할 수 있다.

시간관리는 일정한 기간 내에 달성할 목표를 정하고 그 구체적인 계획과 실천사항을 시간대별로 기록하면서 실행하는 것이다. 시간관리의 핵심은 (1) 목표 정하기, (2) 계획 세우기, (3) 실천하기의 세 과정으로 이루어진다. 그 첫째 과정은 제한된 기간예: 일 년, 일 개월, 일 주, 하루 내에 달성하고자 하는 목표들을 구체적으로 나열하고 그 중요성과 시급성을 고려하여 우선순위를 정하는 것이다. 둘째 과정은 목표를 성취할 수 있는 구체적인 계획을 세우고 그 실천활동을 시간대별로 할당하는 것이다. 마지막 과정은 시간대별 계획에 따라 차질 없이 실행에 옮기는 것이다. 이러한 실행 과정에서 직면하게 되는 여러 가지 유혹과 장애물을 잘 극복하는 것이 매우 중요하다.

시간관리의 중요한 원칙은 기록이다. 성공적인 대학생활을 원한다면 반드시 수첩또는 플래너을 사용하여 시간관리를 하는 습관을 들여야 한다. 연말 연초에 문구점에서는 다양한 형태의 수첩과 플래너가 판매된다. 자신에게 적절한 수첩이나 플래너를 구입한다. 항상 소지하고 다닐 수 있는 것이 좋다. 대부분의 플래너는 목표와 시간계획을 연, 월, 주, 일 단위로 기록하도록 되어 있다. 매년 연말에는 반드시 플래너를 구입하여 새해의 계획을 세우는 습관을 들인다. 1~2월의 겨울방학, 3~6월의 1학기, 7~8월의 여름방학, 9~12월의 2학기마다 해야 할 일들의 계획을 세우고 플래너에 기록한다. 그리고 매월, 매주, 매일 해야 할 일들을 계획한다.

(1) 목표와 우선순위 정하기

대학생활에는 해야 할 일과 하고 싶은 일들이 매우 많다. 여러 과목의 수업, 예습, 복습, 시험 준비, 리포트 작성, 독서, 친구와의 만남, 동아리활동, 미팅, 데이트, 아르바이트, 취미활동, 각종 모임 등이 대학생활을 이룬다. 뿐만 아니라 세면, 화장, 식사, 등교, 귀가, 휴식, 수면과 같은 기본적인 활동을 매일 하게 된다. 이처럼 다양한 활동을 두서없이 하게 되면, 늘 시간에 쫓기며 바쁘게 생활하지만 성과가 별로 없는 대학생활이 되어 버린다.

시간관리의 첫째는 목표를 잘 세우는 것이다. 일정한 기간 동안 해야 할 일들을 구체적인 목표로 설정하는 것이다. 일반적으로 목표는 기간에 따라 연 목표, 학기 목표, 월 목표, 주 목표, 일 목표로 구분된다. 각 기간 동안에 해야 할 일과 하고 싶은 일들을 나열한다. 목표들이 정해지면, 이러한 목표들의 우선순위를 정하는 것이 중요하다.

세계적인 자기계발 전문가이자 《성공하는 사람의 7가지 습관》
의 저자로 유명한 스티븐 코비Stephen Covey[33]는 목표의 시급성과 중
요성에 비추어 우선순위를 정하는 매우 유용한 방법을 제시하고
있다. 우리가 해야 하거나 하고 싶은 일들은 시급성과 중요성의 측
면에서 각기 다르다. 이를 4분면의 그림으로 제시하면 다음과 같
다. X축은 시급성을 나타내고 Y축은 중요성을 반영한다. 우리가
해야 할 일들은 4분면 중 한 분면에 분류될 수 있다.

1사분면에 속하는 활동은 긴급하면서도 중요한 일들이다. 가장
우선적으로 관심을 두고 해결해야 하는 일들이다. 예를 들면, 내일
제출해야 하는 리포트, 모레 치러야 할 시험, 다음 주에 열리는 동

	시급한 일	시급하지 않은 일
중요한 일	**1사분면** 마감시간이 임박한 꼭 해야 할 과제 (예: 모레 보게 될 시험, 내일 제출마감인 보고서, 다음 주의 동아리 발표회 등)	**2사분면** 미래를 위해 서서히 준비해야 할 중요한 일 (예: 인간관계 구축, 자기계발, 외국어 공부, 건강관리, 재충전 활동 등)
	↑↑↑ **가로선 위에서 살기** ↑↑↑	
중요하지 않은 일	**3사분면** 마감시간이 임박했지만 꼭 할 필요는 없는 일 (예: 내일 끝나는 영화 보기, 전화로 요청해 온 의견조사, 사소한 모임이나 행사 참석 등)	**4사분면** 시급하지도 중요하지도 않은 하찮은 일 (예: 잡담하기, 인터넷 서핑, TV시청, 전자오락, 쇼핑하기 등)

아리 발표회 준비와 같은 일이 여기에 속할 수 있다. 1사분면에 속하는 일들이 많은 사람은 바쁘다. 시급히 해야 할 일이 많기 때문이다. 그러므로 시간적 압박감과 피로감을 많이 느끼게 된다. 또한 당장 해야 하는 일에 매달려 항상 발등의 불끄기 식으로 생활하면, 먼 미래를 위해서 서서히 준비해야 하는 중요한 일들을 간과할 수 있다.

3사분면은 시급하지만 중요하지 않은 일들이며, 4사분면은 시급하지도 중요하지 않은 일들이다. 이러한 두 사분면에 속하는 일들은 하면 좋지만 하지 않아도 별 문제가 없는 사소한 일들이다. 시간적인 여유가 있다면, 이러한 활동을 하면서 여유를 지녀도 좋을 것이다. 그러나 문제는 시급하거나 중요한 일을 세쳐 두고 이러한 활동에 많은 시간을 허비한다는 것이다. 대학생활에 실패하는 주된 원인이 여기에 있다. 그 극단적인 경우가 학업을 소홀히 하면서 많은 시간을 전자오락이나 빈둥거리기에 허비하는 대학생 폐인족이다.

시간관리에 있어서 가장 주목해야 할 부분이 2사분면이다. 즉, 시급하지는 않지만 미래를 위해서 준비해야 하는 중요한 일들이다. 예를 들어, 인간관계의 구축을 위한 활동, 자기계발 활동, 외국어 배우기, 건강 증진 활동 등이 그러한 일들이다. 시급한 일은 아니지만 미래를 위해서 자신을 계발하고 성장시키는 활동은 매우 중요한 일이다. 이러한 일들은 시급하지 않기 때문에 미루어 두거나 소홀하게 여길 수 있다. 그러나 미래의 성공 여부를 결정하는 것은 2사분면의 활동이다.

피터 드러커의 말을 빌리면, 성공하는 사람은 당면한 문제의 해결 위주로 살아가는 것이 아니라 미래의 문제를 예방하고 성공의 기회를 준비하는 일에 주력한다. 미래를 준비하며 사는 것이다. 예방적인 노력을 통해서 훗날 많은 시간과 커다란 노력이 필요한 문제들을 사전에 방지한다. 자신의 역량을 강화하는 자기계발의 노력을 통해서 미래의 성공 가능성을 확장한다. 개인이 성취한 성공적인 결과 중 80%는 2사분면에 해당하는 20%의 활동에서 나온다. 즉, 2사분면은 동일한 시간을 투자하여 가장 커다란 효과를 거둘 수 있는 중요한 영역이다. 시간관리에 있어서 반드시 일정한 시간을 투자해야 할 영역이 바로 자기계발과 자기성장을 위한 일들이다.

시간관리의 핵심은 1사분면과 2사분면의 활동을 늘리고 3사분면과 4사분면의 활동을 줄이는 것이다. 많은 시간을 1사분면과 2사분면에 집중하는 것이다. 이처럼 목표의 우선순위를 잘 고려하여 효과적으로 시간을 활용하는 것이 중요하다.

(2) 계획 세우기

우선순위에 따라 목표를 정하면 그러한 목표를 달성할 수 있는 계획을 체계적으로 세우는 일이 필요하다. 계획 세우기의 핵심은 목표를 달성하는 데 필요한 과업들을 잘게 쪼개어 하위목표들을 설정하고 시간적 순서에 따라 그 실행 계획을 구체적으로 짜는 것이다.

계획을 세우는 일이 목표달성에 중요함을 잘 보여 주는 심리학

연구[34]가 있다. 연구자는 대학생들에게 겨울방학 동안 꼭 달성하고자 하는 어려운 목표 하나와 쉬운 목표 하나를 기록하게 했다. 또한 학생들에게 그러한 목표를 달성하기 위해 '언제 무엇을 어떻게 할 것인지'에 대한 구체적인 계획이 있는지를 물었다. 그리고 그 목표의 달성 여부는 새 학기가 시작될 때 확인하였다. 그 결과, 쉬운 목표의 경우에는 계획의 여부와 상관없이 80%의 학생이 목표를 달성했으나 어려운 목표의 달성은 계획의 여부와 밀접히 관련되어 있었다. 구체적인 계획을 지닌 학생들은 67%가 목표를 달성한 반면, 계획이 없었던 학생들은 25%만이 목표를 달성했다. 계획 세우기는 많은 노력이 필요한 어려운 목표를 달성하는 데 도움을 준다. 특히 자기조절에 어려움을 겪는 학생들에게는 커다란 도움이 된다.

대학교 2학년인 J군의 경우를 예로 들어 1학기의 계획 세우기를 살펴보기로 한다. J군은 1학기에 다음과 같은 8개의 목표를 세우고 나름대로 우선순위를 정했다: (1) 평균 학점 A_ 이상 받기, (2) 학과의 학생회 활동하기, (3) 연애하기, (4) 동아리활동하기, (5) 아르바이트 하기, (6) 영어회화 배우기, (7) 교양도서 20권 이상 읽기, (8) 체육관에서 운동하기. 우선, 1학년 때의 낮은 학점을 보완하기 위해서 이번 학기에는 평균학점 A_ 이상 받는 것을 가장 중요한 목표로 세웠다. 두 번째로는 현재 전공학과 학생회의 총무를 맡고 있기 때문에 책임을 다하기 위해서 학생회 활동을 중시하기로 했다. 아울러 두 달 전부터 사귀기 시작한 여자친구와의 관계를 발전시키는 일도 J군에게는 중요한 일이었다. 현재 참여하고 있는 라틴 댄스 동아리에서 이번 학기에 공연을 할 예정이므로 연습과 공연 준비도 소홀히 할 수 없다. 이 밖에도 용돈 마련을 위한 아르바이트, 영어회화 실력을 중급 이상으로 끌어올리기, 매달 다섯 권 이상의 교양도서 읽기, 체력강화를 위해서 꾸준히 운동하기와 같은 목표를 세웠다.

J군은 이러한 목표들을 달성하기 위해서 다음과 같은 구체적인 노력을 기울이기로 했다. 각 목표를 이루는 데 필요한 일들을 구체적으로 생각해 본 것이다.

(1) 평균학점 A$_-$ 이상 받기
 - 6개 수강과목전공과목 2개와 교양과목 4개의 강의 필참하기
 - 각 과목당 수업 전후에 1시간씩 예습 및 복습하기
 - 중간고사와 기말고사 2주 전부터 시험준비에 올인하기
 - 전공 2과목에서 A$^+$받기시험과 리포트 준비에 선배의 도움받기
(2) 학과의 학생회 활동하기
 - 학생회 임원회의에 필참하기
 - 학과 모임에 80% 이상 참석하기
 - 중간고사 직후에 있을 학과 MT 준비하기
(3) 연애하기
 - 일주일에 한 번 이상 데이트하기
 - 매일 한 번 이상 전화하거나 문자 보내기
 - 만난 지 100일째 되는 날 커플링 반지 교환하기
(4) 동아리활동하기

- 일주일에 한 번 이상 동아리방에 가기
- 댄스 공연 준비에 빠지지 않기

(5) 아르바이트 하기
- 중 3학생 수학 과외지도 하기_{일주일에 2시간}
- 참고서 나가기와 매번 5문제 출제하기

(6) 영어회화 배우기
- 교내 어학교육센터의 영어회화 프로그램 참가하기
- 매주 미드 한 편씩 보기

(7) 교양도서 20권 이상 읽기
- 매주 책 한 권 이상 읽기

(8) 체육관에서 운동하기
- 매주 2번 이상 2시간씩 체육관에서 운동하기

    구체적인 활동을 정리해 본 J군은 이번 학기가 매우 바쁠 것으로 생각되었다. 학교의 학사일정표를 참고하여 3월부터 6월 학기 말까지의 대체적인 계획을 세워 보았다. 8가지 목표와 관련된 활동은 대부분 매주 고정적으로 진행해야 하는 일이지만 중간고사와 기말고사 준비, 중간고사 후 학과 MT 준비, 여자친구와의 4월 중순 100일 기념식, 5월 말의 동아리 댄스공연은 각별히 신경을 써야 하는 일이다. J군은 이번 학기에 해야 할 주요한 활동들을 〈표 7〉과 같이 플래너의 월 계획표에 표시해 놓았다.

	표 7		한 학기의 월 계획표의 예(J군의 경우)				

	월	화	수	목	금	토	일
3월	1	2 개강	3	4	5	6	7
	8	9 개강파티	10	11	12 학생회모임	13	14
	15 영어회화등록	16	17	18	19	20	21
	22	23	24	25	26	27	28
4월	29	30	31	1	2	3	4
	5	6	7 ◀─── 중 간 고 사 준 비	8	9	10 100일기념일 ───▶	11
	12	13	14 ◀─── 중 간 고 사 준 비	15	16	17	18
	19	20	21 ◀── 중 간 고 사 ──▶	22	23	24	25
5월	26	27 ◀······ 학 과 M T 준 비	28	29	30 ◀── 학 과 M T ──▶	1	2
	3	4	5	6	7	8	9
	10	11	12 ◀─── 동 아 리 공 연 준 비	13	14	15 ───▶	16
	17	18	19 ◀─── 동 아 리 공 연 준 비	20	21	22 ───▶	23
	24 동아리공연일	26	26	27	28	29	20
6월	31	1	2 ◀─── 기 말 고 사 및 보 고 서 준 비	3	4	5 ───▶	6
	7	8	9 ◀─── 기 말 고 사 및 보 고 서 준 비	10	11	12 ───▶	13
	14	15	16 ◀── 기 말 고 사 ──▶	17	18	19	20
	21 보고서제출일	22 종강파티	23 방학시작	24 방학계획세우기	25	26	27
	28	29	30	31			

◆ 주 계획표 만들기

시간관리 전문가들에 따르면, 시간관리 계획표 중 가장 효과적인 것은 주 계획표라고 한다. 연 계획표, 월 계획표, 주 계획표, 일 계획표가 모두 필요하지만, 시간관리의 기본은 주 계획표를 만들어 실천하는 것이다. 대학생의 경우는 특히 그러하다. 대학생활의 골격을 이루는 강의시간이 주 단위로 동일하게 반복되기 때문이다. 뿐만 아니라 주 계획표는 일주일의 목표에 비추어 매일 해야 할 일들을 한눈에 확인할 수 있다.

J군의 3월 셋째 주의 계획표는 〈표 8〉과 같다. 제일 먼저 수업시간을 표시한다. 3학점 3시간짜리 6과목의 수업시간과 전후의 예습 및 복습을 포함하여 강의당 5시간을 배정한다. 수업시간과 붙어 있는 점심시간에는 김밥을 먹고, 그렇지 않은 날은 친구들과 학생식당에서 식사를 할 예정이다.

월요일 저녁에는 아르바이트가 있다. 아르바이트 준비와 이동시간을 포함하여 최소한 4시간을 할애해야 한다. 목요일 오전 9~11시까지 어학교육센터의 영어회화 프로그램에 참여한다. 이번 주에는 금요일 저녁에 과 학생회 회의와 뒤풀이 모임이 계획되어 있다.

운동은 주로 오후나 저녁시간에 여유시간을 이용해서 한다. 이번 주에는 수요일과 금요일 저녁시간에 할 예정이다. 토요일에는 늦잠을 자고, 오후에 여자친구와 영화를 보고 나서 저녁식사를 하며 데이트를 하기로 했다. 일요일은 휴식과 공부를 하려고 한다. 점심시간에 고등학교 동창 친구를 만나서 식사를 하기로 했다. 오후에는 가족과 함께 시간을 보내면서 여유 있게 TV도 보고 다음

표 8   주 계획표의 예

	월	화	수	목	금	토	일
6시							
7시	←			기상하기 아침식사 학교가기			→
8시						늦잠자기	휴식
9시	도서관		과방		교육학개론		음악감상
10시		이상심리학		영어회화 배우기	교육학개론		
11시							친구만나기
12시	←			점 심 식 사			→
13시						독서	
14시	기초통계학		종교사상사		전산실		공부하기
15시							
16시		경제학원론		신경과학			
17시	동아리 활동				운동	데이트 영화보기	
18시		귀가	운동	귀가		저녁식사	
19시	알바	공부하기		공부하기	학생회 회의 및 뒤풀이모임		
20시							
21시							
22시							
23시	←			일기 쓰기 및 취침 하기			→
24시							

주 수업준비를 할 예정이다.

특별한 일이 없으면, 매일 밤 11시경에 잠자리에 들어서 오전 7시에는 일어나기로 했다. 아침밥 먹고 학교에 가면 보통 8시 30분경이 될 것 같다. 1교시 강의가 있는 화요일과 금요일은 아침에 조금 서둘러야 할 것 같다.

(3) 계획에 따라 실천하기

시간관리의 마지막 단계는 계획에 따라 행동으로 실천하는 것이다. 대학생의 경우, 주 계획표에 따라서 일주일의 생활을 하고 나서 실제의 시간사용을 점검하고 평가하는 것이 바람직하다. 많은 경우, 여러 가지 이유로 계획대로 실천하지 못하는 경우가 흔하다. 계획과 실천의 괴리를 줄이도록 노력하는 것이 시간관리에서 매우 중요하다. 계획을 실천하기 위해서는 다음과 같은 노력이 필요하다.

① 항상 주 계획표를 가지고 다니며 체크하라

하루에 적어도 두 번은 주 계획표를 살펴보고 기록한다. 계획을 세울 때 지나치게 욕심을 내어 너무 빡빡하게 일정을 짜지 않는 것이 중요하다. 시간을 항상 우리의 뜻대로 통제할 수 있는 것은 아니다. 뜻밖의 사건으로 계획처럼 실행되지 않는 경우가 많다. 가능한 변수를 고려하여 여유 시간을 만들어 둔다. 계획과 실행에 너무 자주 많은 차이가 나게 되면, 시간계획의 효용성에 회의를 갖게 되어 시간관리를 포기하게 된다. 시간사용을 평가하고 그 결과에 따라 시간계획을 다시 설정한다.

② 시간을 블록으로 묶어 활용하라

중요한 일을 할 때는 시간을 한 덩어리로 모아 집중적으로 처리하는 것이 효과적이다. 중요한 일을 하기 위해서는 30분씩 쪼개진 시간을 세 번 갖는 것보다 안정되게 집중할 수 있는 1시간 30분이 더 효과적이다. 블록 시간을 확보하기 위한 방법은 다음과 같다. (1) 한 주에 해야 할 작은 일들은 하루에 모아서 처리한다. (2) 사소한 일들은 능률이 오르지 않는 시간대에 처리한다. (3) 집중이 잘 되는 시간대에는 중요한 일을 한다. (4) 아무런 간섭도 받지 않는 긴 시간새벽시간, 저녁시간, 수업이 없는 날을 확보한다. (5) 일주일 중 하루는 방해받지 않는 장소예: 집, 도서관 등에서 공부한다.

③ 자신만의 리듬에 맞추어 시간을 활용하라

사람마다 집중이 잘 되는 시간대가 다르다. 아침에 능률이 오르는 아침형이 있는가 하면, 밤늦은 시간에 집중이 잘 되는 야간형이 있다. 가장 집중이 잘 되는 자신만의 시간대를 파악하여 그 시간대에 중요한 일을 하도록 배정해야 한다. 그러나 일반적으로 아침형이 야간형보다 시간을 효율적으로 쓰는 것으로 알려져 있다. 야간형은 밤에 공부를 하다가 인터넷 서핑이나 TV 보기 등과 같은 여가활동에 시간을 빼앗기는 경우가 많다. 반드시 해야 할 일은 밤 시간보다 낮 시간에, 특히 오전 중에 하는 것이 효과적이다.

④ 일상생활을 규칙적으로 고정하라

기상시간, 식사시간, 취침시간과 같이 고정된 일상을 정해진 시간에 하면 생활이 규칙적으로 운영된다. 고정된 일상을 정해진 시간에 하는 것은 생활의 효율성을 높여 주는 안전막이 되기도 한다. 저녁에 재미있는 책을 읽기 시작하여 다 보고 자고 싶더라도 정해진 취침시간에 잠드는 것이 바람직하다. 정해진 취침시간을 지키면 그다음 날이 온전히 돌아갈 수 있다. 가급적 24시간의 뼈대를 이루는 일상은 고정시켜 놓고 특별한 경우가 아니면 바꾸지 않는 것이 좋다.

⑤ 시간사용을 그래프로 분석하며 관리하라

자신이 실제로 시간을 어떤 활동에 얼마나 사용하고 있는지를 평가하는 것이 필요하다. 일주일 중 학업에 투자하는 시간, 대인관계에 할애하는 시간, 자기계발에 사용하는 시간, 통학시간, 식사시간, TV보는 시간이 얼마나 되는지를 그래프로 그려 가며 분석해 볼 필요가 있다. 이러한 분석을 통해서 자신이 추구하는 목표를 향해서 얼마나 시간을 투자하고 있는지를 한눈에 알 수 있다. 아울러 시간계획표에 따라 생활하면서 매주 시간사용이 어떻게 효율적으로 변해 가는지를 확인함으로써 시간관리의 동기가 강화될 수 있다.

⑥ 시간도둑을 잡아라

매주 계획에 따라 실천이 잘 되었는지를 확인하고 평가해야 한다. 만약 계획대로 실천하지 못했다면 그 이유를 잘 파악해야 한다. 실천하기 어려운 무리한 계획을 세운 것은 아닌지, 계획을 잘 세웠지만 여러 가지 유혹에 넘어가 실행에 옮기지 못한 것인지, 유

혹에 저항하지 못하는 이유는 무
엇인지 등을 잘 분석하여 이러
한 점들을 극복하도록 노력
해야 한다.

  계획대로 실천하지 못
하게 만드는 주된 원인은
시간도둑이다. 우리를 늘 성과
도 없이 바쁘게 만드는 것이 시간도둑
이다. 시간도둑을 잡지 못하면, 계획표는
무용지물이 된다. 시간도둑은 계획에 따
라 시간을 효율적으로 사용하지 못하게 하
는 여러 가지 방해물들을 뜻한다. 다음과
같은 시간도둑을 잘 이해하여 방지하는 것이 계획의 실천에 매
우 중요하다.

  자신에 대한 과대평가   대학생들이 계획을 세울 때 빠지기 쉬
운 함정은 무리한 계획을 세운다는 점이다. 시간계획은 60% 정도
만 지켜지면 성공이라고 볼 수 있다. 항상 끝내지 못한 일들이 남
기 마련이다. 계획을 세울 때는 끝내지 못한 일을 보충할 수 있는
여유시간을 두어야 한다. 계획과 현실이 어긋날 수 있는 상황을 전
제해야 한다. 또한 자신의 평소 생활습관과 어긋나는 무리한 계획
을 세우지 않도록 유의해야 한다.

불규칙한 일상 습관   취침시간, 기상시간, 아침식사시간, 등교시간, 수업시간, 점심식사시간 등은 대학생에게 일상적으로 되풀이되는 규칙적인 시간들이다. 이러한 시간들은 일상생활을 구성하는 뼈대를 이룬다. 일생생활의 뼈대를 이루는 활동은 정해진 시간에 규칙적으로 되풀이되는 것이 바람직하다. 예를 들어, 전날의 취침시간이 지나치게 늦어지면 그다음 날의 기상시간은 계획대로 이루어지기 어렵다. 기상시간이 늦어지면 등교시간이 늦어지고, 하루의 계획은 도미노처럼 무너질 수 있다.

유혹과 부탁을 거절하지 못함   유난히 대인관계 유혹에 약한 사람들이 있다. 친구들이 같이 놀자며 나오라고 전화하면 과제가 있음에도 "에라~ 모르겠다."며 나가 버리는 경우가 그것이다. 친구의 요청이나 유혹을 거절하지 못하는 마음 약한 사람들이 시간 관리에 어려움을 겪게 된다. 또한 여러 동아리에 속하면 참석해야 할 모임들이 많다. 이런 모임에 쫓아다니다 보면 일주일이 금새 지나가 버린다. 자신에게 우선순위가 무엇인지 파악하고 그것에 맞게 선택과 집중을 할 수 있는 지혜가 필요하다. 이를 위해서는 무엇보다 "No."라고 말해야 할 때 "No."라고 말할 수 있어야 한다.

미루기 습관   대학생은 고등학생과 달리 자율적으로 시간을 관리하게 된다. 그러다 보면 힘들거나 어려운 일들을 자꾸 뒤로 미루기 쉽다. 학생들 중에는 이러한 미루기 버릇 때문에 고생하는 경우가 많다. 시험준비나 보고서 작성을 차일피일 미루다가 막판에

벼락치기를 하여 낭패를 보는 경우가 대표적인 예다.

인터넷, TV, 게임   대학생의 시간을 뺏어 가는 가장 큰 도둑은 인터넷, TV, 게임이다. 잠시 호기심이나 심심풀이로 시작하게 되는 이런 활동은 한번 시작하면 1시간을 훌쩍 넘기는 것이 다반사다. 한국 대학생들의 시간활용에 대한 통계자료에 따르면, 인터넷, TV, 게임에 할애하는 시간이 공부시간과 거의 비슷하다.

대학생활의 스트레스를 다스려라

사람들은 흔히 인생을 등산에 비유한다. 우리의 삶이 산을 오르는 과정과 비슷하다는 것이다. 오르막이 있으면 내리막이 있고, 즐거움도 있지만 괴로움도 있다. 정상을 향해 오르는 과정에는 아름다운 꽃과 푸른 초목이 있는 반면, 가파른 깔딱 고개와 위험한 절벽이 있다. 그리고 한 고개를 넘고 나면 더 높은 새로운 고개가 나타난다. 그래서 인생을 '산 넘어 산'이라고 하기도 한다.

한국의 대학생들은 대학입시라는 커다란 산을 넘어온 사람들이다. 고3이라는 가파른 깔딱 고개를 넘어온 것이다. 대학입시의 고개를 넘으면 아름다운 꽃과 나무로 가득한 평탄한 들판이 나타나리라는 기대를 가지고서 말이다. 그렇다. 대학은 자유와 낭만으로 가득 찬 곳이다. 기대와 희망을 가져도 좋다. 그러나 대학은 거대한 산이다.

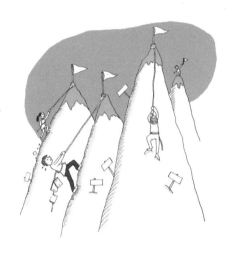

대학이라는 거대한 산을 넘는 과정에는 이전에 경험하지 못한 새로운 즐거움이 많다. 그러나 산이 높으면 골도 깊은 법. 어렵고 힘겨운 일도 많다. 난해한 수업과 공부, 끊임없이 주어지는 과제와 시험, 성적에 대한 고민과 좌절, 친구들과의 갈등과 대립, 사랑의 고통과 실연, 진로에 대한 방황과 고민과 같은 힘겨움을 이겨내야 한다. 대학생활에서 겪게 되는 여러 가지 스트레스를 이겨내야 한다.

스트레스Stress라는 말의 어원은 라틴어의 'Stringer' 로서 '팽팽하게 죄다' 라는 뜻을 지니고 있다. 스트레스는 흔히 새로운 환경이나 상황적 요구에 대처할 때 느끼게 되는 신체적·심리적 부담을 말한다. 신입생들은 대학이라는 새로운 낯선 환경에 적응하기 위해서 여러 가지 스트레스를 받게 된다.

그러나 스트레스가 반드시 나쁜 것만은 아니다. 가령 시험을 앞두고 아무런 스트레스를 받지 않는다면, 그래서 전혀 긴장하지 않고 시험준비도 열심히 하지 않는다면, 좋은 점수를 받기 어려울 것이다. 반대로 시험 스트레스를 너무 많이 받아서 심한 불안을 느끼게 되면, 역시 좋은 점수를 받기 어려울 것이다. 왜냐하면 심한 불안 때문에 주의집중이 되지 않을 뿐만 아니라 시험시간에 자신의 실력을 충분히 발휘할 수 없기 때문이다. 따라서 적절한 수준의 스트레스는 개인의 능력을 발휘하고 성과를 거두는 데 필수적인 요건이다.

스트레스는 인간이 살아가기 위해서 필연적으로 짊어지게 되는 부담이다. 스트레스가 없는 상태는 죽음뿐이다. 다만 문제가 되는 것은 지나치게 많은 스트레스를 장기간 지속적으로 받는 경우다. 스트레스는 심리적으로 고통스럽게 느껴지며 불쾌한 감정을 수반한다. 스트레스를 많이 받게 되면, 불안, 우울, 분노와 같은 불쾌감정을 많이 느끼게 되므로 대학생활이 몹시 고통스럽고 불행하게 느껴진다. 또한 스트레스는 집중력과 기억력을 저하시킬 뿐만 아니라 의욕과 활기가 떨어지는 무기력한 상태를 유발하여 학업이나 대인관계에 어려움을 초래하게 된다. 또한 스트레스를 받게 되면, 면역기능이 저하되어 감기, 두통, 만성피로, 소화불량, 불면증과 같은 신체적인 증상들이 나타날 수 있다. 대학생활의 스트레스를 잘 이해하고 지혜롭게 극복하는 것이 중요하다.

1. 대학생의 5대 스트레스

대학생들은 대학생활을 하면서 다양한 스트레스를 경험한다. 등·하교 시에 경험하는 교통 혼잡에서부터 학업부진으로 학사경고를 받는 일까지 매우 다양하다. 한 재학생 실태조사[35]에 따르면, 대학생들이 평소에 고민하는 주요한 문제는 학업23.0%, 진로 및 적

성19.4%, 학자금 및 경제문제13.9%, 대인관계12.9%, 이성관계 및 성문제8.8%, 성격7.7%, 외모6.6%의 순으로 나타났다. 여러 대학교의 조사 자료에 따라 약간의 차이가 있지만, 대학생들은 다음과 같은 다섯 가지 유형의 스트레스를 가장 많이 경험하고 있다.

그 첫째는 학점에 대한 스트레스다. 대학생활의 성패를 가늠하는 가장 객관적인 지표는 학점이다. 취업이나 대학원 진학은 물론이거니와 장학금 신청에도 학점이 중요하다. 따라서 학생들은 학점에 연연하지 않을 수가 없다.

대학생활을 하다 보면, 방학은 빨리 지나가고 시험은 자주 찾아온다. 시험 준비와 더불어 수시로 주어지는 과제, 발표, 보고서를 준비해야 하는 압박감이 크다. 열심히 한다고 해서 반드시 좋은 학점이 나오는 것도 아니다. 자칫 방심하게 되면 F학점에 학사경고가 떨어지게 된다.

둘째는 진로에 대한 스트레스다. 졸업 후 진로에 대해서 분명한 결정을 하지 못하고 방황하면서 느끼는 스트레스다. 예컨대, 부모님과 담임교사의 권유로 입학한 전공학과가 자신의 적성과 흥미에 맞지 않을 경우, 자신이 원하지 않는 전공이나 직업을 선택하도록 부모가 강요하는 경우, 졸업은 다가오는데 취업이나 진로가 불투명한 경우에 느끼는 고민이다. 특히 4학년 졸업반이 되면, 진로와 취업에 대한 스트레스가 매우 심해진다.

셋째는 인간관계에 관한 스트레스다. 친구들과의 관계에서 크고 작은 스트레스를 자주 받는 학생들이 많다. 인간관계를 원만하게 하는 일은 쉽지 않다. 친구들과 다투거나 갈등을 겪게 되는 일, 친구들로부터 소외당하거나 고립되는 일, 오해를 사거나 잘못된 소문에 시달리는 일 등으로 괴로움을 겪게 된다. 뿐만 아니라 대학생 시기에는 부모님과의 관계가 변화하면서 여러 가지 스트레스를 겪게 된다. 대학생 시기는 인간관계의 폭이 넓어지는 대신 스트레스도 함께 늘어나게 된다.

넷째는 돈에 관한 스트레스다. 대학생활을 하노라면 돈이 필요할 때가 많다. 하고 싶은 일도 많고 갖고 싶은 것도 많기 때문이다. 부모님으로부터 받는 용돈은 씀씀이에 비해 항상 부족하다. 신용카드 청구서가 날아오는 일이 두렵다. 그래서 아르바이트를 하지만 돈을 버는 일이 만만치 않다. 특히 가정형편이 어려운 학생들은 학비와 용돈을 스스로 조달해야 할 뿐만 아니라 때로는 생활비도 보태야 한다. 여유 없이 늘 돈에 쪼들리면서 스트레스를 받게 된다.

마지막은 연애 스트레스다. "사랑은 천국과 지옥을 오가는 왕복열차와 같다."는 말이 있듯이, 연애는 기쁨을 주는 동시에 고통스러운 스트레스를 준다. 사랑을 하게 되면, 상대방의 사소한 행동에 예민해져서 감정의 변화가 심해진다. 뿐만 아니라 연애관계에는 필연적으로 갈등과 위기가 찾아온다. 특히 괴로운 것은 실연의 경험이다. 상대방의 배신이나 일방적인 절교선언으로 인한 실연은 매우 고통스럽다.

대학생들이 겪는 스트레스는 학년에 따라 그 수준과 내용이 변한다. 일반적으로 신입생과 4학년의 스트레스 수준이 높다. 신입생은 새로운 대학환경에 적응하기 위한 스트레스가 많다. 낯선 사람들 속에서 인간관계를 새롭게 형성해야 하고 수강신청, 수업부담, 시험과 보고서, 수업시간마다 이동하는 일 등에 적응해야 하기 때문이다. 2~3학년은 어느 정도 대학환경에 익숙해져서 상당히 안정된 대학생활을 하게 되므로 상대적으로 스트레스가 적다. 그러나 4학년 졸업반이 되면 졸업 후 진로와 취업을 준비해야 하는 부담이 커다란 스트레스로 다가오게 된다.

스트레스는 우리의 인생에서 피할 수 없는 것이다. 누구나 나름대로의 스트레스를 경험하며 살아간다. 그러나 사람마다 스트레스를 느끼는 정도가 다르다. 대학생활을 하면서 경험할 수밖에 없는 스트레스를 잘 이해하고 지혜롭게 대처하는 것이 매우 중요하다. 대학생들 중 상당수가 대학생활의 다양한 스트레스에 잘 대처하지 못하여 심리적 부적응을 경험하게 되고 우울증을 비롯한 정신장애를 겪는다. 대학생의 정신건강에 대한 한 조사자료에 따르면, 30~40%의 학생들이 심리적 어려움을 겪으며 심지어 약 8%의 학생들이 자살의 충동을 지닌다. 학업성적 저하, 학사경고, 휴학, 제적과 같은 불행한 일을 겪게 되는 주요한 이유는 대학생활의 스트레스에 효과적으로 대처하지 못하기 때문이다. 인생에는 필연적으로 도전과 역경이 따르기 마련이며, 이를 잘 극복하면 오히려 성장과 성숙의 계기가 될 수 있다.

스트레스에 효과적으로 대처하기 위해서는 먼저 스트레스가 생겨나는 과정을 잘 이해해야 한다. 스트레스를 유발하는 일차적 원인은 환경적 사건이다. 이를 스트레스 유발 사건이라고 한다. 예컨대, 임박한 시험, 기대 이하의 시험성적, 친구와의 언쟁, 부모와의 의견대립, 이성친구와의 갈등, 장학금 신청의 좌절 등과 같은 부정적인 사건들을 겪게 되었을 때 스트레스를 경험하게 된다.

그런데 이러한 사건들을 비슷하게 겪더라도 스트레스를 느끼는 정도는 사람마다 다르다. 환경적인 사건이 곧바로 스트레스를 유발하는 것이 아니라 사람마다 그러한 사건을 받아들이고 해석하는 방식에 따라 느끼는 것이 다르기 때문이다. 인간은 환경적 사건을 수동적으로 받아들이는 존재가 아니라 그러한 사건을 나름대로 마음속으로 가공하여 받아들이는 능동적인 존재이기 때문이다. 우유가 반만 차 있는 유리컵을 바라보면서, 어떤 사람은 우유가 반밖에 남지 않았다고 불평하는 반면, 다른 사람은 우유가 반이나 남아 있다고 반가워하는 사람이 있다.

이처럼 동일한 상황에서도 불쾌감정과 스트레스를 더 많이 느끼는 사람들이 있다. 스스로 스트레스를 만들어 내고 증폭시키는 사람들이 있다. 심리학의 연구에 따르면, 이러한 사람들은 두 가지의 특성을 지닌다. 그 하나는 스트레스를 만들어 내는 비현실적 기대이며, 다른 하나는 스트레스를 증폭시키는 인지적 오류다.

(1) 스트레스 생산공장: 비현실적 기대

스트레스를 잘 받는 사람들의 가장 큰 특징은 비현실적인 기대를 지닌다는 점이다. 현실에서 충족되기 어려운 잘못된 기대를 지니는 것이다. 그래서 사소한 일에서도 불쾌감정을 느끼며 열을 받게 된다.

대학생들이 흔히 지니는 비현실적인 기대의 예로는 대학생활이 낭만으로 가득 차 있을 것이라고 기대하거나 학우들이 항상 자신에게 호의적인 반응을 보일 것이라고 기대하는 경우다. 또는 자신이 다른 사람들에게 완벽한 존재로 보여야 한다고 기대하거나 자신이 하는 일마다 성공적인 결과가 나타나야 한다고 기대하는 경우다. 그러나 이러한 기대는 좌절되기 마련이다. 대학생활에는 낭만적인 측면도 있지만 치열하게 경쟁해야 하는 냉혹한 측면도 있다. 자신을 호의적으로 대하는 학우도 있지만, 사소한 행동에도 비판적인 태도를 보이며 자신을 싫어하는 학우도 있을 수 있다. 때로는 자신이 다른 사람들 앞에서 미숙한 행동을 하여 초라하고 비참하게 여겨질 때도 있으며, 열심히 노력했음에도 실패와 좌절을 경험할 수도 있다. 스트레스를 많이 경험하는 사람들은 세상과 다른 사람에 대해서 비현실적인 기대를 지닐 뿐만 아니라 자기 자신에 대해서 완벽주의적인 기대를 지니는 경향이 있다.

간단한 테스트를 해 보자. 당신은 아래의 각 문항에 대해서 어떻게 생각하는가? '그렇다' 고 동의하는가 아니면 '아니다' 라고 반대하는가?

① 사람은 멋지게 생기고 똑똑하고 돈이 많지
   않으면 행복해지기 어렵다. ················· 그렇다 아니다

② 어떤 일을 완벽하게 하지 못하면 실패한
   거나 다름없다. ················· 그렇다 아니다

③ 다른 사람들의 인정을 받지 못하면
   나는 무가치한 사람이 될 것이다. ·········· 그렇다 아니다

④ 내가 실수를 하면 사람들은 나를 업신여길
   것이다. ····························· 그렇다 아니다

⑤ 다른 사람에게 도움을 요청하면 나를 나약한
   사람으로 여길 것이다. ·················· 그렇다 아니다

⑥ 나를 미워하는 사람이 주변에 있으면 나는
   행복해지기 어렵다. ···················· 그렇다 아니다

⑦ 다른 사람의 의견에 동의하지 않으면 나를
   싫어할 것이다. ······················· 그렇다 아니다

⑧ 진정한 친구라면 항상 내 의견에 동조하고
   나를 도와주어야 한다. ·················· 그렇다 아니다

⑨ 나를 진정으로 사랑하는 사람이라면 내가 어려울
   때 항상 내 곁에 있어 주어야 한다. ········ 그렇다 아니다

⑩ 나의 실제 모습을 보여 주면 사람들은
   나를 싫어할 것이다. ··················· 그렇다 아니다

위의 10문항은 모두 사실과 다른 비현실적인 생각으로 밝혀져
있다. 심리치료자들[36]에 따르면, 이러한 신념과 기대를 강하게 지

닐수록 우울감과 좌절감을 경험할 가능성이 높다. 현실적이고 유연한 기대와 신념을 지니는 것이 스트레스를 덜 받는 지름길이다.

● 완벽주의의 양면성

완벽주의(perfectionism)는 매사를 철저하고 완벽하게 하고자 하는 성격적 특성을 의미한다. 자신에게 스스로 매우 높은 기준의 성취를 요구하며 실수나 실패를 용납하지 않는 태도를 뜻한다. 따라서 완벽주의적인 사람들은 매사를 철저하게 수행하기 때문에 남달리 탁월한 성과를 나타낼 수 있다. 하지만 어떤 일을 할 때 높은 수준의 성취를 이루고 실패하지 않기 위해서 긴장과 초조감을 많이 느낀다. 또한 자신의 사소한 실수나 실패에 대해서 과도하게 자책하기 때문에 스트레스를 많이 받게 된다.

완벽주의는 성취뿐만 아니라 대인관계에서도 나타날 수 있다. 다른 사람들에게 항상 좋은 인상을 주고 인정을 받기 위해 노력한다. 그래서 세심하게 타인을 배려하며 신중하게 행동하는 반면, 다른 사람의 미움을 받거나 실수를 하지 않기 위해서 신경을 많이 쓰게 된다. 그러나 그러한 노력에도 모든 사람으로부터 호의적인 평가와 인정을 받지 못할 수 있다. 이런 경우 완벽주의적인 사람들은 다른 사람의 사소한 불만이나 비판에 대해서 매우 예민하게 반응하며 스트레스를 많이 받게 된다.

완벽주의는 양날을 가진 칼과 같다. 잘 사용하게 되면, 탁월한 성취와 원만한 인간관계를 이룰 수 있는 긍정적인 면을 지니고 있다. 그러나 잘못 사용하게 되면, 사소한 잘못이나 실패에도 커다란 스트레스를 받게 되고 자신과 타인을 과도하게 책망하게 되어 인간관계의 갈등을 초래할 수 있다. 심리학의 연구에 따르면, 완벽주의자들은 스트레스 수준이 높을 뿐만 아니라 우울증에 잘 걸릴 수 있다. 아무리 노력하더라도 인간은 불완전한 존재이며 실수와 실패를 피할 수 없기 때문이다. 또한 완벽주의자들은 매사를 지나치게 철저하게 하려 하기 때문에 정해진 시간 내에 일을 마무리하지 못하거나 완벽하게 하지 못하면 포기해 버리는 경향이 있다. 대학생들 중에는 완벽주의적 성향 때문에 보고서를 정해진 날짜에 제출하지 못하거나 중간에 신청한 과목을 취소하는 경우가 있다. 비교적 좋은 학점을 받고도 A학점이 아니면 불만스럽게 생각하거나 자신을 과도하게 책망한다. 시험을 앞두게 되면 심한 불안과 압박감을 느끼면서 과도한 스트레스를 받는다. 따라서 이러한 학생들은 지속적인 긴장 속에서 여유 없이 쫓기며 불만스럽게 대학생활을 하는 경향이 있다.

우리는 완벽한 존재이기를 원하지만 완벽한 존재가 될 수는 없다. 우리 자신의 불완전함을 받아들여야 한다. 최선을 다하되 결과는 하늘에 맡겨야 한다. 완전한 성공이 아니면 완전한 실패라는 이분법적인 생각을 버리고 자신의 불완전함을 받아들여야 한다. 70%의 결과에 대해서 30%의 부족함을 자책하기보다 70%의 성과를 인정할 수 있어야 한다. 최선을 다해 노력하되 결과에 승복하며 자신의 불완전함을 수용할 줄 아는 유연한 완벽주의가 바람직하다.

(2) 스트레스 증폭기: 인지적 오류

우리는 누구나 부정적인 사건을 접하면 불쾌한 기분을 느낀다. 친구로부터 비판적인 말을 들으면 기분이 나빠진다. 그런데 동일한 상황에서도 불쾌감정을 더 강하게 느끼는 사람들이 있다. 스트레스를 증폭시키는 것이다. 그러므로 스트레스를 극복하기 위해서는 이러한 스트레스 증폭기를 잘 이해해야 한다.

스트레스를 많이 느끼는 사람의 중요한 특징은 환경적 사건의 의미를 부정적으로 과장하여 해석하는 것이다. 사건 자체는 불쾌감정을 유발하는 힘이 없다. 불쾌감정을 유발하는 것은 그 사건에 대한 해석이다. 그 사건을 어떻게 받아들이고 어떤 의미로 해석하느냐에 따라 감정상태가 달라진다. 그래서 사람들은 동일한 상황에서 각기 다른 감정을 느끼고 달리 행동하는 것이다.

작은 실험을 하나 해 보자. 동일한 자극을 보고도 그것을 해석하는 방식이 얼마나 극적으로 달라질 수 있는지를 체험하는 실험이다. 아래의 그림을 보라. 이 그림에서 무엇이 보이는가?

악마가 보이는가? 천사가 보이는가? 어떤 사람은 검은색 박쥐 모양의 악마가 보인다고 하는 반면, 다른 사람은 하얀색 날개를 지닌 천사의 모습이 보인다고 한다. 동일한 그림을 어떻게 이처럼 정반대로 해석할 수 있을까?

또 다른 그림을 보자. 이 그림에는 하늘을 날아가는 여러 마리의 새들이 있다. 새들이 어떤 방향으로 날아가고 있는가?

오른쪽으로 날아가고 있는가? 아니면 왼쪽으로 날아가고 있는가? 어떤 사람은 검은색의 새가 왼쪽으로 날아간다고 하고, 다른 사람은 흰색의 새가 오른쪽으로 날아간다고 말한다. 동일한 그림이지만 어디에 초점을 두고 바라보느냐에 따라 전혀 다른 해석이 이루어지는 것이다. 모든 사건은 밝은 면과 어두운 면을 지니고 있다. 대학생활에서 만나게 되는 여러 가지 사건들도, 이러한 그림처럼, 어떠한 관점에서 바라보느냐에 따라 전혀 다른 의미로 다가올 수 있는 것이다.

이처럼 환경적 사건은 보는 각도와 관점에 따라서 다양하게 해석될 수 있다. 스트레스를 잘 받는 사람들은 사건을 해석할 때 인지적 오류를 통해서 그 의미를 부정적인 방향으로 받아들이는 경향이 있다. 이러한 인지적 오류는 스트레스 증폭기라고 할 수 있다.

스트레스를 증폭시키는 인지적 오류에는 다양한 것들이 있다.[37] 그 첫째는 흑백논리적 사고all or nothing thinking다. 사건의 의미를 이분법적인 범주의 둘 중 한 가지로 해석하는 오류다. 예컨대, A⁺가 아니면 실패라고 생각하거나 1등만이 성공이라고 여기는 것이다. 또는 다른 사람이 자신에게 분명하게 호감을 표시하지 않으면 자신을 싫어한다고 여기거나 주변 사람들을 내 편 아니면 적으로 구분하는 것이 그 예다. 즉, 이쪽도 저쪽도 아닌 중간지대나 회색지대를 인정하지 않는 것이다.

둘째는 과잉일반화overgeneralization로서 한두 번의 사건에 근거하여 일반적인 결론을 내리고 무관한 상황에도 그 결론을 적용시키는 오류를 뜻한다. 예를 들어, 이성으로부터 한두 번의 거부를 당한 후 자신은 '항상' '누구에게나' '어떻게 행동하든지' 거부를 당한다고 생각하는 경우다.

셋째는 선택적 여과selective filtering의 오류다. 어떤 상황에서 일어난 여러 가지 일 중에서 긍정적인 것은 배제하고 부정적인 것에 선택적으로 주의를 기울여 전체를 평가하는 오류를 말한다. 예를 들어, 동료들과의 대화에서 자신에 대해 긍정적으로 이야기한 것은 무시하고 부정적인 이야기에만 주의를 기울여 자신이 비판 당했다고 생각하는 경우다.

넷째는 개인화personalization의 오류로서 자신과 무관한 사건을 자신과 관련된 것으로 잘못 해석하는 오류를 말한다. 다른 사람의 행동에 대해서 좀 더 타당한 설명을 고려하지 않고, 자신 때문에 다른 사람들이 부정적으로 행동한다고 믿는 것이다. 예컨대, 도서관 앞을 지나던 학생이 벤치에서 이야기 중인 친구들의 웃음소리를 듣고, '나에 대해서 비웃는구나.' 라고 생각하는 경우가 이에 해당한다.

다섯째는 의미확대 또는 의미축소magnification or minimization의 오류다. 사건의 중요성이나 의미를 지나치게 확대하거나 축소하는 잘못을 뜻한다. 스트레스를 잘 받는 사람의 경우, 부정적인 사건의 의미는 크게 확대하고 긍정적인 사건의 의미는 축소하는 오류를 범하는 경향이 있다. 예컨대, 친구가 자신에게 한 칭찬에 대해서는 듣기 좋으라고 생각 없이 한 이야기로 그 중요성을 축소하는 반면, 친구의 비판에 대해서는 평소 친구의 속마음을 드러낸 것으로 중요성을 확대하여 받아들이는 경우가 이에 해당한다.

이 밖에도, 충분한 근거 없이 다른 사람의 마음을 마치 독심술사처럼 제멋대로 해석하는 독심술mind reading의 오류, 미래에 일어날 일을 충분한 근거 없이 부정적으로 해석하는 예언자fortune telling의 오류, 어떤 사건을 과장된 용어예: 미팅에서 차였다. 나는 쓰레기다로 지칭함으로써 그 의미를 과장하여 받아들이는 잘못된 명명mislabelling의 오류 등이 있다.

대학생활을 하다 보면, 학업이나 대인관계와 관련된 수많은 사건들에 직면하게 된다. 이때 자신도 모르게 사건의 의미를 부정적으로 왜곡하게 되는 인지적 오류를 범할 수 있다. 그 결과, 불필요하게 과도한 불쾌감정을 느끼게 되고, 이러한 불쾌감정이 누적되면 대학생활이 힘들고 괴롭게 느껴질 수 있으므로 인지적 오류를 범하지 않도록 주의를 기울여야 한다. 불쾌한 경험은 사건 자체에 의해 유발되는 것이 아니라 그 사건에 대해 과도하게 부정적인 의미를 부여하기 때문에 유발되는 것이다. 이런 점에서 스트레스는 자신이 스스로 만들어 내는 것이다. 자신이 스스로 인정하지 않는 한, 그어떤 것도 자신을 괴롭힐 수 없는 것이다. 모든 사건은 다양한 의미로 해석될 수 있다. 가능하면 대학생활에서 직면하는 사건들을 긍정적이고 건설적인 방향으로 해석하려는 노력이 필요하다. 자신의 마음을 잘 들여다보고 다스리는 노력이 필요하다.

● 마음속의 두 마리 늑대

한 늙은 인디언 추장이 손자에게 말했다.

"얘야, 우리 모두의 마음속에는 두 마리의 늑대가 싸우고 있단다. 한 마리는 분노, 불안, 슬픔, 질투, 탐욕, 죄의식, 열등감, 이기심을 가지고 있고, 다른 한 마리는 기쁨, 평안, 사랑, 인내, 겸손, 친절을 가지고 있단다."

손자가 물었다.

"어떤 늑대가 이기나요?"

추장은 간단하게 대답했다.

"네가 먹이를 주는 놈이 이기지."

3 , 대학생활의 스트레스에 지혜롭게 대처하라

스트레스는 진공상태에서 발생하지 않는다. 환경적 사건에 의해서 촉발된다. 그러나 비현실적 기대와 인지적 오류에 의해서 확대 재생산되어 고통스러운 감정으로 다가온다. 스트레스는 '환경적 사건'이라는 원료가 '비현실적 기대'라는 생산공장에서 '인지적 오류'라는 증폭기를 통해 크게 부풀려지고 가공되어 '불쾌감정'이라는 결과물로 나타난 것이다. 그러한 결과물들이 바로 우리를 고통스럽게 만드는 불안, 공포, 슬픔, 우울, 좌절감, 분노, 배신감 등의 불쾌감정이다.

대학생이 흔히 경험하는 환경적 상황에서 스트레스가 발생하는 심리적 과정을 흐름도로 제시하면 다음과 같다.

환경적 사건(예: 친구들과의 토론)
↓
비현실적 기대(내 생각이 항상 옳다. 친구라면 내 생각에 동조해야 한다.)
↓
인지적 오류(흑백논리적 사고, 선택적 여과 등)
↓
과장된 부정적 해석(내 주장이 묵살되었다. 친구들이 나를 무시했다.)
↓
증폭된 불쾌감정과 스트레스(분노, 우울)
↓
대처행동(기분전환, 상황회피, 문제해결)

환경적 사건(예: 수업에서의 발표)
↓
비현실적 기대
(발표를 완벽하게 해야 한다. 교수나 동료로부터 칭찬을 받아야 한다.)
↓
인지적 오류(흑백논리적 사고, 선택적 여과 등)
↓
과장된 부정적 해석(발표를 망쳤다. 교수와 친구들의 비웃음을 샀다.)
↓
증폭된 불쾌감정과 스트레스(불안, 우울)
↓
대처행동(기분전환, 상황회피, 문제해결)

스트레스를 해결하는 방법에는 두 가지가 있다. 그 첫째는 스트레스를 받지 않는 것이다. 어떤 상황에 직면했을 때, 현실적인 기대와 올바른 해석을 통해서 불필요하게 과도한 불쾌감정을 만들어 내지 않는 것이다. 자신의 마음을 잘 다스리는 것이다. 마음을 잘 수양한 사람일수록 환경적 상황에 의해서 마음이 크게 흔들리지 않는다.

다른 한 가지 방법은 이미 경험한 불쾌감정과 스트레스를 효과적으로 해소하는 것이다. 이미 불쾌감정으로 흐트러진 마음을 안정된 상태로 원상 복귀시키는 것이다. 사람들은 누구나 불쾌한 스트레스를 경험하면 이로부터 벗어나기 위해서 나름대로의 노력을 기울인다. 스트레스에 나름대로 대처하는 것이다. 그러나 어떤 스트레스 대처방법을 사용하느냐에 따라서 스트레스가 해소될 수도 있고 오히려 더 악화될 수도 있다.

스트레스 대처방법에는 크게 세 가지가 있다. 그 첫째는 기분전환이다. 불쾌감정을 잊기 위해서 기분전환을 하는 것이다. 우리는 마음이 괴로울 때 친한 친구를 만나 술을 마시거나 불만을 호소하며 대화를 나누거나 영화를 보거나 여행을 떠나는 등의 기분전환 활동을 통해서 불쾌감정을 해소하려고 노력한다. 이러한 기분전환 방법은 매우 다양하다. 예컨대, 술 마시기, 영화보기, 운동하기, 잠자기, 명상하기, TV보기, 음악듣기, 목욕하기, 쇼핑하기, 여행하기, 취미 활동하기, 일에 몰두하기, 전자오락하기와 같이 매우 다양한 방법이 있다. 이러한 기분전환 활동을 하게 되면 불쾌한 감정이 진정되거나 잊혀지면서 평소의 안정된 기분을 되찾을 수 있게 된다.

기분이 울적하거나 괴로울 때, 기분을 전환할 수 있는 다양한 방법을 잘 알고 활용하는 것은 스트레스를 해소하는 좋은 방법이다. 그러나 주의할 점은 새로운 문제를 야기하는 잘못된 기분전환 방법에 지나치게 의존하는 것이다. 예를 들어, 기분이 나쁠 때마다 과도하게 술을 마시거나 전자오락을 하거나 시간낭비적인 활동에 매달리게 되면 여러 가지 문제가 발생할 수 있다.

기분전환 방법은 불쾌감정을 완화하는 것일 뿐 본래 불쾌감정을 유발시키는 상황을 변화시키지는 않는다. 따라서 문제 상황이 변화되지 않는 한, 불쾌감정은 다시 반복될 수 있다. 그러나 일시적인 문제 상황에서는 기분전환 방법이 불쾌감정을 해소하는 좋은 방법이 될 수 있다.

스트레스에 대처하는 두 번째 방법은 문제 상황을 회피하는 것이다. 불쾌감정을 경험하게 되는 상황을 회피하는 것이다. 앞에서 제시한 예의 경우에, 자신에게 불쾌감을 주는 친구를 멀리하는 것이다. 또는 스트레스를 주는 발표 상황을 피하는 것이다. 친구를 만나지 않고 발표를 하지 않으면 불쾌감정을 느끼지 않을 수 있기 때문이다. 그러나 이러한 상황회피 방법은 대부분의 경우 바람직하지 못하다. 사소한 갈등 때문에 친구를 멀리하는 것은 인간관계의 고립을 초래하는 지름길이다. 또한 발표기회를 회피하거나 대인관계를 기피하게 되면 대학생활은 위축되어 버린다.

마지막 세 번째 대처방법은 문제를 해결하는 것이다. 스트레스를 유발한 문제 상황을 개선하기 위해서 근본적인 해결방법을 모색하는 것이나. 예를 들어, 친구와의 토론에서 불쾌감정을 경험한 경우, 자신의 주장에 어떤 문제가 있었고 친구의 반론에 어떤 강점이 있었으며 효과적인 토론방법은 무엇인지에 대해서 알아보는 것이다. 토론과정에서 불필요한 감정대립이 반복되지 않도록 노력하는 것이다. 아울러 토론과정에서 언쟁을 하게 된 친구들과의 관계회복을 위해서 노력해야 한다. 발표상황에서 경험한 스트레스의 경우에는 발표를 좀 더 잘 할 수 있는 방법을 모색하는 것이다. 동료의 뛰어난 발표를 유심히 관찰하거나 효과적인 발표방법에 관한 서적을 읽어 보거나 발표능력을 향상시키는 자기계발 프로그램에 참여해 본다.

문제해결 방법은 스트레스를 유발하는 상황이 반복되지 않도록 그 개선방법을 모색하는 노력으로서 가장 바람직한 대처방법이라고 할 수 있다. 대학생활에서 필연적으로 접하게 되는 다양한 스트레스 상황을 회피하기보다 적극적으로 해결하려는 자세가 중요하다. 도전과 역경은 인간을 성장시킨다. 그러한 도전과 역경을 회피하기보다 문제를 해결하기 위한 적극적인 노력을 기울이는 사람들에게만 해당되는 말이다.

4 발표 울렁증 극복방법

대학생활을 하다 보면 여러 사람 앞에서 발표를 할 기회가 많다. 여러 모임에서 자기소개도 해야 되고, 수업시간에 발표도 해야 하고, 많은 사람들 앞에서 사회를 보거나 발표회를 해야 할 경우도 있다. 많은 사람들이 바라보는 앞에서 무언가를 발표한다는 것은 매우 두려운 일이다. 가슴이 울렁거리고, 손발이 떨리며, 진땀이 나기도 한다. 발표에 대한 이러한 두려움을 학생들은 '발표 울렁증'이라고 부른다. 발표 불안이 심한 경우를 지칭하는 말이다. 학술적으로는 사회 불안social anxiety의 한 유형이라고 할 수 있다.

대학생 중에는 심한 발표 울렁증을 지닌 학생들이 있다. 다른 사람들 앞에 나가서 하는 일에 심한 공포를 지니고 있어서 이러한 상황을 회피한다. 어떤 모임이든 첫 모임에는 나가지 않는다. 첫 모임에서는 돌아가며 자기소개를 해야 하기 때문이다. 발표를 해야 하는 수업은 수강하지 않는다. 심지어 노래방에 가서도 자신은 앞에 나가 노래를 부르지 않는다. 노래를 시켜도 이리저리 핑계를 대고 나서지 않는다. 이런 학생들은 대학생활을 하는 데 많은 핸디캡을 지닐 뿐만 아니라 사회생활을 하는 데에도 여러 가지 어려움을 겪게 된다.

발표 울렁증을 지닌 사람들은 몇 가지의 심리적 특징을 지닌다. 첫째, 자기 자신에 대한 자신감이 부족하다. 자신은 다른 사람들로부터 호감을 받기 어려운 사람이라고 생각하는 경향이 있다. 둘째, 이들은 다른 사람들 앞에서 완벽한 모습으로 보이기를 원한다. 작은 실수라도 하면 다른 사람들로부터 비웃음을 살 것이라고 생각하기 때문이다. 셋째, 다른 사람 앞에서 행한 자신의 행동에 대해서 부정적으로 평가한다. 제3자가 보기에는 무난한 행동이었지만, 스스로 자신의 행동에 대해서 비판하고 자책을 한다. 따라서 이들은 다른 사람 앞에 나서지 않는 것이 불쾌감정을 피하는 최선의 방법이라고 생각한다. 그런데 문제는 다른 사람 앞에 나서는 경험을 하지 않으면 발표 능력이 발전하지 않을 뿐만 아니라 발표 불안이 더욱 심해진다는 점이다.

다른 사람들 앞에서 발표하는 대부분의 사람들은 누구나 불안을 경험한다. 매우 경험이 많은 명강사의 경우에도 강연을 할 때마다 긴장과 불안을 느낀다. 실수를 하지 않을까, 청중의 반응이 싸늘하면 어떻게 하나 하는 등의 걱정을 한다. 다만 이러한 불안을 견뎌내며 꿋꿋하게 강연을 해내는 것이다. 명강사는 발표 울렁증이 없는 사람이 아니라 발표 울렁증을 잘 견뎌내는 사람인 것이다.

발표 울렁증이 있는 학생들은 이 점을 잘 인식해야 한다. 두려움 때문에 다른 사람 앞에 나서는 일을 회피하게 되면 영원히 발표 울렁증에서 벗어나지 못한다. 따라서 두려움을 견디며 다른 사람 앞에서 발표를 하는 훈련을 해야 한다. 처음에는 소수의 사람들 앞에서 발표하는 것부터 시작한다. 물론 처음에는 서툴고 떨려서 성공적인 발표가 되기 어려울 것이다. 어떻게 첫술에 배가 부를 수 있겠는가? 자신의 미숙함을 자책하지 말고 발표 기회가 있을 때마다 꿋꿋하게 나서는 용기가 필요하다. 누구나 이러한 과정을 통해서 발표 울렁증을 극복하는 것이다. 한 번 두 번 발표경험이 쌓이면서 불안 수준이 감소하고 청중의 모습이 또렷이 보이기 시작한다. 급기야 발표에 앞서 유머를 하는 등 여유를 지니면서 발표를 할 수 있게 된다.

발표 울렁증을 극복하는 관건은 발표 기회를 회피하지 않는 것이다. 미숙하면 미숙한 대로 발표를 하는 것이다. 완벽한 발표를 하려고 하기보다는 보통 수준의 평범한 발표를 하도록 노력한다. 설혹 성공적인 발표가 아니더라도 자신을 자책하지 않도록 한다. 다른 사람들이 어떻게 발표를 하는지 유심히 관찰하여 좋은 점을 배우고 받아들인다. 때로는 발표 각본을 만들어 연습을 해 본다. 발표를 할 때마다 조금씩 진전되는 자신의 모습에 주의를 기울인다. 서서히 발표 울렁증이 약해지게 되고 급기야 다른 사람 앞에서 발표하는 일을 즐기는 상태에 이르게 될 수 있다.

5 열등감 극복방법

대학생들을 괴롭히는 심리적 문제 중 하나가 열등감이다. 대학에 진학하면 정말 다양한 많은 사람들을 만나게 된다. 외모가 뛰어난 학생, 가정형편이 좋은 학생, 성격이 좋은 학생, 대인기술이 뛰어난 학생, 지적 능력이 우수한 학생 등 다양한 사람들을 접하게 된다. 인간은 다른 사람과의 비교를 통해서 자신을 평가한다. 다른 사람에 비해서 자신이 부족하다는 것을 발견하면서 열등감을 키우게 된다. 대학생들은 주변의 뛰어난 동료들과 비교를 하면서 열등의식에 젖게 되는 경우가 많다. 열등감은 자신감을 저하시킬 뿐만 아니라 자기존중감을 잠식하여 우울증을 초래할 수 있다.

인간은 누구나 나름대로의 장점과 단점을 지니고 있다. 열등감으로 고민하는 학생들 중에는 '공정하지 못한 방식'으로 자신을 또래 학생들과 비교하는 경향이 있다. 즉, 각기 다른 학생들로부터 자신보다 우월한 점을 발견하고 열등감에 빠져드는 것이다. 예컨대, 잘 생긴 A와는 외모를, 공부 잘하는 B와는 성적을, 집안이 좋은 C와는 가정형편을, 대인관계가 원만한 D와는 성격을 비교하면서 '도대체 나는 내세울 것이 아무것도 없다'고 자책한다. 그러나 A, B, C, D 네 학생은 각기 특정한 측면에서는 우월하지만 그들 역시 부족한 면이 있다. A는 얼굴은 잘 생겼지만 성적과 가정형편이 좋지 않을 수 있고, B는 성적은 좋지만 외모와 성격문제로 고민할 수 있는 것이다. 이처럼 공정하지 못한 방식으로 잘못된 비교를 하게 되면, 필연적으로 열등감에 빠져들 수밖에 없다.

열등감은 대학생활을 위축시키는 심리적인 벌레와 같은 것이다. 그러한 벌레에 물리지 않도록 유의해야 한다. 또한 이미 열등감의 벌레에 물린 사람은 조속히 퇴치하도록 노력해야 한다.

우선, 자신을 다른 사람과 비교하지 말라. 인간은 누구나 나름대로의 개성을 가진 가치 있는 존재다. 지금 있는 이대로 충분히 소중한 존재다. 다만 서로 다를 뿐이다. 나는 나에게 주어진 여건 속에서 내 방식대로 나의 길을 가는 것이다. 상대방 역시 그렇게 자신의 삶을 살아가는 것이다. 나와 그는 지향하는 목표가 다르고 주어진 여건이 다르다. 이를 무시하고 자신을 다른 사람과 비교하는 것은 공정하지 못할 뿐만 아니라 불필요한 것이다. 자신이 추구하는 목표를 향해서 최선을 다해 살아가는 것이 중요할 뿐이다.

그러나 다른 사람과 비교를 하지 않고 살아가기란 그리 쉽지 않다. 다른 사람과의 비교를 통해서 자신이 현재 어떤 상태에 있는지를 가늠할 수 있기 때문이다. 그러므로 만약 비교를 해야만 한다면, 자신에게 도움이 되는 현명한 방식으로 해야 한다.

첫째, 공정한 기준을 통해서 비교하라. 즉, 자신을 다른 한 사람과 여러 가지 측면에서 일대일로 비교하라. 얼굴이 예쁜 A와 자신의 외모를 비교할 때는 A의 얼굴뿐만 아니라 성적, 성격, 대인관계, 가정형편, 건강상태 등을 종합적으로 비교하라. A는 자신보다 우세한 점도 있지만 동시에 부족한 점도 있기 때문에, 종합적으로 비교하면 서로의 장단점이 다를 뿐 큰 차이가 없다는 것을 발견하게 될 것이다.

둘째, 비교를 피상적으로 하지 말라. 잘 알지 못하는 사람의 피상적인 모습만을 보고 비교하지 말라. 겉으로 보기에는 대학생활을 행복하게 하는 듯이 보이지만, 대다수의 학생들이 나름대로의 고민을 안고 살아간다. 겉만 보고는 그 사람의 삶을 알 수 없다. 매

스컴을 통해 화려한 삶을 사는 듯이 비쳐지는 유명인사들도 알고 보면 나름대로의 고민과 열등감을 안고 살아간다. 깊이 있는 대화를 나누어 보면, 누구나 겉모습으로는 알 수 없는 나름대로의 문제들을 안고 살아간다.

아울러, 자신을 향상시킬 수 있는 비교를 하라. 다른 사람의 장점을 발견하게 되면, 그러한 장점을 배우려고 노력하라. 예를 들어, 학업성적이 뛰어난 친구가 있다면, 그 친구가 어떤 방식으로 공부를 해서 그러한 성적을 거두는지에 관심을 가져라. 대인관계를 원만하게 잘 하는 친구가 있다면, 그가 어떻게 행동하기 때문에 관계가 좋은지를 살펴보라. 그들의 장점을 배우려고 노력함으로써 자신을 향상시키는 데 활용하라. 이러한 비교방식을 자기개선적 비교self-improving comparison라고 한다.[38] 뛰어난 사람들과 섞여 살아가는 사람이 성장하는 이유가 여기에 있다. 그들로부터 자극을 받고 장점을 보고 익히면서 성장하기 때문이다.

뛰어난 사람들과 함께 생활하는 것은 열등감의 원천일 수 있다. 자신보다 뛰어난 사람들과 상향적인 비교를 함으로써 자신의 부족함을 많이 발견할 수 있기 때문이다. 대학교에는 탁월한 장점을 지닌 학생들이 정말 많다. 그래서 대학생활을 하면서 열등감을 키워나가는 학생들도 많다. 그러나 탁월한 동료들과 자기개선적 비교를 하게 되면, 대학생활은 자신을 성장시킬 수 있는 좋은 기회가 될 수 있다.

● 변화시킬 수 있는 것과 없는 것

우리가 불만스럽게 여기는 것 중에는 우리의 노력을 통해서 변화시킬 수 있는 것과 없는 것이 있다. 변화시킬 수 없는 것은 수용함으로써 평안한 마음을 갖도록 노력하라. 그러나 변화시킬 수 있는 것은 용기를 내어 과감하게 바꾸도록 노력하라. 그리고 자신의 노력으로 변화시킬 수 있는 것과 없는 것을 지혜롭게 잘 구분하라.

사실 변화시킬 수 있는 것과 없는 것을 판단하는 일은 쉽지 않다. 그러나 몇 가지 분명한 것들이 있다. 변화시킬 수 없는 것의 첫 번째는 지나간 과거다. 이 세상에 지나간 과거를 돌이킬 수 있는 사람은 없다. 둘째는 선천적으로 타고난 특성이다. 부모로부터 물려받은 신체적 특징(체질, 키, 외모 등)은 바꾸기 어렵다. 세 번째는 다른 사람의 성격이다. 부모나 친구의 성격을 바꾸는 일은 매우 어렵다. 인간의 성격은 성인이 되면 어느 정도 고정된다. 많은 노력을 통해서 다소 유연하게 만들 수는 있지만, 성격을 변화시키는 일은 매우 어렵다. 이처럼 변화시키기 어려운 것은 있는 그대로 수용하는 것이 바람직하다. 바꿀 수 없는 것에 대해서 불만을 느끼고 비난을 하는 것은 자신의 고통을 증가시킬 뿐이다. 그보다는 변화시킬 수 있는 것에 관심을 지니는 것이 현명하다.

그렇다면 변화시킬 수 있는 것은 무엇일까? 무수하게 많다. 그 중에서도 가장 변화시키기 쉬운 것은 무엇일까? 그것은 자기 자신이다. 자신을 변화시키는 일이다. 자기변화의 시작은 자신의 생각을 바꾸는 것이다. 생각의 변화를 통해서 행동이 변화하고, 행동의 변화가 지속되면 습관이 바뀌며, 습관의 변화는 인격을 변화시켜 자신의 운명을 바꿀 수 있기 때문이다.

영국의 웨스트민스터 대성당 지하묘지에 묻혀 있는 한 성공회 주교의 묘비명에는 다음과 같은 글이 새겨져 있다. 한번쯤 깊이 음미해 볼만한 내용이어서 여기에 소개한다.

내가 젊고 자유로워서 상상력에 한계가 없을 때
나는 세상을 변화시키겠다는 꿈을 가졌었다.

좀 더 나이가 들고 지혜를 얻었을 때
나는 세상이 변하지 않으리라는 것을 알았다.
그래서 내 시야를 약간 좁혀
내가 살고 있는 나라를 변화시키겠다고 결심했다.
그러나 그것 역시 불가능한 일이었다.

황혼의 나이가 되었을 때
나는 마지막 시도로 내 가족을 변화시키겠다고 마음을 정했다.
그러나 아무것도 달라지지 않았다.

이제 죽음을 맞이하기 위해 자리에 누운 나는 문득 깨닫는다.
만약 내가 나 자신을 먼저 변화시켰더라면,
그것을 보고 내 가족이 변화되었을 것을……
또한 그것에 용기를 내어 내 나라를
좀 더 좋은 곳으로 바꿀 수 있었을 것을……
그리고 누가 아는가?
세상까지도 변화되었을지!

자신을 이기는 자가 진정으로 강한 자다

 "호랑이에게 물려가도 정신만 차리면 산다."는 속담이 있다. 이러한 속담이 현대사회에도 유효할까? 요즘에는 동물원에나 가야 호랑이를 볼 수 있을 뿐 호랑이에게 물려 가는 사람은 없다. 최근에 시내까지 출몰하는 멧돼지라면 모를까?

 그러나 요즘도 호랑이에게 물려 가는 사람들이 있다. 그것도 아주 많다. 특히 대학생들 중에 많다. 자신의 마음속에 사육하고 있는 호랑이에게 물려 가는 사람들이 많다. 자신의 충동을 조절하지 못하는 사람들이다. 일시적인 충동을 조절하지 못해 무절제한 대학생활을 영위하는 대학생들이 드물지 않다. 잠시의 충동을 참지 못해 결코 되돌릴 수 없는 결과를 초래하여 평생 동안 후회하며 살아가는 대학생들이 있다.

 대학생활은 자유롭다. 대학에 진학하게 되면, 중·고등학교 시절과 달리 부모와 교사의 통제가 줄어든다. 더구나 고향을 떠나 다른 지역에서 대학을 다니는 학생의 경우에는, 부모의 통제에서 벗어나 자율적으로 생활하게 된다. 자취, 하숙, 기숙사 생활을 할 경우에는 자칫 일상생활이 무질서해지기 쉽다. 또한 대학생활에는 여러 가지 유혹이 많다. 입시준비를 위해 억눌러 두었던 여러 가지 욕구들이 분출된다. 마음껏 자고 싶고, 원 없이 놀고 싶고, 뜨거운 사랑을 하고 싶다. 술, 담배, 게임, 야동, 섹스, 명품 등의 유혹이 밀려온다. 이러한 유혹에 빠져드는 것은 매우 달콤하지만 그 결과는 매우 고통스럽다.

대학생활이 망가지는 주된 이유는 자기조절의 실패 때문이다. 충동과 욕망을 잘 다스리는 것은 대학생활뿐만 아니라 인생에서 매우 중요하다. 대한민국 민법에 따르면, 만 20세가 되면 성인成人이다. 성인은 인격적으로나 법률적으로 독립적인 존재다. 즉, 다른 사람의 허락 없이 자신의 행동에 대해서 독립적으로 선택할 수 있을 뿐만 아니라 그에 대한 전적인 책임을 스스로 져야 한다. 성인의 가장 중요한 조건은 자신의 삶을 스스로 관리할 수 있는 능력이다. 대학시절은 미성년자에서 성인으로 성장하는 과도기로서 자기조절 능력을 길러야 하는 중요한 시기다. 즐겁고 보람찬 대학생활을 위해서 가장 중요한 역량은 자기조절 능력이다.

자기조절self-regulation은 추구하는 목표에 도달하기 위해서 자신의 충동, 감정, 행동을 조절하고 통제할 수 있는 능력을 의미한다. 즉, 목표달성을 위해서 '해야 할 일'은 힘들더라도 수행하고 '해서는 안 될 일'은 하고 싶더라도 자제하는 것이 자기조절이다. 자기조절 능력은 행복하고 성공적인 삶을 위한 필수적 역량이다. 하지만 자기조절은 쉽지 않다. "남을 이기는 자는 강한 자다. 그러나 자신을 이기는 자는 더 강한 자다."라는 말이 있을 만큼, 자신을 조절하고 통제하는 일은 어렵다. 자기조절 능력은 성공적인 대학생활뿐만 아니라 성숙하고 행복한 삶을 위해서 필요한 가장 핵심적인 역량이다. 대학생활을 통해서 배양해야 할 매우 중요한 능력이다. "다른 사람이 참을 수 없는 것을 참아내야만 비로소 다른 사람이 할 수 없는 것을 할 수 있다."《법구경法句經》에 나오는 말이다.

1 대학생활의 낭만에 대하여

누구나 대학생활을 동경하는 이유 중 하나는 낭만이 있다는 점이다. 졸업 후에 취업을 하고 직장생활에 허덕이다 보면, 자유와 낭만이 있었던 대학생활이 그리워진다. 대학입시의 압박감에 짓눌렸던 긴 터널을 빠져나온 대학 신입생들은 낭만적인 대학생활에 대한 기대에 부풀게 된다. 대학생 시기는 젊음과 자유를 만끽하며 인생의 낭만을 즐길 수 있는 유일무이한 시기다.

'낭만浪漫' 하면 흔히 연상되는 단어가 자유, 사랑, 연애, 우정, 열정, 축제, 술과 담배, 여유, 방랑, 여행, 쾌락 등이다. 낭만의 핵심은 자유와 감성이다. 낭만이라는 단어는 '물결 랑浪'과 '질펀할 만漫'이란 글자로 이루어져 있다. 물결처럼 자유롭고 동적이며 질펀하게 욕망과 감성을 표출하는 삶의 상태를 뜻한다. 학술적으로도 낭만주의浪漫主義, romanticism는 질서와 격식을 중시하는 고전주의와 이성적 합리성을 강조하는 계몽주의에 대항하여 인간의 감성을 자유롭게 표출하려는 예술분야의 한 흐름을 뜻한다.

그렇다. 인생에서 낭만은 중요하다. 인간은 공부나 일만 하는 기계가 아니기 때문이다. 인간은 욕망과 감성을 지닌 존재다. 자신의 욕망을 자각하고 표출하면서 감성을 통해 인생의 다양한 즐거움을 향유하는 것이 중요하다. 낭만은 인생을 풍요롭게 만드는 동시에 삶의 의욕과 활기를 제공하는 에너지원이기도 하다. 욕망과 감성을 지나치게 억제하는 삶은 무미건조할 뿐만 아니라 무기력해지기 쉽다.

대학생활에서는 낭만을 즐기는 것이 필요한 동시에 중요하다. 대학생은 공부만 하는 기계가 아니며 취업준비만 하는 로봇이 아니다. 공부와 취업준비에만 매달리는 대학생활은 결코 바람직하지 않다. 젊음과 자유를 만끽하며 낭만을 즐기는 것은 대학생활에서만 누릴 수 있는 중요한 특권이다. 낭만적인 삶을 통해 맛보게 되는 다양한 체험은 인생에 대한 깊은 이해를 제공하는 동시에 자신을 성장시키는 자양분이기도 하다.

그러나 낭만은 자신의 욕구를 무절제하게 분출하는 방종과 구별되어야 한다. 낭만은 제멋대로 행동하는 것이 아니다. 나태하고 무책임하며 충동적으로 살아가는 것이 아니다. 우리 사회가 대학생에게 많은 자유를 허용하는 것은 자신의 행동에 대해 책임을 질 수 있는 성인이라고 믿기 때문이다. 자유에는 반드시 그만한 책임이 따른다. 성인成人은 자유로운 만큼 책임을 져야 하며, 책임질 수 있는 만큼 자유로운 것이다.

　대학생은 청소년에서 성인으로 성장하는 과정에 있는 과도기적 존재다. 젊은 대학생들의 몸과 마음에는 다양한 욕망들이 샘솟는다. 엄동설한을 지난 따뜻한 봄날에 대지의 구석구석에서 생명의 새싹이 솟아나듯이, 입시지옥을 지나 많은 자유가 주어지는 대학생 시기에는 다양한 욕망들이 솟아난다. 그야말로 청춘기青春期인 것이다. 하지만 대학생들은 자신의 욕망을 건강하게 충족시키는 방법을 익히지 못한 미숙함을 지니고 있다. 그래서 대학생들은 좌충우돌하며 많은 시행착오를 겪는다. 실수, 실패, 좌절, 혼란, 방황, 고민이 가장 많은 시절이 대학생 시기다. 대학생활의 혼란과 방황은 성인으로 성장하는 과정에서 겪어야 할 필수적인 경험인지 모른다. 다양하고 생생한 체험은 자신과 세상을 좀 더 깊게 이해하는 소중한 바탕이기 때문이다. 인간은 인생의 단맛과 쓴맛을 두루 경험하며 조금씩 성숙해 가는 존재다. 이런 점에서 대학생활을 통해 낭만을 추구하며 다양한 체험을 하고자 노력하는 것은 대학생의 건강한 자세라고 할 수 있다.

낭만파 대학생의 5가지 유형

　대학생이 대학생활을 영위하는 스타일은 매우 다양하다. 앞에서 대학생의 유형을 학구파, 출세파, 정의파, 낭만파, 인생파로 나누어 소개한 바 있다. 여기에서는 낭만파 대학생들의 특징을 좀 더 자세하게 살펴보기로 한다.

낭만파 학생들은 대학생활의 자유와 낭만을 충분히 누리려는 학생들이다. 이러한 학생들이 나타내는 첫 번째 공통점은 시험과 학점에 연연하지 않는다는 점이다. 그래서 낭만파 학생들은 대체로 학점이 좋지 않다. 그렇다고 해서 항상 나쁜 학점을 받는 것은 아니다. 두 번째 공통점은 이들은 학업보다 자신이 좋아하는 일에 몰두하는 경향이 있다. 이들이 좋아하는 일은 동아리활동, 이성교제, 취미생활, 음주가무, 여행, 영화나 드라마 감상, 전자오락 등 매우 다양하며 이러한 활동에 많은 시간을 할애한다. 세 번째 공통점은 대학생활이 대체로 불규칙하다는 점이다. 수업시간에 지각이나 결석을 자주 하며 한동안 학교에 나타나지 않는 잠수 행동을 보이기도 한다. 마지막으로, 낭만파 학생들의 대학생활은 드라마틱하다. 여러 가지 사건을 많이 겪으며 정서적 동요가 심하다. 대학생활을 하면서 산전수전을 많이 경험한다.

이러한 낭만파 학생들은 그들의 관심사와 행동패턴에 따라 크게 다섯 가지 유형으로 구분될 수 있다.

첫째는 **관계탐닉형**이다. 이들의 주요 관심사는 다른 사람과의 강렬한 인간관계다. 특히 이성교제에 깊은 관심을 지니며 미팅, 소개팅, 데이트, 연애에 많은 시간을 할애한다. 뜨거운 사랑을 추구하며 때로는 성적 욕구를 분출하려는 강한 동기를 지닌다. 또한 동성 친구들과의 우정을 중시한다. 혼자 있는 것을 잘 견디지 못하며 친구들과의 잦은 만남, 친밀한 대화, 음주가무, 취미활동 등에 많은 시간과 돈을 투자한다. 이들은 이성관계나 친구관계를 통해서 많은 기쁨을 얻기도 하지만 갈등과 반목으로 심한 괴로움을 겪기도 한다.

둘째는 **취미몰두형**이다. 이들의 주된 관심사는 자신이 좋아하는 취미생활이나 동아리활동이다. 취미와 관련된 지식, 능력, 기예를 향상시키는 일에 대학생활의 많은 시간을 할애한다. 예컨대, 음악밴드그룹 활동, 문예창작 활동, 예술활동, 스포츠 활동, 여행 및 탐사활동 등에 적극적으로 참여하며 이와 관련된 동아리에서 핵심적인 인물로 활동한다. 이들은 전공학과보다 참여하는 동아리에 더 강한 소속감을 느끼며, 발표회나 전시회 또는 경연대회가 다가오면 학업을 접어 두고 이에 매달리는 경향이 있다.

셋째는 **여유명상형**이다. 이들은 경쟁적인 치열한 생활을 싫어하는 반면, 여유롭고 평화로운 삶을 추구하는 학생들이다. 예민하고 섬세한 감성을 지니고 있는 경우가 많으며 좋은 학점, 취업준비, 사회적 성공 등에는 비교적 관심이 적다. 집단적 활동보다는 개인적인 생활을 통해서 문학작품 읽기, 예술작품 감상, 영화보기, 여행하기, 글쓰기, 명상이나 내면적 성찰 등에 많은 시간을 할애한다.

넷째는 **방황탐색형**이다. 이들은 분명한 목표를 지니지 못한 채 무언가를 찾아 다양한 활동을 하며 좌충우돌하는 학생들이다. 자신의 전공공부에 대한 흥미가 적으며 취미활동, 이성교제, 학생운동, 봉사활동, 종교활동, 해외연수, 배낭여행 등을 전전하지만 어떤 한 가지 활동에 오랫동안 집중하지 못한다. 무언가를 열심히 해 보고자 하는 열정은 있으나 쉽게 싫증을 느끼며 새로운 것을 찾아 방황한다. 이들은 휴학과 복학을 반복하며 대학생활이 장기화되는 경향이 있다.

마지막 유형은 **도피나태형**이다. 이들은 대학생활의 자유를 만끽하면서 유유자적하게 살아가는 듯이 보이지만 학업이나 취업준비 등과 같은 현실적 과제의 부담을 회피하면서 나태한 생활을 하는 학생들이다. 특별한 목표나 추구하는 바 없이, 하루하루의 생활을 그날의 충동에 따라 살아간다. 예컨대, 아침마다 늦잠을 자고 지각과 결석을 일삼으며 전자오락, TV보기, 인터넷 서핑, 잡담하기, 술 마시기, 빈둥거리기 등으로 많은 시간을 보낸다. 나름대로는 시험이나 보고서 준비를 하려고 노력하지만, 매번 전자오락이나 TV보기 등의 유혹을 이겨내지 못하는 무기력한 행동패턴을 반복적으로 나타낸다. 이들은 소위 '귀차니즘'에 빠진 폐인족으로 전락하기 쉽다.

이러한 여러 유형의 낭만파 학생들 중에는 자신의 관심사와 학업을 균형적으로 병행하면서 어느 수준 이상의 학점을 유지하는 **자기조절형**이 있는 반면, 학업을 방치하면서 자신의 관심사에 지나치게 탐닉하여 학사경고나 인간관계의 고립을 초래하는 **자기파멸형**이 있다. 또한 대학생활 중 일정한 기간 동안 낭만적인 생활에 몰두하다가 고학년이 되어 학업과 진로준비에 복귀하는 일시적 낭만파가 있는 반면, 대학생활 내내 그러한 생활패턴을 유지하는 지속적 낭만파가 있다.

2 젊음의 욕망, 어떻게 할 것인가

인간은 욕망하는 존재다. 다양한 욕망이 들끓는 존재다. 욕망의 충족을 원하는 존재다. 20대 초반의 젊음을 지닌 대학생의 경우는 더욱 그렇다. 입시준비를 위해 억눌러 두었던 여러 가지 욕구들이 분출한다. 또한 대학생활에는 다양한 유혹이 존재한다. 갑자기 주어진 무제한의 자유, 입시준비를 위해 그동안 억압해 왔던 호기심과 욕망들, 젊은이로서 당연히 느끼게 되는 다양한 충동들, 그리고 대학생활에서 접하게 되는 환경적인 유혹들은 자칫 무절제한 대학생활을 초래할 수 있는 요인들이다.

대학생들이 흔히 경험하는 충동과 유혹들은 다음과 같다. 실컷 자 보기_{일주일 동안 계속 자기}, 공부 안 하고 한 달 동안 편안하게 쉬어 보기, 친구들과 지칠 때까지 놀아 보기, 맛있는 음식 마음껏 먹어 보기, 술 실컷 마셔 보기, 이성과 뜨거운 사랑해 보기, 열정적인 섹스 경험해 보기, TV나 야동 실컷 보기, 전자오락 마음껏 해 보기, 멋있는 좋은 옷 입고 마음껏 멋내 보기, 명품을 비롯한 좋은 물건 쇼핑하기, 첨단 전자제품 구입하기, 마음대로 여행하며 돌아다니기, 빈둥거리며 아무 일도 안 해 보기, 부모나 교사의 잔소리로부터 벗어나 내 마음대로 살아보기 등.

그렇다. 대학생이라면 누구나 이러한 욕구들을 느끼게 된다. 적어도 이들 중 몇 가지 욕구를 마음껏 충족하고 싶은 마음을 지니게 된다. 그것은 자연스러운 것이며 어쩌면 당연한 것이다. 이러한 욕구를 느끼는 것에는 아무런 잘못이 없다.

문제는 이러한 욕구에 대해서 어떤 태도를 취하느냐는 것이다. 욕구를 발산할 것인가 아니면 억제할 것인가? 욕망을 충족시킬 때 우리는 쾌락을 느낀다. 욕망과 쾌락에 대해서는 크게 두 가지의 상반된 태도가 존재한다.[39] 쾌락주의와 금욕주의가 그것이다.

(1) 금욕주의자

욕망은 눈먼 야생마와 같아서 우리를 파멸의 절벽으로 인도할 수 있다. 욕망에 대한 고삐를 틀어쥐고 제어하지 않으면 불행의 나

락으로 떨어지게 된다. 이러한 견해의 극단적 입장이 금욕주의 ascetacism다. 욕망은 사악할 뿐만 아니라 어리석고 위험한 것이므로 엄격하게 억제해야 한다는 입장이다. 실제로 욕망은 인간을 탐욕스럽고 방탕하게 만들어 개인적인 불행뿐만 아니라 도덕적 타락에 빠지게 한다. 금욕주의자들이 욕망과 쾌락을 위험한 것으로 보는 이유는 다음과 같다.

첫째, 욕망은 충족되기 어렵다는 것이다. 욕망 충족으로 얻은 쾌락은 시간이 흐름에 따라 사라진다. 인간은 욕망 충족상태에 금방 익숙해지기 때문에 시간이 지나면 쾌락의 강도가 약화된다. 따라서 우리는 다시 쾌락을 찾아나서야 하고 좀 더 강한 쾌락을 추구하게 된다. 이러한 경향은 중독현상으로 나타나게 되는데, 알코올 중독, 마약중독, 게임 중독, 쇼핑 중독 등과 같은 대부분의 중독현상은 욕망과 쾌락을 추구한 결과로 초래된 불행한 결과다.

둘째, 욕망은 인간을 무절제하고 나태한 존재로 만들 수 있다. 욕망과 쾌락을 따라 살게 되면, 현실에 대한 통제력을 상실할 수 있다. 현실을 통제하기 위해서는 여러 가지 스트레스를 견딜 수 있어야 하고 자신의 욕망을 억제할 수 있어야 한다. 그런데 욕망에 따라 제멋대로 행동한다면 현실 적응이 현저하게 훼손될 것이다.

셋째, 욕망과 쾌락에는 의미가 없다는 것이다. 욕망에 따라 사는 것은 개나 돼지의 삶과 같이 무가치하다는 생각이다. 욕망 충족을 통한 쾌락은 공허하다는 것이다. 그때만 즐거울 뿐 시간이 흐르면 사라지며 가치 있는 것을 남기지 않기 때문이다. 욕망을 추구하는 삶은 궁극적으로 공허한 종말을 초래할 수밖에 없기 때문에 무가치하다는 생각이다.

마지막으로, 욕망은 사회적 관계와 유대를 약화시킨다. 욕망은 기본적으로 이기적인 것이어서 다른 사람의 욕구나 입장에 둔감하다. 따라서 다른 사람의 이익을 무시하거나 침해하게 되므로 결과적으로 인간관계를 와해시키고 사회적 갈등과 대립을 악화시키게 된다는 것이다.

(2) 쾌락주의자

욕망이 항상 나쁜 것일까? 항상 우리를 불행으로 인도하는 것일까? 그렇지 않다는 입장이 쾌락주의hedonism다. 욕망과 쾌락에는 긍정적인 요소가 있다는 입장이다. 인간의 욕망은 오랜 진화의 과정에서 발달해 온 적응 메커니즘이라고 할 수 있다. 따라서 욕망에 과도하게 탐닉하지만 않는다면, 욕망은 우리의 삶을 건강하고 적응적으로 인도하는 지혜로운 안내자의 역할을 할 수 있다. 이러한 쾌락주의자들은 다음과 같은 견해를 지니고 있다.

첫째, 욕망은 삶에 의욕과 활기를 제공한다. 욕망은 삶에 에너지를 불어넣는 원천이라고 할 수 있다. 만약 아무런 욕망이 없다면, 무슨 동력으로 삶을 영위해 나갈 것인가? 욕망을 과도하게 억제하는 것은 생기 없는 무미건조한 삶을 초래할 뿐이라는 것이다.

둘째, 욕망은 삶에 필요하고 시급한 과제에 대응하는 능력을 증진시킨다. 인간의 자연스러운 욕망은 생존과 적응에 필요한 활동을 촉진하는 신호라고 할 수 있다. 이러한 신호를 무시하게 되면 우리의 삶이 부적응적인 것으로 전락할 수 있다. 예를 들어, 우리의 몸은 수분이 부족할 때 갈증을 느끼게 하여 수분을 섭취하게 만들고, 영양이 부족할 때는 식욕을 느끼게 하여 영양을 섭취하게 만든다. 고독감은 사회적 존재인 인간으로 하여금 대인관계에 참여하도록 촉진한다. 욕망은 장구한 진화과정에서 갖추게 된 적응 메커니즘의 발현이라는 생각이다.

셋째, 욕망은 즐거움의 원천이다. 욕망의 충족을 통해서 우리는 즐거움과 행복감을 느끼게 된다. 이러한 긍정 정서는 그 자체로 보상적인 것일 뿐만 아니라 스트레스에 대한 인내력을 증가시키고 현실에 대한 통제력을 강화한다. 또한 대인관계를 증진하고 건강에도 긍정적인 영향을 미친다. 즐거움을 느끼지 못하는 우울증 상태는 그 자체로 고통스러울 뿐만 아니라 현실적 과제에 무기력하게 대응하고 위축된 대인관계를 초래할 수 있다.

마지막으로, 욕망에 대한 긍정적인 견해를 지닌 사람들은 금욕주의자들이 너무 편향적인 생각을 지니고 있다고 비판한다. 금욕주의자들은 욕망과 쾌락 추구를 무절제한 탐욕이나 방종과 같은 극단적인 상태로 간주한다는 것이다. 즉, 욕망의 위험성을 지나치게 과장하고 있다는 것이다. 그러나 욕망과 쾌락의 적절한 추구는 몸과 마음을 즐겁게 함으로써 인생을 향유하도록 만든다. 오히려 욕망에 대한 과도한 억제나 억압은 삶을 메마르게 할 뿐만 아니라 때로는 정신장애의 원인이 되기도 한다.

대학생활에서 낭만을 추구하는 것은 바람직하다. 낭만은 대학생활에서 향유해야 할 소중한 가치일 뿐만 아니라 인생의 다양한 측면을 탐색하고 체험함으로써 폭넓은 안목과 자기성장을 촉진하기 때문이다. 뜨거운 사랑과 깊은 우정을 경험해 보고, 다양한 취미활동에 열정적으로 몰두해 보며, 세속적 가치에 수동적으로 순응하기보다 나름대로의 가치를 추구해 보고, 다양한 삶의 현장을 몸으로 체험해 보며, 마음껏 자신에게 자유로움을 허용해 보는 것은 대학생활에서 얻을 수 있는 소중한 경험이다. 이러한 낭만적 추구는 대학생활의 4대 과제 중 인간관계, 자기계발, 인생설계를 위한 체험적 바탕이 될 수 있다.

그러나 과유불급過猶不及, 즉 '지나침은 모자람만 못하다.'는 말이 있듯이, 과도한 낭만추구는 대학생활의 독이 될 수 있다. 자칫 충동적이고 무절제한 생활이 지속되면 자기파멸적인 결과를 초래할 수 있기 때문이다. 대학생활에서 심각한 부적응을 나타내는 학생들 중 상당수는 대학생활의 자유와 낭만을 무절제하게 추구하는 학생들이다. 예컨대, 이성관계에 지나치게 집착하다 실연에 대한 좌절감으로 자살을 시도하는 학생, 과도한 동아리활동으로 학사경고를 받는 학생, 과도한 소비활동 때문에 신용불량자로 전락한 학생, 충동적인 성행위로 성병과 임신의 문제를 겪는 학생, 과도한 음주습관으로 건강을 해치고 치명적인 상해를 입는 학생, 나태하고 무책임한 행동으로 성적부진과 더불어 인간관계의 고립을 초래하는 학생, 하루 종일 자취방이나 하숙집에서 빈둥거리며 시간을 허비하는 학생, 전자오락과 야동에 빠져 폐인이 되어 버린 학생들이 그러한 경우다.

대학생활의 자유와 낭만은 자기절제하에서 향유되어야 한다. 자신의 충동을 잘 인식하고 조절하면서 자유와 낭만을 누리는 지혜가 필요하다. 대학생활을 마치고 캠퍼스를 떠나는 졸업반 학생들이 가장 많이 후회하는 것은 인생의 가장 소중한 기간을 무절제한 생활로 허비했다는 것이다. 충동조절은 대학생활을 통해 반드시 익혀야 하는 매우 중요한 삶의 기술이다.

자유로운 대학생활을 성공적으로 영위하기 위해서는 자기조절이 중요하다. 자기조절에 어려움을 겪는 대학생의 몇 가지 사례를 살펴보자.

→ 사례 1: Y군은 책상에만 앉으면 게임의 유혹을 떨치기 어렵다. '가볍게 리니지 한 판 때리고 차분한 마음으로 공부해야지.' 라는 생각으로 컴퓨터 앞에 앉지만, '가볍게'는 어느덧 한 시간, 두 시간을 넘어 결국 밤새도록 게임에 매달리게 된다. 게임을 일단 시작하면 한 시간 안에 그만두기가 어렵다는 걸 알면서도, 늘 '조금만 하고 다른 일을 해야지.' 라는 생각으로 게임을 하게 된다. 게임의 유혹은 시험 기간에 더욱 심해져서, 시험에 대한 불안과 부담이 커질수록 '잠시' 머리를 식히기 위해 게임을 하지만 결국 공부는 시작도 하지 못한 채 밤새

도록 게임만 하는 일상이 반복되고 있다.

→ 사례 2: S양은 몇 년째 계속 다이어트를 하려고 노력하고 있지만 진전이 없다. 몇 Kg을 감량했다가도 다시 폭식을 하는 바람에 체중은 오히려 처음보다 늘었다. 특히 스트레스를 받거나 남자친구와 싸운 날에는 먹는 양이 2~3배 많아진다. 오후까지 잘 조절했다가도 저녁만 되면 식욕을 주체할 수가 없다. 많이 먹을 때는 밥 세 그릇은 기본이고, 라면에 과자와 빵을 배가 터질 때까지 먹는다. 더 이상 음식이 들어갈 수 없을 때까지 먹곤 하는데, 그런 일이 있고 나면 너무 허탈하고 자신이 구제불능처럼 여겨져서 괴롭다.

→ 사례 3: 여자친구가 없는 K군은 외롭기도 하고 재미있기도 해서 야동을 보기 시작했다. 하지만 지금은 스스로 중독 수준이라고 여길 만큼, 집에 있는 시간에는 늘 야동을 보고 있다. 지금까지 남에게 폐를 끼치지 않고 바르게 살아왔다고 자부했는데, 자신이 야동을 보느라 지각하고 결석하는 일이 많다는 걸 친구들이 알까 봐 부끄러울 따름이다. 야동을 보는 것 자체는 나쁘지 않은 일이라고 생각하는데, 문제는 조절하기가 힘들다는 것이다. 한 번은 야동을 끊기 위해서 방에 있는 컴퓨터를 치워 버렸지만, 하루를 버티지 못하고 PC방에 가서 야동을 보고야 말았다. 때로는 야동의 영향으로 여자만 보면 이상한 생각이 들기도 하고 수업시간에도 그 장면이 떠올라서 곤혹스럽다.

자기조절 능력의 자가진단

나의 자기조절 능력은 어느 정도일까? 스스로 자기진단을 해 보자. 아래의 문항을 주의 깊게 읽고, 자신이 지난 1년간 실제로 어떠했는지에 근거하여 자신에게 가장 적절한 숫자에 O표 한다.

	전혀 그렇지 않다	약간 그렇다	상당히 그렇다	매우 그렇다
1. 나는 규율을 잘 지키는 사람이다 ·················	0	1	2	3
2. 나에게 주어진 일을 예정된 시간까지 잘 마무리한다 ································	0	1	2	3
3. 나는 감정을 잘 조절하는 편이다 ···············	0	1	2	3
4. 당장의 이득보다는 나중의 이득을 먼저 생각한다 ································	0	1	2	3
5. 주변 사람들은 나를 자제력이 강한 사람이라고 이야기한다 ·································	0	1	2	3
6. 충동적으로 돈을 쓰는 경우는 드물다 ··········	0	1	2	3
7. 다른 사람들은 내 생활습관이 안정되어 있다고 이야기한다 ·································	0	1	2	3
8. 앞으로 할 일의 계획을 세우고 잘 지키는 편이다	0	1	2	3
9. 나는 쉽게 흥분하지 않는다 ·····················	0	1	2	3
10. 나는 스스로를 잘 통제하는 편이다 ············	0	1	2	3

10문항 중 O표를 한 점수를 모두 합하여 총점을 구한다. 총점의 범위에 따라 당신의 자기조절 능력은 다음과 같이 이해될 수 있다.

- 0~10점: 자기조절 능력이 부족한 상태다. 자기조절 능력을 향상시키기 위한 적극적인 노력이 필요하다.
- 11~20점: 자기조절 능력이 보통 수준에 속하지만, 좀 더 자기조절 능력을 향상시키기 위한 노력이 필요하다.
- 21~25점: 자기조절 능력이 상당히 우수한 수준이며 이를 계발하여 자신의 강점으로 발전시킬 수 있다.
- 26~30점: 매우 탁월한 자기조절 능력을 지니고 있으므로 이를 자신의 대표 강점으로 계발하는 것이 바람직하다.

4 충동조절하기

욕망과 쾌락의 문제에 있어서 중요한 것은 어떤 극단에도 빠지지 않는 절제다. 과유불급過猶不及이라는 말이 있듯이, 과도한 억제와 탐닉은 모두 바람직하지 않다. '절제temperance'는 지나침이나 극단적 태도에 빠지지 않게 함으로써 우리를 보호하는 기능을 한다. 절제는 자기조절을 통해 욕망을 적절하게 해소하는 자세를 뜻한다. 이러한 절제적인 태도를 위해서 중요한 것이 자기조절이다.

자기조절self-regulation은 개인이 지향하는 목표나 기준에 도달하기 위해서 자신의 충동과 행동을 조절할 수 있는 능력을 의미한다. 어떤 자극을 접했을 때, 처음 떠오르는 충동이 있다. 예컨대, 맛난 음식을 접하게 되면 '먹고 싶다'는 충동을 느끼게 된다. 그러나 처음 떠오르는 충동에 따라 행동하는 것이 항상 적절한 것은 아니다. 이처럼 부적절한 충동을 조절할 수 있는 능력이 필요하다. 부적절한 충동에 따라 행동하게 되면 부적응적인 결과가 초래되기 때문이다.

(1) 자기조절의 핵심: 더 큰 만족을 위한 작은 만족의 지연

자기조절을 위해 중요한 것은 **만족 지연**delay of gratification, 즉 더 큰 보상을 위해서 즉각적인 작은 만족을 늦출 수 있는 능력이다.[40] 만족 지연에 관해서는 《마시멜로 이야기》를 통해서 잘 알려져 있다. 마시멜로는 서양 아이들이 좋아하는 과자다. 마시멜로 실험에서 많은 아이들에게 마시멜로 한 개를 주고 15분 동안 먹지 않고 참으면 마시멜로를 하나 더 준다고 말한다. 많은 아이들이 마시멜로의 유혹을 뿌리치지 못하고 실험 도중에 마시멜로를 먹었다. 그러나 실험 참가자 중에는 마시멜로의 유혹을 견뎌 내고 마시멜로를 더 받은 아이들도 있었다. 세월이 흐른 후에 마시멜로의 유혹을 참아 낸 아이들과 그렇지 못한 아이들의 생활을 비교한 결과, 마시멜로의 유혹을 견뎌 낸 아이들은 그렇지 못한 아이들보다 대인관계가 더 원만했으며 직장생활도 더 잘했다. 이러한 연구결과는 한순간의 유혹을 견디고 더 좋은 기회를 찾을 수 있는 능력을 가진 사람이 더 적응적인 생활을 한다는 것을 보여 준다.

자기조절의 실패는 개인과 사회를 불행으로 몰아가는 다양한 문제들의 핵심이다. 약물남용, 도박중독, 범죄와 폭력, 학업부진, 신용불량, 성병, 규칙적인 운동의 실패, 과식과 폭식 등은 모두 자기조절의 실패로 야기되는 문제들이기 때문이다. 이런 점에서 자기조절은 행복하고 성공적인 삶을 위한 매우 중요한 능력이라고 할 수 있다.

(2) 자기조절 능력의 향상방법

자기조절은 노력을 통해 향상될 수 있다. 선천적으로 자기조절 능력을 타고 나는 사람은 없다. 자기조절 능력은 후천적인 노력을 통해서 향상되는 것이다.

자기조절을 위한 첫 단계는 자기관찰이다. 자신의 충동과 행동에 주의를 기울이는 것이다. 자신을 부적응적인 상태로 몰아가는 충동과 행동을 관찰하는 것이다. 주의를 기울여 관찰되지 않는 행동은 개선되지 않는다. 자기조절을 위해서는 자신이 어떤 충동에 휩싸이게 되는지 그리고 어떤 상황에서 부적응적인 행동을 반복하게 되는지 주의 깊게 관찰해야 한다.

두 번째 단계는 충동을 잘 이해하는 것이다. 우선, 충동은 자연스러운 것이라는 점을 이해해야 한다. 충동 자체는 나쁘거나 잘못된 것이 아니다. 성격적 결함이나 부도덕성 또는 의지의 부족 때문에 생겨나는 것은 더더욱 아니다. 아울러 충동은 우리의 마음에 일어나는 파도와 같은 것이라는 점을 이해해야 한다. 충동은 파도처럼 짧은 시간 나타났다가 가라앉는다. 충동은 그 속성상 10분 이상 지속되지 않는다. 충동이 너무나 강해서 견디기 어려운 순간도 있지만, 대부분의 경우 충동은 10분 이내에 잦아들게 된다. 대부분의 사람들은 충동이 저절로 감소하는 것을 경험하기 전에 그 유혹에 굴복하기 때문에, 가만히 내버려두기만 해도 충동이 저절로 사라진다는 사실을 깨닫지 못할 뿐이다.

자기조절을 위한 세 번째 단계는 충동을 '지나가게 하는 것letting go'이다. 충동에 따라 행동하지 않은 채 충동이 저절로 사그라지도록 기다리는 것이다. 충동의 파도가 일어났다 사라지는 10분 이내의 시간을 잘 견뎌 내는 것이 충동조절에 있어서 가장 중요한 관건이다. 충동의 유혹에 굴복하게 되면, 충동의 파도는 더 높아지고 강렬해진다. 그렇다고 해서 충동을 지나치게 억제하기 위해 과도한 노력을 기울일 필요도 없다. 충동은 억제하려 하면 할수록 더욱 드세지는 경향이 있기 때문이다. 자기조절을 잘 하기 위해서는 이러한 충동의 속성을 잘 이해하고 충동에 휩싸이지 않은 채 그 파도를 잘 타는 서핑 선수가 되어야 한다.

네 번째 단계는 충동의 유혹을 견디기 어렵다면 그러한 충동이 일어나는 상황을 파악하여 가급적 피하도록 노력한다. 컴퓨터를 사용할 때마다 전자오락의 유혹을 억제하기 어렵다면, 가능한 한 컴퓨터 사용을 피하거나 학교의 공용 컴퓨터를 사용하는 방법이 있다. 만약 그러한 상황조차 피하기 어렵다면, 충동에 대한 관심을 분산시킬 수 있는 방법을 모색한다. 예를 들어, 컴퓨터를 켤 때마다 전자오락의 충동을 느끼는 경우, 전자오락이 아닌 다른 생산적인 활동으로 대체하는 것이다. 컴퓨터를 켜자마자 곧바로 보고서 작성을 하거나 메일을 확인하는 것이다. 〈표 9〉에 제시되어 있듯이, 이처럼 충동조절을 위한 계획을 세워 실천하는 것이 필요하다.

마지막으로, 충동조절을 위해서는 스트레스를 잘 관리해야 한다. 평소에 자기조절을 잘 하던 사람도 스트레스나 심리적 압박감

표 9	컴퓨터 게임 충동의 조절 계획
충동적 행동	컴퓨터 게임을 한 번 하면 3~4시간 동안 빠져서 멈출 수가 없다.
충동 유발상황	컴퓨터를 켤 때, 특히 식사 후, 시험 기간 중
충동조절 계획	컴퓨터를 켤 때: 보고서 작성이나 메일 확인, 정보 검색을 할 경우 외에는 컴퓨터를 켜 놓지 않는다. 일 때문에 컴퓨터를 사용해야 한다면, 컴퓨터를 켜자마자 무조건 일과 관련된 파일을 연다. 작업을 하기 시작하면 게임을 하고 싶은 마음이 자연히 가라앉기 때문이다. 식사 후: 식사 후에 잠시 휴식을 하자는 생각으로 게임을 하게 되는데, 식사 후에는 친구들과 이야기를 나누거나 음악을 들으면서 휴식시간을 갖는다. 시험 기간 중: 시험 기간에는 가급적 컴퓨터를 사용하지 않는다. 정보검색을 위해 필요하다면, 학교 공용 컴퓨터를 이용한다. 시험에 대한 부담과 스트레스는 시험이 끝난 후의 짧은 여행 등을 계획하면서 해소하려고 노력한다.

을 느끼면 충동조절이 어려워진다. 충동을 조절하는 데는 심리적 에너지가 필요하다. 충동에 주의를 기울이며 행동을 억제해야 하기 때문이다. 그런데 스트레스를 겪게 되면 그에 대처하기 위해서 심리적 에너지를 빼앗기게 되므로 자기조절이 느슨해지면서 충동적인 행동을 하게 된다. 예를 들어, 평소에 다이어트를 잘 하던 학생도 시험이 다가오거나 심한 정서적 스트레스를 받게 되면 폭식을 하게 된다. 그러므로 스트레스를 잘 관리하면서 충동조절을 유지하는 것이 지속적인 자기조절에 있어서 매우 중요하다. 역사적인 위인들은 어떠한 유혹과 심리적 압박감에도 충동을 조절할 수 있는 강인한 자기조절 능력을 키워 온 사람들이다. 이런 점에서 자

기조절 능력은 인격의 바탕이라고 할 수 있다.

충동조절은 결국 자유와 책임의 문제로 귀결된다. 우리는 누구나 자신의 충동에 대해서 어떻게 반응할 것인지를 자유롭게 선택할 수 있다. 그러나 기억해야 할 점은 우리가 선택한 행동의 결과에 대해서 반드시 책임을 져야 한다는 사실이다. 우리는 자유로운 만큼 책임을 져야 하며, 책임을 질 수 있는 만큼 자유로울 수 있는 것이다. 충동의 파도 앞에서 필요한 것은 행동의 결과를 미리 헤아리는 지혜를 잃지 않고 유연하게 충동을 다스리는 절제의 미덕이다.

5 대학생의 성생활

대학생에게 있어서 조절하기 어려운 충동이 성욕이다. 성욕의 불길은 강렬하다. 젊은이에게는 더욱 그렇다. 성욕의 불길은 쉽게 진화되지 않는다. 성욕을 어떻게 해결하느냐 하는 것은 대학생이 해결해야 할 중요한 과제 중 하나다.

청소년이 되면, 육체는 이미 성인의 상태로 성장한다. 생식을 할 수 있는 육체적 조건이 갖추어진다. 아울러 이성에 대한 관심이 급격히 높아진다. 이성과의 육체적인 접촉을 하고 싶은 갈망이 증가한다. 더구나 요즘에는 청소년의 성적인 호기심을 자극하는 포르노 사진이나 동영상이 범람하고 있다. 대학생이 되면 입시부담으로 억눌렸던 성적인 호기심과 욕구가 급격하게 증가한다. 부모나 교사의 감독도 사라지고 이성교제를 마음대로 할 수 있다.

성적인 욕망은 결혼을 하여 부부관계를 맺음으로써 해결될 수 있다. 그런데 결혼은 대학을 졸업하고 경제적 능력을 획득한 20대 후반에나 가능하다. 한국의 평균 결혼연령은 남자의 경우 30~33세이고 여자의 경우는 27~30세로 과거에 비해 늦어지고 있다. 그렇다면 이미 육체적으로 성숙했을 뿐만 아니라 강렬한 성적인 욕망을 느끼는 대학생들은 이러한 욕망을 어떻게 해소해야 하는가? 결혼하기까지 적어도 10여 년 동안 성욕을 어떻게 해결해야 하는가?

미혼의 젊은이들이 성욕을 해소하는 가장 흔한 방법은 자위행위다. 스스로의 몸에 자극을 가하여 성적인 욕망을 해소하는 방법이다. 대다수의 대학생들이 자위행위를 하고 있다. 그러나 자위행위로 성욕을 해소하는 것에 대해서 충분한 만족감을 느끼지 못하는 대학생들이 많다. 상대방 없이 혼자 하는 성욕 해소 방법이기 때문이다. 자위행위를 하고 나면, 공허감과 허전함을 느끼는 경우가 흔하다. 또한 자위행위에 대해서 자책감과 죄의식을 느끼는 학생들도 있다. 자위행위는 인간이 성욕을 발산하는 보편적인 방법 중 하나이며 지극히 정상적인 행위라고 할 수 있다. 특히 미혼자가 성욕을 해소하는 가장 안전한 방법이기도 하다. 너무 자주 자위행위에 몰두하지만 않는다면, 자위는 대학생에게 있어서 가장 건전하고 안전한 성욕 해소법이라고 할 수 있다.

대학생들이 성욕을 해소하는 또 다른 방법은 포르노물을 보는 것이다. 야한 동영상이나 포르노 잡지 또는 영상물을 보면서 대리적인 만족감을 느끼는 것이다. 법적인 규제를 벗어나지 않은 내용의 포르노물을 보는 것은 성인인 대학생에게 있어서 문제가 되지 않는다. 지나치게 많은 시간을 포르노물 보기에 투자하지 않는다면, 성욕을 해소하는 하나의 방법이 될 수 있다. 그러나 대부분의 경우, 포르노물은 성욕을 감소시키기보다 오히려 증가시키는 경향이 있다. 보는 것만으로는 욕망이 충분히 해소되지 않기 때문이다. 오히려 성적인 공상과 욕망을 증가시켜 무절제한 대학생활을 초래할 수도 있다.

또 다른 방법은 이성친구와의 성행위다. 성행위는 이성 간의 사랑을 표현하는 가장 친밀한 방법 중 하나다. 두 사람 사이의 애정과 신뢰가 깊어지면 성행위로 이어질 수 있다. 그러나 이 경우에, 반드시 고려해야 할 섬이 있다. 첫째, 성행위를 할 경우에는 반드시 상대방의 동의가 필요하다. 동의하지 않는 이성친구와의 강제적인 성행위는 성폭행이나 강간에 해당한다. 이러한 행위는 불법적인 행위일 뿐만 아니라 다양한 치명적 결과를 초래한다. 둘째, 피임하는 것을 잊지 말아야 한다. 임신이라는 치명적인 결과가 초래될 수 있기 때문이다. 특히 술에 취한 상태에서 충동적으로 맺게 되는 성행위는 매우 조심해야 한다. 충동적인 성행위로 임신을 하게 되는 경우가 드물지 않다. 임신을 하게 되면, 당사자 모두 심리적 충격과 혼란을 겪게 된다. 특히 여학생은 미혼모가 되거나 낙태수술을 통해서 몸과 마음에 커다란 상처를 입게 된다. 충동적인 성행위 뒤에는 치명적인 결과와 무거운 책임이 뒤따른다는 사실을 명심해야 한다. 셋째, 성욕의 발산을 위한 무절제한 성행위는 자제해야 한다. 성행위는 사랑하는 사람과 애정을 나누는 아름다운 행위다. 쾌락을 위한 무분별한 성행위는 그 아름다움과 소중함을 느끼지 못하게 만든다. 이것은 무절제한 성행위로 입게 되는 가장 큰 손실이자 후유증이라고 할 수 있다. 마지막으로, 성병에 감염되지 않도록 주의해야 한다. 성관계를 통해 전염되는 질병은 매우 다양하다. 매독, 임질, 에이즈가 그 대표적인 경우다. 특히 일부의 성병은 오랜 잠복기를 지니고 있어서 자신이 성병에 걸린 사실을 인식하지 못한 채 성행위를 할 수 있다. 무분별한 성행위로 성병이라는 치명적인 결과가 초래될 수 있음을 유의해야 한다.

● 이런 경우엔 어떻게 해야 하나요?

연인들은 서로 친밀해지면 신체적인 접촉을 통해서 애정을 교환한다. 손을 잡고, 팔짱을 끼고, 포옹을 하고, 키스와 애무를 하는 등 연인관계가 발전하면서 신체적인 애정표현도 깊어진다. 때로는 성관계를 맺기도 한다.

문제는 성관계를 맺는 것에 대해서 두 사람의 입장이 다를 경우다. 일반적으로 연인관계에서 남자는 여자에 비해서 성관계를 맺고자 하는 욕구가 더 강하다. 그러므로 성관계에 대한 입장에 있어서 남자와 여자가 다를 가능성이 높으며 이러한 차이는 연인 사이에 갈등을 유발할 수 있다.

다음은 남자친구와의 관계를 고민하는 한 여대생의 이야기다. 이런 경우에 이 여대생은 어떻게 해야 할까? 만약 당신에게 조언을 구해 온다면, 무엇이라고 말해 주겠는가?

"5개월 전부터 남자친구를 만나고 있는데, 요즘은 서로 좋아하는 연인 사이가 되었어요. 자상하고 저에게도 잘 해 주고요. 그런데 요즘 그 남자친구가 성관계를 원합니다. 하지만 저는 결혼을 하기 전까지는 성관계를 원치 않거든요. 그래서 제가 몇 번 거부를 했어요. 그랬더니 그 남자친구가 삐졌는지 요즘은 연락도 잘 하지 않고 저를 좀 멀리하고 있어요. 사실 저는 성관계를 요구하는 점을 제외하면 그 남자친구가 다 좋아요. 그냥 이런 상태로 계속 사귀고 싶은데…… 이런 상황에서 저는 어떻게 해야 하나요?"

이 밖에도, 다양한 유형의 유흥업소에서 일하는 접대부와의 성관계를 통해서 성욕을 해소하는 대학생들이 있다. 현재 우리나라에서 매춘은 불법행위다. 매춘에 참여한 모두가 범법자로서 처벌을 받게 된다. 또한 많은 사람들을 접하는 접대부들은 성병을 전염시킬 가능성이 높다. 그러므로 이러한 성욕 해소 방법은 피해야 한다.

대학생에서 있어서 성욕을 절제하는 것은 매우 중요한 과제인 동시에 매우 어려운 문제이기도 하다. 성욕은 포르노물을 자주 접하거나 스트레스가 심해지면 더욱 강렬해지는 경향이 있다. 특히 음주상태에서는 성적인 욕망을 발산하려는 충동적인 행동이 증가한다. 이러한 사실에 유의하여 불필요하게 성적 욕망을 자극하는 상황을 피하는 것이 바람직하다.

대학생이 성욕에 대처하는 가장 우아한 방법은 그것을 승화시키는 것이다. 성욕은 삶의 에너지다. 승화는 그 에너지를 건설적인 활동에 쏟아 붓는 것이다. 학업이든 취미생활이든 운동이든 생산적인 일에 전념하는 것이다. 무언가 생산적인 활동에 전념하는 사람에게는 성적인 욕망이 의식에 잘 떠오르지 않는다.

대학생 선배들로부터 후배들에게 전해 내려오는 성욕 대처법이 있다. 자신을 바쁘게 만들라는 것이다. 성에 대해서 한가하게 공상할 시간이 없도록 대학생활을 바쁘게 하라는 것이다. 성욕은 한가한 사람에게 자주 방문하는 불청객이기 때문이다. 뚜렷한 목표 없이 빈둥거리는 대학생들에게는 성욕의 불길이 대학생활 전체로 번지기 쉽다. 아울러 운동을 열심히 하라고 권한다. 그것도 빡세게 해야 한다는 것이다. 몸이 지칠 정도로 운동을 하여 잠자리에 들면 곧 단잠에 빠져들도록 하라는 것이다. 이러한 조언은 성욕을 승화시키라는 메시지를 담고 있다. 뚜렷한 목표를 지니고 대학생활을 열심히 하면, 성욕이라는 불청객을 피할 수 있을 뿐만 아니라 성취와 건강이라는 열매를 거둘 수 있다.

6 대학생의 소비생활

대학생이 빠져들기 쉬운 함정 중 하나는 소비의 충동이다. 대학생이 되면, 돈 쓸 곳이 급격하게 늘어난다. 학업에 필요한 비용은 물론 인간관계가 확대되면서 여러 모임의 참가비와 교제비, 휴대전화 사용료, 의복 구입비, 문화생활비영화, 연극, 음악회 등와 더불어 여러 가지 전자제품 구입비휴대전화, MP3, 컴퓨터, PMP 등와 자기계발비각종

교육 프로그램 참가비 및 학원비가 필요하다. 대학생이 되면 생활의 폭이 넓어지면서 다양한 용도의 씀씀이가 현저하게 늘어난다.

대학생활을 하면서 자칫 무분별하게 지출과 소비를 하다 보면 매우 난처한 상황에 처할 수 있다. 최근에는 대학생 신용불량자가 급격하게 늘어나고 있다. 신용불량자는 금융기관에 일정액 이상의 채무를 지고 있으며 약정한 기간 내에 채무를 갚지 못하고 연체되어 대출이 금지된 사람을 말한다. 2008년에 집계된 자료에 따르면, 대학생 신용불량자가 2년 전에 비해 무려 11배나 늘었다. 무분별한 소비와 지출로 많은 대학생들이 신용불량자로 전락하고 있는 것이다. 최근에 신용불량자가 된 P군의 경우를 살펴보자.

P군은 서울의 한 대학교에 진학하게 된 지방 출신의 새내기 대학생이다. 대학에 입학한 P군에게 부모님은 신용카드의 발급을 허락해 주셨다. 외향적인 P군은 대학생활을 시작하면서 여러 모임에 적극적으로 참여하였으며 멋도 부리고 싶어서 백화점에서 옷도 몇 벌 사 입었다. 친구들과 어울려 다니면서 술값으로 카드를 이리저리 긁기도 하였다. 기분파인 P군은 친구들과 술을 마시면 항상 앞장서서 자신의 카드로 계산을 하곤 했다.

비교적 넉넉한 용돈을 받았던 P군은 별로 돈 걱정을 하지 않았다. 아르바이트 자리를 구하면 카드 값 정도는 충분히 충당할 수 있을 것으로 생각했다. 그러나 서울에 올라와 생활한 지 몇 달이 지나자 신용카드 결제금액은 이미 용돈의 한계를 넘어서기 시작했다.

그러던 중 P군에게 여자친구가 생겼다. 데이트를 자주 하면서 카드 사용액은 더 늘어났다. 여자친구와의 휴대전화 교신이 증가하면서 커플 요금제를 활용하기 위해 자신의 명의로 휴대전화 두 대를 개통하여 나누어 쓰게 되었다. 그런데 첫 달의 휴대전화 사용 요금이 무려 30만 원이 넘게 나온 것이다.

P군은 카드를 한 개 더 만들어 현금 서비스를 받으며 부족한 돈을 메우게 되었다. 카드 돌려 막기를 시작한 것이다. 현금 서비스의 이자는 10% 정도니까 큰 부담이 되지 않는다고 생각했으며 조만간 아르바이트를 구해서 갚을 수 있을 것으로 여겼다. 그러던 중 여자친구와의 사이에서 사소한 오해로 갈등이 생기면서 휴대전화의 사용량은 무제한으로 늘어났다. 친구들과의 술자리 모임도 늘어나 카드 사용도 증가했다. 급기야 휴대전화 요금을 연체하게 되었으며 카드회사로부터 빚 독촉을 받기 시작했다. 그러나 지방에서 올라온 P군에게 아르바이트 자리는 생각처럼 잘 구해지지 않았다. 마침내 P군은 카드 빚을 갚지 못하여 말로만 듣던 신용불량자가 되고 말았다. 어느새 수백만 원이나 되어 버린 카드 빚을 대신 갚아 달라고 부모님께 말씀드리려니 눈앞이 캄캄하다.

(1) 대학생의 재정관리

대학생이 되면 지출을 해야 할 용처는 급격히 늘어나지만 수입원은 극히 제한되어 있다. 따라서 체계적인 재정관리를 하지 않으면 채무를 떠안게 될 가능성이 높다. 재정관리의 제1원칙은 수입을 고려하여 지출하는 것이다. 대학생의 딜레마 중 하나는 돈을 쓸 곳은 많은데 돈이 들어올 곳은 별로 없다는 것이다.

대학생의 수입원은 크게 네 가지로 나누어 볼 수 있다. 첫째는 부모의 지원이다. 부모로부터 주어지는 재정적 지원은 가정형편에 따라 크게 다르다. 두 번째 수입원은 장학금이다. 대부분의 대학에는 학생들에게 다양한 장학금을 수여하고 있다. 장학금은 대학생이 재정적 지원을 받을 수 있는 가장 좋은 기회이므로 적극적으로 활용해야 한다. 세 번째 수입원은 가장 흔한 방법으로 부업활동, 즉 아르바이트를 하는 것이다. 대학생이 할 수 있는 아르바이트 활동은 과외지도를 비롯하여 편의점, 서점, 커피 전문점 등과 같은 다양한 업체에 시간제 취업을 하는 것이다. 마지막으로, 학자금을 융자받는 대출제도를 활용할 수도 있다. 정부는 대학생에게 학자금을 저리 또는 무이자로 융자해 주는 정부보증 학자금 대출제도를 시행하고 있다. 특히 가정형편이 어려워 학비 조달에 어려움을 겪는 학생들은 학자금 대출제도를 활용할 수 있다. 대출제도와 상환방법에 관한 자세한 내용은 한국장학재단http://www.kosaf.go.kr이나 학자금대출신용보증기금http://www.studentloan.go.kr의 홈페이지를 통해서 알 수 있다.

대학생활에서 지출하게 되는 돈의 사용처는 매우 다양하다. 대학생의 지출내역은 크게 고정 지출비용과 유동 지출비용으로 구분될 수 있다. 고정 지출비용은 대학생활을 위해서 필수적으로 소요되는 비용으로서 지출액수가 비교적 고정되어 있다.

고정 지출비용의 첫째는 학비다. 대학국립대학 대 사립대학과 전공학과인문사회계 대 자연이공계에 따라서 그 액수가 상당히 다르지만, 학비는 매 학기 지출되는 고정비용이다.

둘째는 기본생활비로서 숙식비와 교통비로 지출되는 비용이다. 특히 고향을 떠나 대학생활을 하는 경우에는 숙식비하숙비, 기숙사비, 자취비용가 지출의 커다란 부분을 차지하게 된다.

셋째는 학업유지비다. 대학에서의 학업을 수행하기 위해서 필수적으로 지출되는 비용이다. 수강하는 과목의 교재 구입비, 참고도서 구입비, 문구용품 구입비, 인쇄 및 복사비, 실습비나 실험 재료비 등이 이에 해당한다.

이상의 세 가지 비용은 대학생활을 위해서 매 학기마다 고정적으로 지출해야 하는 필수적인 비용이다. 반면에 다음에 소개되는 지출은 학생 개인에 따라 상당한 차이를 나타내는 유동 지출비용이다.

그 첫째는 통신비, 즉 휴대전화 사용료다. 휴대전화을 사용하는 정도는 학생에 따라 커다란 차이가 있다. 과도한 휴대전화 사용은 지출이 늘어나는 주된 원인이 된다.

둘째는 외모관리비다. 자신의 외모를 치장하기 위해 지출하는 비용으로서 의복 구입비, 두발 관리비, 화장품류, 신발류 및 장신구 구입비 등이 이에 해당한다. 유행에 민감하게 멋을 내거나 명품을 선호하는 학생들은 외모관리비로 많은 지출을 하게 된다.

셋째는 인간관계 유지비다. 대학생활을 하게 되면, 친구들과 식사를 하고 술을 마시고 노래방에 가는 등의 활동에 적지 않은 돈이 들어간다. 특히 음주가무를 좋아하는 학생의 경우에는 유흥비로 많은 돈을 소비하게 된다. 미팅, 소개팅, 데이트, 동아리활동 등에 소요되는 비용도 이에 해당된다.

넷째는 문화생활비로서 다양한 문화활동을 하기 위해 지출되는 비용을 뜻한다. 예컨대, 영화나 연극을 보고 음악회나 전시회 또는 스포츠 활동 등에 참여하기 위해 소요되는 비용을 말한다. 음악이나 동영상을 다운로드 받거나 다양한 전자제품을 구입하는 데 드는 비용뿐만 아니라 국내외 여행을 하기 위해 지출하는 비용도 이에 해당한다.

마지막으로 자기계발비가 있다. 자신의 역량을 강화하기 위한 각종 교육비를 말한다. 예컨대, 외국어를 배우기 위한 학원비, 컴퓨터 활용기술예: 포토샵, PPT제작 기술, 프로그래밍 언어 등의 교습비, 교내·외에서 실시되는 각종 자기계발 프로그램, 세미나, 워크숍, 학회의 참가비 등이 이에 해당한다.

이상의 다섯 가지 유동 지출비용은 학생에 따라 상당한 차이가 나타난다. 대학생의 건전한 재정관리를 위해서는 수입원에 비추어 이러한 유동 지출비용을 합리적으로 잘 관리하는 것이 중요하다.

재정관리를 위해서 중요한 것은 소비를 합리적으로 하는 것이다. 자신이 정말 하고 싶고 또 해야만 하는 일에 돈을 사용하는 것이다. 무조건 돈을 아끼는 것이 아니라 정말 필요한 일을 위해서 불필요한 지출을 자제하는 것이다. 합리적인 소비생활을 위해서는 다음과 같은 노력이 필요하다.

첫째, 소비계획을 세우고 지출을 수시로 체크한다. 합리적인 소비의 핵심은 계획성이다. 매 학기 또는 매달 수입원을 고려하여 지출 계획을 세우고 그에 따라 생활하도록 노력한다.

둘째, 신용카드의 사용을 자제한다. 대학생들의 소비지출을 부추기는 것 중 하나가 신용카드다. 가능하면 신용카드 대신 현금을 사용하는 것이 좋다. 현금으로 물건을 살 때는 신용카드를 사용할 때보다 신중해지기 때문이다.

셋째, 조그만 것이라도 신중하게 구입해야 한다. 충동구매야말로 지갑에 구멍을 뚫는 것과 같은 행위다. 매력적인 물건이라 하더라도 또는 바겐세일의 경우처럼 가격이 싸다 하더라도, 반드시 필요한 것이 아니면 사지 않는다.

넷째, '더치 페이'를 생활화하는 것이 바람직하다. 여러 친구들과 함께 식사를 하거나 술을 마셨을 때, 기분파들은 자신이 혼자 계산하겠다며 호기를 부린다. 이럴 경우에 신용카드는 더없이 유

용하다. 현금이 없더라도 멋지게 쏠 수 있기 때문이다. 이러한 충
동적인 행동은 채무자로 가는 지름길이다. 더치 페이에 익숙해지
도록 노력해야 한다. 처음에는 일일이 돈을 걷는 것이 친구 사이에
어색하게 여겨질 수 있다. 그러나 장기적으로 보면, 더치 페이가
모두에게 가장 편안하고 합리적인 계산방식이다.

다섯째, 자기계발에 투자한다. 자신에게 투자한 돈은 몇 배가 되
어 돌아오지만, 그냥 써 버린 돈은 다시 돌아오지 않는다. 성공적
인 미래를 위해서 20대에는 자기계발에 투자하는 것이 중요하다.
대학생의 진정한 투자는 바로 자기 역량을 계발하는 데 투자하는
것이다.

마지막으로, 먼저 저축을 하고 남은 돈으로 소비를 한다. 이것은
건전한 소비의 중요한 원칙이다. 미래의 소중한 일을 위해서 꾸준
히 저축하는 것이 중요하다. 먼저 저축할 액수를 떼어 놓고 나서
남은 돈을 소비에 지출하는 습관을 들이는 것이 바람직하다.

(2) 건전한 신용카드 사용습관

대학생들이 신용불량자로 전락하는 주된 원인은 신용카드의 무
분별한 사용이다. 신용카드는 불필요한 소비를 부추기는 경향이
있다. 견물생심見物生心이라는 말이 있듯이, 꼭 필요한 것이 아니더
라도 매력적인 물건을 보면 사고 싶은 충동이 일어난다. 당장 현금
이 없더라도 갖고 싶은 물건을 수중에 넣을 수 있다. '나중에 해결
하면 되겠지.' 하는 마음으로 카드결제를 하게 된다. 카드를 사용
할 때는 그동안의 사용액이 얼마인지, 통장의 잔고가 얼마나 남았

는지를 알 수 없기 때문에 부담을 덜 느끼게 된다. 그러나 월말에 눈덩이처럼 불어난 액수의 청구서가 날아온다. 이처럼 카드 사용을 남발하면 정기적인 수입이 없는 대학생들은 신용불량자가 되기 십상이다.

학생들은 소비를 부추기는 광고문화와 마케팅 전략을 경계해야 한다. 매년 선정되는 한국의 10대 히트 상품들은 대부분 젊은이를 주요 소비 계층으로 하는 것들이다. 소비의 유혹에 넘어가서 신용카드로 충동구매를 하는 것은 위험한 일이다. 재정관리 전문가에 따르면, 대학생의 경우 일반적으로 200만 원이 채무의 마지노선이라고 한다. 이 금액을 넘어서면 혼자서 해결하기 힘들기 때문이다. 더구나 신용카드 대금을 갚기 위해 높은 수수료를 물어야 하는 카드 깡을 이용하거나 신용카드 재발급을 통해 돌려 막기를 하게 되면, 빚이 눈덩이처럼 불어나므로 조심해야 한다.

대학생은 정기적인 소득은 없지만 독립적인 소비활동이 가능한 특수한 집단이다. 특히 우리나라의 20대는 수입액의 부모 의존도가 매우 높은 반면, 수입 대비 소비의 비율이 매우 높은 편이다. 우리나라 대학생의 경우, 월평균 수입에서 소비로 지출되는 비율이 86.4%로서 미국대학생의 66.1%, 일본대학생의 72.2%보다 훨씬 높다. 우리나라 대학생들의 소비지출 비율이 높은 이유 중 하나는 신용카드 회사들이 카드발급을 남발하기 때문이다. 대학생 시기에는 신용카드 사용을 신중하게 해야 한다. 아울러 다음과 같은 건전한 신용카드 사용습관을 지니는 것이 중요하다.

① 신용카드가 꼭 필요하다면 한 개만 사용하도록 한다.

② 신용카드를 사용할 때는 일시불로 결제하도록 한다.

③ 신용카드의 사용을 기록하면서 연체를 하지 않도록 노력한다.

④ 가능하면 현금을 사용하고, 신용카드는 집에 두고 다니도록 한다. 충동구매를 막기 위해서 신용카드는 필요할 때만 집 밖으로 갖고 나오는 것도 한 가지 방법이다.

⑤ 신용카드가 아닌 체크카드를 사용하도록 한다. 신용카드는 빚이지만 체크카드는 자신의 통장잔고만큼만 사용하는 카드다. 충동조절에 문제가 있다고 생각되는 사람은 신용카드를 모두 없애고 체크카드를 발급받아 사용하도록 한다.

7 대학생의 건강관리

"돈을 잃으면 조금 잃는 것이요, 사람을 잃으면 많이 잃는 것이며, 건강을 잃으면 모든 것을 잃는 것이다." 건강의 소중함을 잘 표현한 말이다. 우리는 건강을 잃기 전까지 그 소중함을 잘 모른다. 젊은 대학생들은 특히 그렇다. 건강한 몸 상태를 유지하는 것은 활기찬 대학생활을 위한 필수조건이다.

(1) 대학생의 건강을 해치는 요인들

20대는 육체적 기능이 가장 왕성하고 건강한 시기다. 그러나 건강을 해치기 가장 쉬운 시기이기도 하다. 건강에 대한 자신감 때문에 건강관리를 하지 않고 무리를 하기 때문이다. 대학생들이 수업에 결석을 하거나 휴학을 하는 주된 이유 중 하나가 건강문제다. 건강에 문제가 생기면 학업은 물론 대학생활 전반이 심각하게 위축된다. 대학생활에는 건강을 해치기 쉬운 요인들이 많다.

과도한 음주

대학생활에는 수많은 모임이 있고, 대부분의 모임에서는 술을 마시게 된다. 술이 모임의 분위기를 화기애애하게 만들기 때문이다. 술은 의식적인 억제 기능을 완화시켜 대인관계의 긴장감과 서먹함을 줄일 뿐만 아니라 친밀감을 증진하는 사교적 기능을 지니고 있다. 그래서 대학생의 모든 모임에는 술이 필수적으로 등장한다.

대학에 진학하여 처음 접하게 되는 신입생 환영회에도 술이 등장한다. 처음 만나는 사람들끼리 어색함을 줄이고 분위기를 부드럽게 하기 위해서 선배들이 술을 집요하게 권한다. 신입생 역시 대학생활의 자유와 낭만을 맛보기 위해서 과감하게 술을 마신다. 술에 취해 자신을 마음껏 드러내며 입시지옥에서 벗어난 해방감을 만끽한다. 이렇게 시작되는 대학생활의 음주는 수많은 모임과 함께 지속적으로 이어진다. 적당한 음주는 동료들과의 친밀감을 형성하는 데 도움이 될 수 있다.

문제는 과도한 음주다. 술을 마시는 횟수가 증가하면 음주량도 서서히 증가한다. 술을 잘 마셔야 호쾌한 사람이라고 생각하며 술잔을 모두 받아 마신다. 때로는 사교적인 목적을 위해서, 때로는 스트레스를 풀기 위해서 술을 마신다. 이런 일이 반복되면, 서서히 술에 종속되게 된다. 모임에서 술을 마시지 않으면 마음이 편하지 않다. 급기야 혼자 있을 때도 술 생각이 난다. 특히 자취나 하숙을 하는 학생들은 혼자 있는 쓸쓸한 시간을 술로 달래게 된다.

과도한 음주는 여러 가지 문제를 초래한다. 첫째는 학업에 악영향을 미친다. 과음을 하면, 다음날 아침에 일어나기 어렵고 수업시간에 결석하는 일이 잦아진다. 학업에 심각한 타격을 받게 된다. 둘째, 만취상태에서의 돌발적 행동으로 다양한 사고를 유발할 수 있다. 다른 사람에게 폭언이나 폭행을 하여 싸움을 하거나 의식이 혼미한 상태에서 교통사고나 신체적 상해를 당할 수 있다. 셋째, 과도한 재정적 지출로 이어질 수 있다. 잦은 음주는 많은 돈을 지출하게 만들 뿐만 아니라 취한 상태에서 충동적인 소비행동으로 이어질 수 있기 때문이다. 대학생이 재정적 위기에 몰리는 주된 이유 중 하나는 과도한 유흥비 지출이다. 넷째, 과도한 음주는 심신의 건강을 해친다. 위장장애와 간 질환을 비롯한 신체적 장애뿐만 아니라 기억력과 집중력 손상, 판단력 저하와 같은 심리적 후유증이 초래될 수 있다. 마지막으로, 가장 심각한 문제는 알코올 중독이다. 술을 마시지 않으면, 마음이 불안하고 초조해서 매일 술을 찾게 된다. 급기야 술 없이는 살 수 없는 알코올 의존상태에 빠져들면 대학생활은 황폐화된다.

야간활동

대학생들이 건강을 해치는 두 번째 원인은 밤샘활동이다. 대학생활에서는 여러 가지 뒤풀이 모임이 저녁에 시작되어 밤늦도록 계속되는 경우가 흔하다. 또한 저녁시간에 자신만의 여유로운 시간을 즐기면서 인터넷 서핑, 전자오락, 동영상 보기, 미드_{미국 드라마} 보기 등에 빠져 날밤을 세우는 일이 드물지 않다. 이처럼 지나친 야간활동은 수면부족을 야기하거나 규칙적인 생활리듬을 깨뜨리게 된다.

밤샘을 하게 되면, 당연히 오전의 수업시간에 참석하기 어려워진다. 잦은 결석은 학사경고에 이르는 지름길이다. 또한 잦은 밤샘활동은 체력과 건강을 저해하게 된다. 아침식사를 거르게 될 뿐만 아니라 밤샘을 하며 군것질을 하게 되어 식사패턴이 불규칙해진다. 그 결과, 위장장애나 비만과 같은 신체적 문제가 초래될 수 있다.

밤샘활동으로 수면부족을 겪게 되면, 주간활동이 위축된다. 수면시간이 부족하거나 숙면을 취하지 못하면, 집중력·기억력·판단력과 같은 인지적 기능이 저하되고 정서적으로도 불안정해진다. 밤샘활동의 가장 심각한 문제는 불면증과 생활패턴의 변화다. 밤샘활동을 반복하게 되면, 저녁에 잠자리에 누워도 잠이 오지 않는다. 그래서 밤늦도록 잠을 이루지 못하거나 야간활동을 하게 되면, 그다음 날 아침 늦게까지 잠을 자게 되고 오후에야 활동을 시작하면서 하루의 생활패턴이 뒤바뀔 수 있다. 이 경우에, 대학생활에 심각한 문제가 발생하게 되는데, 강의와 중요한 모임에 참석하지 못할 가능성이 높아지기 때문이다. 밤샘활동과 불규칙한 수면은 신체건강과 정신건강을 해치는 원인일 뿐만 아니라 대학생활의 부적응을 초래하는 주범이다.

과도한 다이어트와 폭식

과도한 몸매관리와 다이어트로 건강을 해치는 학생들이 있다. 특히 여학생 중에는 날씬한 몸매를 만들기 위해서 다이어트를 하는 경우가 흔하다. 적절한 체중을 유지하며 자신이 원하는 몸매를 만들기 위해서 식사조절을 하는 것은 바람직한 일이다. 문제는 과도하게 다이어트를 하는 것이다. 과도한 다이어트는 영양부족과 체력저하를 야기하여 건강에 심각한 문제를 유발한다. 면역력이 약화되어 크고 작은 질병에 취약해지며 평소에도 힘이 없고 활기를 잃게 된다.

다이어트를 하는 여학생들이 흔히 겪는 문제가 폭식이다. 평소에 억제했던 식욕이 가끔 튀어 올라 한꺼번에 많은 양의 음식을 먹게 된다. 특히 시험이 다가오거나 스트레스가 늘어나면 폭식을 하게 되는 경향이 있다. 예컨대, 시험이 다가와 초조한 마음으로 야간에 공부를 하다 보면, 왠지 공복감을 느끼게 되어 과자, 초콜릿, 라면과 같은 군것질을 하나둘씩 하게 되고 급기야 엄청난 양의 음식을 먹게 된다. 이렇게 먹은 음식으로 체중이 불어나는 것을 막기 위해 의도적으로 구토를 하는 학생들도 있다. 이처럼 과도한 절식과 잦은 폭식은 섭식장애eating disorders로 이어질 수 있다.[41] 규칙적인 식사와 정상적인 체중은 건강한 삶을 위한 필수적인 조건이다.

이 밖에도 심한 학업 스트레스, 과도한 흡연, 전자오락의 탐닉, 오랜 좌식생활, 무분별한 성생활 등은 대학생의 건강을 해치는 주요한 원인이다. 특별한 신체적 문제나 질병이 없더라도, 대학생 시절부터 건강관리를 하는 것이 바람직하다. 건강은 건강할 때 지켜야 한다. "건강한 육체에 건강한 정신이 깃든다."는 말이 있듯이, 몸이 건강하면 대학생활에 자신감과 활기가 생겨난다. 체력이 뒷받침되어야 학업에도 매진할 수 있고 다양한 활동에도 적극적으로 참여할 수 있다.

(2) 건강을 관리하라

건강관리는 활기찬 대학생활을 위해 필수적인 요건이다. 건강유지에 관심을 갖고 평소에 건강을 관리하는 습관을 들여야 한다.

① 규칙적으로 운동을 한다. 적어도 한 가지 이상의 운동을 꾸준히 한다. 일주일에 3일 이상은 한 시간 이상 땀을 흘릴 정도의 운동을 한다. 걷기, 달리기, 등산을 비롯하여 어떤 운동이라도 좋다. 심신수련을 병행하는 운동예: 국선도, 단전호흡, 태극권, 요가 등을 한 가지 이상 몸에 익혀 평생의 운동으로 삼는 것이 바람직하다.

② 식사를 규칙적으로 한다. 아침식사를 거르지 않는다. 특히 자취나 하숙을 하는 학생들은 식사를 거르지 않도록 주의해야 한다. 타향에서 4년여 동안 대학생활을 하다 보면 골병이 드는 학생들이 많다. 그 주된 이유는 불규칙한 식사습관과 과도한 음주다.

③ 규칙적인 생활리듬을 지니도록 노력한다. 기상시간과 수면시간을 일정하게 유지한다. 특별한 경우가 아니면, 밤샘을 하지

않는다. 학기 중에는 일주일의 생활을 고정하여 규칙적인 생활을 유지한다.

④ 공부를 할 때는 의자에 올바른 자세로 앉아서 한다. 오랜 시간 앉아서 공부를 하는 학생들은 올바른 자세를 유지함으로써 허리 디스크나 척추측만증과 같은 문제를 예방할 수 있다.

⑤ 과음을 하지 않는다. 적어도 연일 계속해서 술을 마시지 않도록 하고, 마시더라도 폭음을 하지 않도록 주의한다. 특히, 혼자서 술을 마시는 습관을 들이지 않는다.

⑥ 흡연을 하지 않는다. 흡연은 백해무익할 뿐만 아니라 만병의 근원이므로 금연을 하도록 노력한다.

⑦ 성생활을 건전하게 유지한다. 성행위 시에는 반드시 피임을 하도록 한다. 성병에 걸리거나 원하지 않는 임신을 하지 않도록 주의한다.

⑧ 과도한 스트레스를 받지 않도록 노력한다. 스트레스는 만병의 원인이므로 대학생활에서의 여러 가지 스트레스에 효과적으로 대처한다. 스트레스로 심신이 힘들 때는 의도적으로 생활의 리듬을 늦추면서 여유로운 마음을 갖도록 노력한다. 개인적인 노력으로 해결되지 않을 때에는 교내 상담기관의 도움을 받는다.

대학생활의 즐거움을 발견하라

대학합격의 기쁨은 짧고, 대학생활의 고통은 길다. 대학합격의 기쁨은 길어야 한두 달을 가지 않는다. 대학에 진학하자마자 수강 신청, 수업부담, 시험 스트레스, 외로움, 친구와의 갈등, 경제적 어려움, 전공분야의 불만족, 졸업 후 진로고민 등으로 마음이 복잡하고 힘들다. 그래서 요즘의 대학생들은 스트레스도 많고 고민도 많다. 그렇다면 대학생활은 이렇게 힘들고 괴롭게 해야만 하는 것일까? 대학생활을 즐겁고 행복하게 할 수는 없을까?

1 대학생활을 즐겁게 하는 것이 중요한 이유

인간은 누구나 행복한 삶을 원한다. 행복한 삶의 가장 중요한 요소는 긍정 정서다. 자신의 생활 속에서 즐겁고 만족스러우며 유쾌한 긍정 정서를 경험하는 것이다. 긍정 정서는 그 자체로 즐거울 뿐만 아니라 우리의 삶에 다양한 도움을 준다.

우선, 긍정 정서는 우리의 사고기능을 활발하게 만든다. 사고기능이 빠르고 유연해져서 창의력이 증진된다. 심리학의 연구에 따르면, 긍정 정서를 경험한 사람들은 그렇지 않은 사람들에 비해서 어떤 물건(예: 볼펜이나 벽돌)을 활용할 수 있는 용도를 훨씬 더 많이 생각해 냈다.

둘째, 긍정 정서는 낙관성과 적극성을 증진한다. 긍정 정서를 지니는 사람들은 미래를 낙관적으로 생각하며 의욕과 활기에 넘쳐서 모든 일에 적극적으로 임한다. 그 결과, 긍정 정서는 생산성을 높일 뿐만 아니라 성공적인 결과를 유발한다.

셋째, 긍정 정서는 활발한 인간관계를 촉진한다. 기분이 좋으면 다른 사람과의 접촉을 즐기게 될 뿐만 아니라 밝고 낙관적인 모습은 다른 사람들로부터 호감을 살 수 있다.

넷째, 긍정 정서는 친절하고 이타적인 행동을 촉진한다. 기분이 좋은 사람은 그렇지 않은 사람에 비해서 다른 사람에게 친절한 행동을 더 많이 한다. 그 결과 다른 사람과의 인간관계가 확장되고 심화된다.

마지막으로, 긍정 정서는 면역체계를 강화하여 건강을 증진한다. 또한 긍정 정서는 스트레스 때문에 발생한 해로운 생리적 효과를 해독해 주는 기능을 지닌다. 그래서 즐겁게 사는 사람은 잔병치레를 덜 하며 더 오래 산다. 이러한 긍정 정서의 유익한 기능들은 과학적 연구를 통해서 밝혀진 사실이다.

그렇다면 어떻게 긍정 정서를 증진할 것인가? 즐겁고 행복하게 살아가려면 어떻게 해야 하는가? 11장에서 소개한 스트레스 대처 방법은 불쾌한 부정 정서를 줄여 주기는 하지만 긍정 정서를 증진 시키지는 못한다. 스트레스 해소법은 불행을 줄여 줄 뿐 행복을 증진하지 못한다. 행복도 연습이 필요하다. 즐겁고 행복한 삶을 살기 위해서는 새로운 기술과 노력이 필요하다.

대학생활을 하노라면 긍정적인 사건과 부정적인 사건이 다양하게 번갈아 가며 발생한다. 부정적인 사건으로 생긴 스트레스와 부정 정서에 효과적으로 대처하는 방법에 대해서는 앞에서 소개한 바 있다. 그렇다면 긍정적인 사건으로 인한 긍정 정서에 대해서는 어떻게 대응해야 할까? 흔히 사람들은 부정 정서에는 깊은 관심을 보이지만 긍정 정서에는 별 관심을 보이지 않는다. 그래서 긍정 정서는 오래도록 지속되지 않고 금방 사라지는 반면, 부정 정서는 오래도록 지속되며 우리를 괴롭힌다. 대학생활을 즐겁게 하기 위해서는 긍정 경험에 주목하며 긍정 정서를 함양하는 방법을 익혀야 한다.

2 현재의 행복과 미래의 행복

인간은 누구나 행복을 추구한다. 그런데 사람마다 행복을 추구하는 스타일이 다르다. 특히 현재의 행복과 미래의 행복 중 어떤

것을 중시하느냐에 따라 크게 4가지 유형으로 나눌 수 있다.[42]

그 첫째는 쾌락주의자들이다. 이들은 현재의 쾌락과 만족에 초점을 맞추어 사는 반면, 미래의 행복을 소홀히 하는 사람들이다. 하루하루 즐겁고 재미있는 일을 찾아다닌다. 대학생의 경우, 낭만파 학생들의 일부가 이에 해당한다. 미팅, 데이트, 동아리활동, 취미생활, 소비활동, 음주가무, 전자오락 등에 많은 시간을 보내며 비교적 즐겁고 활기차게 대학생활을 한다. 그러나 학업이나 취업준비와 같이 졸업 후 진로를 위한 준비를 소홀히 여긴다. 이들은 졸업이 다가와서야 황급하게 취업준비를 하지만 좋은 결과를 얻기는 어렵다.

둘째는 성취주의자들이다. 이들은 미래의 행복을 위해서 현재의 행복을 희생하는 사람들이다. 미래의 성공과 성취를 위해서 여유 없이 쫓기며 생활하는 사람들이다. 대학생의 경우, 출세파의 대다수가 이에 속한다. 각종 고시나 자격시험을 준비하며 대학생활의 대부분을 보내는 학생들이다. 하루의 대부분을 시험 준비에 투자하기 때문에 동아리활동, 취미활동, 여행 등과 같은 대학생활의 낭만을 즐길 여유가 없다. 이들은 노력한 만큼 성과를 거두고 졸업 후에는 비교적 안정된 진로를 확보한다. 그러나 성취주의자들의 특징은 현재의 상태에 만족하지 못하고 끝없이 더 나은 미래의 성공을 추구한다는 점이다. 마치 눈앞의 당근을 위해서 끊임없이 달리는 경주마와 같이, 졸업 후에도 승진과 성공을 위해서 현재의 행복을 희생하며 바쁘게 살아간다. 이들 중 상당수는 시간이 흐른 후에야 대학생활을 너무 무미건조하게 보낸 것에 대해서 후회하게 된다.

	미래의 불행	미래의 행복
현재의 행복	쾌락주의자	행복주의자
현재의 불행	비관주의자	성취주의자

행복을 추구하는 4가지 유형

셋째는 비관주의자들이다. 이들은 현재의 생활에 대해서 불만과 불평이 많을 뿐만 아니라 미래에 대해서도 비관적인 태도를 지니고 있다. 개인적인 고민이 많고 대인관계에서도 고립이나 갈등을 경험한다. 또한 졸업 후 진로를 위해서 열심히 준비하지도 않는다. 자신의 고민과 갈등에 매몰되어 허무주의적인 태도를 지니거나 무기력한 대학생활을 하는 대학생들이 이에 속한다.

마지막 유형은 행복주의자들이다. 이들은 현재의 행복과 미래의 행복을 균형 있게 추구하는 사람들이다. 인생의 즐거움을 적절히 추구하면서 동시에 미래를 위해서 대비한다. 대학생의 경우, 학업과 낭만을 조화롭게 추구하는 학생들이 이에 속한다. 체계적인 계획 속에서 시간을 효과적으로 관리하며 학업, 동아리활동, 연애, 여가생활, 진로준비 등을 고르게 영위하는 경우다. 행복주의자는 가장 이상적인 유형이지만 행복주의자가 되기는 쉽지 않다. 행복한 삶의 비결은 현재의 행복과 미래의 행복을 조화롭게 추구하는 것이다. 인생의 소중한 가치들을 균형과 조화 속에서 고르게 추구하는 것이 중요하다.

3 대학생의 행복경험

대학생활을 하면서 느끼는 행복한 경험들은 어떤 것이 있을까? 어떤 경험들이 대학생활을 즐겁고 행복하게 만드는 것일까?

인간의 행복에 대해서 탐구하는 긍정심리학Positive Psychology의 연구결과[43]에 따르면, 긍정적인 인간관계는 가장 중요한 행복의 원천이다. 대학생의 경우, 가족과의 화목한 관계, 친구들과의 우정 그리고 연인과의 사랑은 긍정적인 인간관계의 세 기둥이라고 할 수 있다. 자신을 변함없이 믿어 주고 따듯하게 지원해 주는 가족, 친밀감과 우정을 느끼며 서로 도움을 주고받는 친구들, 그리고 설레는 마음으로 사랑을 나누는 연인은 대학생활을 행복하고 만족스럽게 만드는 근간이 되기 때문이다. 가족과 함께하는 편안하고 즐거운 경험, 친구들과 흥미로운 대화를 나누고 협동적인 활동을 유쾌하게 하면서 서로를 소중히 여기는 깊은 우정의 체험, 그리고 사랑하는 연인과 즐거운 데이트를 하며 서로에 대한 사랑이 깊어지는 것을 확인하는 경험은 행복한 대학생활의 바탕이 된다. 그러나 인간관계는 행복의 원천인 동시에 불행의 근원이기도 하다. 가족, 친구, 연인과 긍정적인 인간관계를 형성하고 심화하는 것은 행복한 대학생활을 위해서 가장 중요한 것이다.

행복의 두 번째 원천은 학업적 성취와 자기성장감이다. 열심히 노력하여 거둔 좋은 결과와 성적은 대학생활에서 경험할 수 있는 성취감과 만족감의 주요한 원천이다. 심혈을 기울여 작성한 보고

서에 대한 교수님의 긍정적 평가, 수업시간의 발표에 대한 친구들의 뜨거운 호응, 한 학기 동안 열심히 공부한 결과로 얻게 되는 우수한 학점, 그리고 우수한 성적을 얻어 받게 되는 장학금은 뿌듯한 만족감을 느끼게 해 준다. 이러한 결과뿐만 아니라 새로운 배움을 통해 얻게 되는 깨달음, 자신과 세상을 이해하는 안목이 넓어지고 깊어지는 느낌, 지속적인 학습과 연습을 통해서 자신의 기술과 능력이 한층 향상되는 체험, 다양한 자기계발 활동을 통해서 자신이 성장하고 있다는 인식은 대학생활에서 느낄 수 있는 행복감의 주요한 원천이다.

대학생활을 통해 누릴 수 있는 행복의 세 번째 원천은 여가활동이다. 대학생 시기는 여가를 즐길 수 있는 자유시간이 가장 많은 시기다. 동아리활동을 통한 다양한 취미생활, 스포츠 활동, 개인적 관심사에 관한 책 읽기, 음악 감상, 영화나 드라마 보기, 연주회나 각종 전시회 즐기기, 여행하기 등은 대학생활을 즐겁고 풍요롭게 만든다. 특히, 긴 방학기간은 다양한 여가활동을 즐길 수 있는 최적의 시간이다. 2개월 이상 주어지는 방학기간을 통해서 자신이 좋아하는 여가활동을 마음껏 즐길 수 있기 때문이다. 여가활동은 그 자체로 즐거울 뿐만 아니라 긍정적인 인간관계를 촉진하고 자기계발의 기회를 제공하는 기능을 지닌다. 이런 점에서 여가활동은 개인적으로 즐길 수도 있지만 친구들과 함께할 때 즐거움이 더욱 커지고 여러 가지 유익한 결과를 거둘 수 있다.

아울러 자원봉사활동은 대학생활을 통해 보람과 행복감을 느낄 수 있는 주요한 원천이다. 자원봉사는 도움이 필요한 사람에게 아무런 대가없이 자발적으로 도움을 주는 활동을 뜻한다. 자원봉사활동은 도움을 받는 사람의 행복을 증진할 뿐만 아니라 도움을 주는 봉사자의 행복 역시 증진한다. 대학생이 참여할 수 있는 주요한 봉사활동으로는 취약계층의 아동과 청소년을 대상으로 하는 학습지도, 노인이나 장애인 돕기, 자연환경을 보전하는 일, 노숙자의 재활 지원하기 등이 있다. 자원봉사활동은 봉사자에게 사회적 기여의 보람을 느끼게 해 줄 뿐만 아니라 긍정 정서와 삶의 만족도를 높여 준다. 이 밖에도 종교활동을 통한 깨달음과 영적인 체험은 인생의 궁극적 의미를 추구하는 대학생들에게 소중한 경험이 될 수 있다.

4 ┃ 대학생활의 행복경험 분석하기

대학생활의 구조는 일주일을 단위로 이루어져 있다. 그래서 대학생의 활동 일정은 매주 비슷한 패턴으로 반복된다. 특별한 일이 없는 한 수업시간을 골격으로 하여 등교, 수업, 공강시간, 동아리모임, 도서관, 저녁모임, 귀가 등의 하루 활동이 요일 별로 정해져 매주 비슷하게 반복되기 때문이다. 따라서 매주의 요일마다 비슷한 패턴의 정서상태를 경험하게 된다. 대학생활을 즐겁게 하기 위해서는 자신의 생활패턴과 행복경험을 이해하는 것이 필요하다. 행복한 삶은 매일의 활동 속에서 경험하는 행복경험으로 이루어지기 때문이다. 다음의 물음에 따라 대학생활의 행복경험을 구체적으로 살펴보기로 하자.

지난 일주일의 대학생활 중 가장 만족스럽고 행복하다고 느꼈던 세 가지의 경험을 떠올리고 아래의 물음에 대해 생각해 본다.

(1) 시간: 일주일 중 어떤 요일의 어떤 시간이었나?
(2) 장소: 어떤 장소에서였나? 예: 집, 강의실, 과방, 동아리방, 도서관, 휴게실, 식당 등의 장소.
(3) 사람: 누구와 함께 있을 때였나? 예: 가족, 학과친구, 동아리 친구, 이성친구 등의 구체적인 사람.
(4) 활동: 무엇을 할 때였나? 예: 대화하기, 공부하기, 취미활동 하기, 음식 먹기, 영화 보기, 음악 듣기, 운동하기 등의 활동.
(5) 이유: 그러한 활동이 행복감을 준 이유는 무엇인가? 예: 친밀 감을 느낄 수 있어서, 재미가 있어서, 새로운 것을 배울 수 있어서, 애정을 느낄 수 있어서, 편안함을 느낄 수 있어서, 새로운 의욕을 느낄 수 있어서 등의 구체적 이유.

이러한 분석을 통해서 대학생활 중 자신이 언제, 어디서, 누구 와, 무엇을 할 때, 왜 만족감과 행복감을 느끼는지를 좀 더 구체적 으로 이해할 수 있다. 이러한 이해에 근거하여 대학생활에서 행복 경험이 확대되도록 노력할 필요가 있다.

매일의 생활을 특별한 계획 없이 기계적으로 하다 보면, 대학생 활이 재미없고 힘들게 느껴질 때가 많다. 이런 생활이 지속되면, 대학생활이 침체되고 무기력해진다. 이러한 경우에는 무언가 즐거 움과 활기를 느낄 수 있는 일들을 의도적으로 함으로써 의욕과 활기를 되찾는 노력이 필요하다.

과연 어떤 일들을 통해서 즐거움과 생기를 되찾을 것인가? 사람마다 긍정 정서를 느끼는 활동이 각기 다르다. 자신에게 행복감을 느끼게 해 주는 활동을 잘 파악하는 것이 필요하다. 최근 몇 년간의 경험을 통해서 자신에게 항상 즐거움과 만족감을 주었던 일들의 목록을 만들어 본다. 그 일을 할 때마다 항상 행복감을 느꼈던 일들은 무엇인가?

♪ 유쾌한 경험의 목록 작성하기

※ 먹을 때마다 항상 만족감을 느끼는 음식은?
(예: 감자탕, 떡볶이, 피자, 자장면, 생선초밥, 돼지갈비, 월남국수 등과 같이 특별히 좋아하는 음식과 음식점)

※ 만날 때마다 항상 편안하고 즐거운 사람은?
(예: 고등학교 동창 ○○○, 학과친구 ○○○, 선배 ○○○ 등)

※ 할 때마다 항상 즐거움을 느꼈던 활동은?
(예: 등산하기, 농구하기, 달리기, 영화 보기, 콘서트 가기, 여행하기, 술 마시며 이야기하기 등과 같이 구체적인 활동)

※ 읽을 때마다 항상 기쁨을 느끼는 책의 유형은?
(예: 소설, 수필집, 자기계발서, 위인전, 무협지, 종교서적 등)

※ 갈 때마다 항상 편안함과 즐거움을 느끼는 장소는?
(예: 산, 바다, 고향, 미술관, 고궁, 유희공원, 백화점, 사찰이나 교회 등)

자신을 유쾌하게 만드는 것들의 목록을 최대한 많이 자세하게 기록한다. 이러한 목록을 수첩에 적어 놓거나 종이에 적어 책상 옆에 붙여 놓는다. 대학생활이 재미없고 답답하게 여겨질 때는 이 목록을 훑어보며 적절한 것을 선택하여 행동으로 옮긴다. 또는 주별 생활계획표를 작성할 때 주말이나 여가시간에 유쾌한 활동을 계획하여 실행함으로써 즐거움과 활기를 찾을 수 있도록 노력한다. 물론 이러한 활동은 틈틈이 여가시간을 활용하여 이루어져야 한다. 유쾌 경험은 맛을 더하는 양념처럼 대학생활에 활기와 의욕을 불어넣을 수 있다.

5. 대학생활 향유하기

이태백이십대의 태반이 백수이라는 말이 있듯이, 대학을 졸업하고도 취업을 하지 못하는 사람들이 많은 세상이다. 그래서 대학생들은 취업준비를 위해 우수한 학점을 받는 것은 물론 영어시험, 해외연수, 인턴 경험, 자원봉사 등을 하며 온갖 스펙 쌓기에 바쁘다. 요즘의 대학에는 미래의 행복을 위해서 대학생활의 행복을 희생하는 성취주의자들이 많다. 치열한 취업경쟁을 뚫기 위해서 여유 없이 힘들게 대학생활을 하는 모습이 안타깝다.

우리는 현재의 행복을 소홀히 여겨서는 안 된다. 현재의 행복을 추구하는 일에는 많은 시간과 노력이 들지 않는다. 대학생활에서 만나는 긍정 경험들을 소중히 여기면서 긍정 정서를 함양하는 방법을 익히면 대학생활이 보다 즐겁고 여유로워진다. 그러한 방법이 향유하기다.

향유하기savoring는 생활 속의 긍정적 경험을 자각하여 충분히 음미함으로써 행복감이 증폭되고 지속되도록 의도적인 노력을 기울이는 것이다. 같은 음식을 먹으면서도 어떤 사람은 허겁지겁 음식맛을 제대로 느끼지 못하며 식사를 때우는 반면, 다른 사람은 음식의 다양한 맛을 음미하며 식사를 즐긴다. 같은 A학점을 받고도 어떤 학생은 학점을 확인하는 짧은 순간에만 기쁨을 느끼고 곧바로 다음 학기의 학점을 걱정하는 반면, 다른 학생은 성적표를 책상 앞에 붙여 놓고 A학점을 받기 위해 노력했던 과정을 음미하면서 성취의 기쁨을 오래도록 간직한다. 이처럼 향유하기는 삶의 다양한 즐거움을 접하면서 지금-여기 현재의 순간에 머물며 긍정적인 감정에 주의를 집중하는 것이다. 현재의 긍정적 경험뿐만 아니라 과거에 경험한 사건 또는 미래에 일어날 긍정적 사건에 대해서도 향유할 수 있다.

긍정 정서를 경험할 수 있는 원천은 매우 다양하지만 크게 두 가지로 구분할 수 있다.[44] 그 첫째 원천은 외부세계다. 아름다운 자연환경이나 예술작품을 대하며 경이로움을 느끼거나 호의를 베풀어 준 사람에게 고마움을 느끼는 경우가 이에 해당한다. 이를 세계 초점적 향유world-focused savoring라고 한다. 우리 주변에는 즐거움과 행복감을 느낄 수 있는 수많은 대상들이 있다. 다만 우리가 유심히 보지 않고 외면하기 때문에 그로부터 즐거움과 행복감을 느끼지 못할 뿐이다. "가던 길을 멈추고 장미 향기를 맡아 보라."는 외국

속담이 있듯이, 세계 초점적 향유는 우리 주변의 사물과 사람으로부터 긍정 정서를 체감하려는 의도적인 노력을 뜻한다. 파란 하늘과 뭉게구름, 대학 캠퍼스의 싱싱한 나무들과 아름다운 꽃, 정겨운 친구들과 가족, 맛난 음식, 아름다운 음악과 미술작품, 명쾌하고 감동적인 강의, 재미있고 유익한 책들과 같이 우리가 조금의 주의만 기울이면 행복감을 느낄 수 있는 대상이 무수히 많다.

긍정 정서의 다른 원천은 바로 자기 자신이다. 즉, 자기 자신에 관한 어떤 것육체, 성격, 행동, 능력, 성취 등으로부터 긍정 정서를 경험할 수 있다. 자신에 대해서 지나치게 비판적인 태도를 취하지 않는다면, 누구에게나 크고 작은 장점과 성취가 있기 마련이다. 이러한 장점과 성취를 스스로 인정하고 기뻐하면서 충분히 행복감을 만끽할 수 있다. 이를 자기 초점적 향유self-focused savoring라고 한다. 대학의 합격, 자신의 지적 능력과 노력, 대학에서의 좋은 학점, 친구들로부터 박수를 받은 발표, 교수님으로부터 칭찬을 받은 보고서, 자신의 멋진 모습, 매사를 치밀하게 해 나가는 성격적 특징, 다른 사람을 기분 좋게 하는 친절한 행동 등과 같이 자기 자신으로부터 만족감과 행복감을 느낄 수 있는 것들은 많다. 높은 기준을 부과하여 스스로를 비판하고 폄하하는 태도는 자기 초점적 향유를 가로막는 가장 중요한 방해물이다. 물론 자신을 지나치게 과시하며 자랑하는 것은 자기 초점적 향유에 해당하지 않는다.

긍정 정서와 행복감을 느끼며 살아가는 사람들은 자신의 긍정 경험을 음미하며 향유하는 다양한 방법을 지니고 있다. 그러한 몇 가지 방법을 소개하면 다음과 같다.[45]

첫째는 긍정 경험을 다른 사람과 공유하는 것이다. 자신이 경험한 즐거운 일이나 성취를 가족이나 친구들에게 이야기하며 기쁨을 함께 나누는 방법이다. 슬픔은 나눌수록 줄어들고, 기쁨을 나눌수록 늘어난다. 긍정 경험을 혼자 간직하지 말고 다른 사람과 함께 나눔으로써 기쁨과 즐거움은 더욱 늘어나고 오래도록 유지될 수 있다.

둘째는 긍정 경험의 기억을 잘 해 두고 종종 음미하는 것이다. 긍정 경험을 나중에 잘 회상할 수 있도록 긍정적 사건에 대한 자세한 내용과 심상을 잘 기억해 두거나 기념이 될 만한 물건을 만들어 보관해 두고 종종 회상해 보는 것이다. 행복한 가족사진이나 즐거운 여행사진 또는 성취의 증거들을 책상 앞에 붙여 두고 긍정 경험을 회상하며 그 당시의 행복감을 재경험함으로써 긍정 정서를 느낄 수 있다.

셋째는 자축하기다. 자신이 이룬 성취나 긍정적 행동을 스스로 인정하며 자신을 격려하고 축하하는 것이다. 그러한 성취나 행동으로 다른 사람들이 얼마나 깊은 인상을 받았는지 스스로 되새기거나, 그러한 결과가 일어나도록 얼마나 오랫동안 노력해 왔는지를 돌아보며 자신을 격려하는 것이다. 때로는 자신에게 "잘 했어!" "정말 대단해!" "그동안 잘 참아냈어!" 라는 속말을 해 주는 것도 긍정 정서를 증폭시키는 좋은 방법이다

넷째는 세밀하게 감각을 느끼는 것이다. 우리의 오감에 와닿는 것들로부터 느낄 수 있는 감각적인 즐거움을 세밀하게 그리고 충분히 느끼도록 노력하는 것이다. 매일 먹는 밥도 천천히 꼭꼭 씹어 먹으면 오돌오돌한 쌀알의 느낌과 고소하고 달콤한 맛을 느낄 수

있다. 와인애호가들은 예민한 미각을 발달시킴으로써 다양한 포도주의 오묘한 맛을 음미하며 즐길 수 있는 것이다. 음악이나 미술 감상도 마찬가지다. 서두르지 않고 천천히 음미하는 습관을 들이면 우리의 감각이 예민하게 깨어나 많은 것으로부터 행복감을 느낄 수 있다.

다섯째는 축복으로 여기며 감사하는 것이다. 긍정적 경험을 행운이자 축복으로 생각하며 이에 감사한 마음을 지니는 것이다. 곰곰이 생각해 보면, 우리의 삶에는 축복과 행운으로 여길 수 있는 것들이 수없이 많다. 또한 많은 사람들의 도움과 지원으로 오늘의 삶을 영위하고 있다. 이러한 축복과 고마움을 자각하며 감사함을 충분히 느낌으로써 행복감이 증진될 수 있다. 때로는 고마운 사람들에게 감사한 마음을 전달함으로써 서로의 행복감을 확장할 수 있다.

여섯째는 긍정 경험을 행동으로 표현하는 것이다. 기쁨을 느낄 때 큰 소리로 웃거나 노래를 부르거나 춤을 추는 등 신체적인 행동으로 표출하는 것이다. 축구선수들은 골을 넣은 후에 특유의 몸짓으로 세리모니를 하며 기쁨을 만끽한다. 히딩크 감독은 골이 들어갈 때마다 주먹을 아래에서 위로 쳐올리는 특유의 몸짓으로 기쁨을 표현한다. 이러한 행동적 표현은 기쁨을 증폭시키는 효과를 지닌다.

일곱째로는 일시성 인식하기가 있다. 이 향유방법은 평생에 한 번뿐인 결혼식의 경험처럼 지금 이 순간의 경험이 한 번 지나가면 결코 다시 경험할 수 없는 소중한 경험이라는 것을 인식하며 긍정 경험을 충분히 만끽하는 것이다. 평생에 한 번뿐인 대학 입학식, 신입생 환영회, 신입생 시절, 대학생 시절의 소중함을 느끼며 매

순간의 경험을 충분히 경험하며 긍정 정서를 느끼는 것이다. 다시는 되풀이할 수 없는 경험이라는 점을 인식하게 되면 그러한 경험이 더욱 소중하게 느껴지게 된다.

마지막으로, 기쁨을 냉각시키는 부정적인 생각을 하지 않는 것이다. 행복감을 잘 느끼지 못하는 사람들의 특징 중 하나는 긍정적인 사건을 경험하고도 더 좋았을 상태를 생각하면서 후회하고 자책하는 것이다. 예컨대, A° 학점을 받고도 A⁺를 받지 못한 것에 대해서 실망하는 생각(예: 친구는 A⁺ 받았는데 이게 뭐야! 도대체 내가 왜 A⁺를 못 받은 거지?)을 하거나 수업에서 교수님도 칭찬한 성공적인 발표를 하고도 자신의 사소한 실수에 대해서 자책하는 생각(예: 그때 말을 좀 더듬어서 친구들이 비웃었을 거야. 교수님은 모든 발표자에게 의례적으로 칭찬을 하니까.)을 하는 것이다. 이처럼 행복감을 냉각시키는 부정적인 생각들을 차단하고 좀 더 긍정적인 생각을 통해서 자신의 성취를 자축하는 것이 바람직하다.

향유하기는 시간과 돈이 들지 않는 행복증진 방법이다. 평소에 향유방법을 적용하여 긍정 정서를 증진하는 기술을 익혀 두면, 대학생활을 좀 더 즐겁고 행복하게 할 수 있다. 행복은 주어지는 것이 아니라 발견하고 발굴하는 것이다. 행복할 수 있는 기술과 능력을 지닌 사람만이 행복한 삶을 누릴 수 있는 것이다. 행복감 증진을 위한 8가지 향유방법을 요약하면 다음과 같다.

① 긍정 경험을 다른 사람과 함께 나누며 기쁨을 공유한다.
② 긍정 경험의 기억을 잘 해 두고 종종 회상하며 음미한다.

③ 긍정적 결과를 만들어 낸 자신의 능력과 노력에 대해 격려하고 축하한다.

④ 일상생활에서 접하는 감각적인 즐거움을 세밀하고 충분하게 느낀다.

⑤ 긍정 경험을 축복과 행운으로 여기며 감사함을 느낀다.

⑥ 긍정 경험을 몸짓과 행동으로 표현하며 기쁨을 만끽한다.

⑦ 인생에 한 번뿐인 경험의 일시성을 인식하며 소중하게 여긴다.

⑧ 기쁨을 냉각시키는 부정적인 생각을 차단한다.

● 매일 휴가 즐기기

휴가는 항상 즐겁다. 의무적으로 해야 하는 일로부터 벗어나 자신이 좋아하는 일을 자유롭게 즐길 수 있기 때문이다. 휴가는 방학처럼 긴 경우도 있지만 하루의 공휴일처럼 짧은 경우도 있다. 어떠한 경우든 휴가는 자주 얻을 수가 없다.

그러나 매일 휴가를 즐길 수 있는 방법이 있다. 자신에게 매일 짧은 미니 휴가를 주는 것이다. 매일 적어도 20분씩 자신이 좋아하는 일을 할 수 있는 '**일일 휴가**(daily vacation)'를 계획하고 적당한 시간에 실행하는 것이다. 아무리 바쁜 사람도 하루 중 20분의 시간은 낼 수가 있다. 휴가시간 20분 동안에는 모든 걱정, 근심, 공부, 과제를 제쳐 두고 정말 자신이 즐길 수 있는 일에 온전하게 집중한다. 이 시간에는 다른 사람이나 일거리로 주의가 분산되지 않는 상황을 만들어야 한다. 예컨대, 산책하기, 커피 마시기, 음악 듣기, 책 읽기, 미술관 둘러보기, 샤워하기, 명상하기, 석양 바라보기 등을 할 수 있다.

일일 휴가는 즐거움을 느낄 수 있는 활동을 찾아 창조적으로 보내는 것이 좋다. 매일 같은 활동을 하면 그 즐거움이 감소하므로, 날마다 다양한 활동을 번갈아 가며 하는 것이 바람직하다. 휴가를 갖는 동안에는 자신이 즐겁다고 생각하는 자극과 감각을 잘 알아차리고 충분히 느낀다. 일일 휴가가 끝나면, 내일의 휴가를 계획하고 기대한다. 일일 휴가는 바쁜 가운데 반복되는 일상생활 속에서 절대 자유의 여백을 확보하여 여유로운 즐거움을 매일 향유하는 행복증진 방법이다.

6 대학생활의 칠락(七樂)

한 사람의 인생에 있어서 대학생 시기는 초목이 싱그러운 녹색으로 물들어 가고 아름다운 꽃들이 만발하는 5월과 같다. 춘하추동 12개월이 각기 저마다의 아름다움을 지니고 있지만, 5월은 가장 아름다운 청춘의 계절이다. 다시는 돌아오지 않을 아름다운 계절의 즐거움을 만끽할 수 있는 시기가 바로 인생의 2막 대학생활이 펼쳐지는 시기다.

대학생활에는 일곱 가지의 즐거움이 있다. 그 첫째는 배움의 즐거움이다. 대학에서는 이 세상 모든 것에 대한 지식을 접하며 배울 수 있다. 《논어論語》에서 공자님이 하신 말씀, "학이시습지 불역열호

[學而時習之 不亦說乎]아!" 배우고 수시로 그것을 익히는 것이 어찌 기쁜 일이 아니겠는가? 그렇다. 새로운 것을 배우고 깨닫는 즐거움만큼 커다란 즐거움도 드물다. 커다란 배움터, 대학에서 배움을 통해 인생과 세상에 대한 이해가 깊어지고 그것을 바라보는 안목이 넓어지는 것을 느끼는 즐거움이야말로 대학생활의 제1락第一樂이다.

둘째는 우정의 즐거움이다. 전국 각지에서 모여든 동년배 학우들과 나누는 우정은 소중한 것이다. 술잔을 주고받으며 밤이 새도록 서로의 생각을 토해 내고 청춘의 기쁨과 아픔을 함께 나누며 우정을 쌓아 가는 것은 대학생활에서 누릴 수 있는 커다란 즐거움이다. 외롭고 험난한 인생길을 함께하며 서로의 그늘이 되어 줄 수 있는 친구가 있다는 것은 크나큰 축복이다. 대학생활의 제2락第二樂은 각기 다른 개성과 성장배경을 지닌 친구들과 다양한 체험을 나누며 서로를 소중한 동반자로 여기는 우정이다.

셋째는 희망의 즐거움이다. 인생의 앞날에 펼쳐진 무한한 가능성을 마음껏 꿈꾸며 미래를 설계하는 즐거움이다. 젊음은 무한한 가능성을 의미한다. 드넓은 미지의 세계가 열려 있다. 가슴을 설레게 하는 인생의 비전과 목표를 세우고 다양한 청사진을 그려 보며 미래의 희망을 마음껏 펼쳐 보는 것이야말로 대학생의 특권이자 미덕이다. 꿈과 희망의 날개를 마음껏 펼쳐 보는 즐거움, 이것이 바로 대학생활의 제3락第三樂이다.

넷째는 자유의 즐거움이다. 인생에서 자유를 가장 풍요롭게 향유할 수 있는 시기가 대학생 시기다. 대학생활이 부여하는 시간적 자유, 젊음이라는 육체적 자유, 세파에 찌들지 않은 정신적 자유, 직무와 가족부양으로부터의 사회적 자유, 무한히 열려 있는 가능성의 자유……. 인생에서 이처럼 다양한 자유가 허용되는 시기가 있을까? 마음껏 인생의 자유를 누리는 즐거움이 대학생활의 제4락第四樂이다.

다섯째는 사랑의 즐거움이다. 이성과 낭만적 사랑을 나누는 즐거움이다. 20대 초반은 인생의 가장 아름다운 시기다. 인간은 이 시기에 육체적으로 가장 아름답다. 사랑에 대한 호기심과 열정이 가장 강한 시기다. 세파에 때 묻지 않은 깨끗한 영혼을 지니고 있다. 그래서 가장 아름답고 순수한 사랑을 느끼고 나눌 수 있다. 낭만적 사랑의 원형은 20대 젊은이들의 순수하고 뜨거운 사랑이다. 인생의 꽃, 사랑을 가장 아름답게 꽃피우는 것이 대학생활의 제5락第五樂이다.

여섯째는 도전의 즐거움이다. 젊음의 특징은 패기와 도전이다. 대학생 시기는 인생에서 가장 겁이 없는 반면, 가장 힘이 좋은 시기다. 그래서 두려움 없이 높은 봉우리에 도전한다. 싱싱한 육체와 뜨거운 영혼으로 도전한다. 높은 절벽을 기어오르고 험한 장애물을 뛰어넘는다. 실패가 두렵지도 부끄럽지도 않다. 새로운 도전을 위한 준비일 뿐이다. 대학생활의 제6락第六樂은 젊음의 패기와 열정으로 모든 것에 치열하게 도전하며 새로운 경험을 추구하고 남다른 성취를 일구어 내는 즐거움이다.

마지막은 낭만의 즐거움이다. 20대는 욕망의 계절이며, 대학생 시기는 축제의 계절이다. 인생의 하늘에 욕망을 쏘아 올리며 열정의 불꽃을 터뜨리는 시기다. 창백한 규범과 경직된 격식의 창살을 벗어나 인생의 벌판으로 나아가 마음껏 외쳐대고 흔들며 유랑한다. 낭만은 인생을 온몸으로 느끼며 배우는 몸부림이다. 인생의 기쁨과 아픔을 온몸으로 체험하며 생명의 환희를 만끽하는 것은 젊음과 자유를 지닌 대학생의 특권이다. 낭만적인 삶을 통해서 인생의 다양한 맛을 체험하는 것이 대학생활의 제7락第七樂이다.

세상만사가 그러하듯이, 대학생활에도 밝음과 어둠의 양면이 존재한다. 즐거움을 주는 것도 많고, 괴로움을 주는 것도 많다. 대학생활을 즐겁게 하느냐 아니면 괴롭게 하느냐는 것은 당신에게 달려 있다. 대학생활의 즐거움과 보람은 당신 스스로 발견하고 만들어 나가는 것이다. 행복은 인생의 여정에서 줍는 것이 아니다. 그냥 주어지는 것이 아니다. 당신이 발견하고 발굴해야 하는 것이다. 대학생활의 칠락七樂을 잘 발견하고 발굴하여 향유하기 바란다.

그때는 그때의 소중함을 모른다

당신은 지금 졸업식장에 앉아 있다. 희망과 기대에 부풀어 입학식에 참석했던 것이 엊그제 같은데, 세월이 쏜살같이 흘러 어느새졸업을 맞이하게 되었다. 검정색 사각 학사모와 졸업가운을 착용하고 졸업식이 시작되기를 기다리고 있다. 인생의 2막 대학생활이막을 내리려는 순간이다.

지나가 버린 대학생활이 주마등처럼 눈앞을 스쳐 지나간다. 낯설기만 했던 대학 캠퍼스에서 허둥지둥 강의실을 찾아다니고 미팅과 동아리활동에 정신이 팔려 우왕좌왕 좌충우돌하던 그야말로freshman 왕초보 대학생 1학년 시절, 신입생의 흥분을 가라앉히고대학생활의 감을 잡으며 안정감을 찾아가던 sophomore 2학년 시절, 어느새 대학생활의 후반전에 접어들었다는 초조함 속에 열심히 생활했던 junior 3학년 시절, 그리고 대학생활의 산전수전을 모두 겪고 졸업 후 진로라는 현실적 문제에 직면하여 치열하게 보냈던 senior 고참 대학생 4학년 시절……. 즐겁고 행복했던 순간들, 떠올리기 싫을 만큼 미숙하고 무모했던 행동들, 치열하게 노력하여 이루어 낸 성취와 보람, 용기 있게 도전해 보지 못한 것들에 대한 후회와 미련이 스쳐 지나간다. 대학생활이 우여곡절 속에 참 빨리도 지나갔구나.

졸업식이 끝났다. 어수선한 가운데 가족, 동료들과 사진을 찍는다. 대학생활 4년의 증명서, 졸업장을 받아 쥐고 교문을 나선다. 시원섭섭하다. 잘 있거라! 정들었던 대학 캠퍼스여! 다시는 돌아오지 못할 나의 대학생활이여! 인생의 2막 대학생활이 막을 내린다.

자신은 자신의 소중함을 모른다. 인생은 한 편의 드라마. 당신은 그 주인공. 이 세상 모든 것은 당신이 펼치는 인생 드라마를 위한 무대장치일 뿐. 당신은 신비로운 생명과 위대한 영혼의 소유자. 단 한 번뿐인 귀중한 인생. 멋진 드라마, 행복한 삶, 후회 없는 인생의 주인공은 바로 당신이다.

그때는 그때의 소중함을 모른다. 인생의 2막 대학생활. 인생 드라마의 하이라이트. 우여곡절이 많은 대학교 학창시절. 방황과 혼돈 속에서 힘들게만 느껴졌던 대학생 시절. 세월이 흘러 돌아보니 그때가 그리 소중한 시절이었다. 인생의 가장 싱그럽고 아름다운 계절이었다. 그러나 그때는 그때의 아름다움을 몰랐다.

자, 이제 당신 앞에 펼쳐질 인생의 2막 대학생활, 인생에서 단 한

번 주어지는 4년여의 대학생활을 즐겁고 보람차게 영위하기를 기원한다. 그래서 먼 훗날 대학생 학창시기를 돌아보며 뿌듯한 마음으로 회고할 수 있기를 바란다. 이 책을 끝까지 읽어 준 당신에게 고마움을 표하며 박우현 시인[46]의 시 한 편을 전한다.

《그때는 그때의 아름다움을 모른다》

이십대에는
서른이 두려웠다.
서른이 되면 죽는 줄 알았다.
이윽고 서른이 되었고 싱겁게 난 살아 있었다.
마흔이 되니 그때가 그리 아름다운 나이였다.

삼십 대에는
마흔이 무서웠다.
마흔이 되면 세상 끝나는 줄 알았다.
이윽고 마흔이 되었고 난 슬프게 살아 멀쩡했다.

쉰이 되니
그때가 그리 아름다운 나이였다.

예순이 되면 쉰이 그러리라.
일흔이 되면 예순이 그러리라.

죽음 앞에서

모든 그때는 절정이다.

모든 나이는 아름답다.

다만 그때는 그때의 아름다움을 모를 뿐이다.

참고문헌 ●●●●●●●●●●●●●●●●●●●●●●●●●●●●●

1) 서울대학교 학생처(2007). 서울대학교 학생 정신건강 대책 연구위원회 보고서.

2) 권석만(2004). 젊은이를 위한 인간관계의 심리학(개정증보판). 서울: 학지사.

3) 서울대학교 대학생활문화원(2009). 2009학년도 서울대학교 신입생 특성조사 보고서.

4) 한세대학교 학생생활상담소(2008). 신입생 실태조사 보고서(제11권).
   강원대학교 종합인력개발원 진로생활상담센터(2008). 2008학년도 신입생실태조사(제28집).
   김종백, 이루진(2008). 2008학년도 신입생 실태조사 연구. 학생생활연구(홍익대학교 취업진로지원센터 학생상담팀), 22, 90-124.

5) 홍두승(1991). 서울대생의 의식과 생활에 관한 조사연구. 미발표 연구자료집.

6) Hendrick, S. S., & Hendrick, C. (2000). Romantic love. In C. Hendrick & S. S. Hendrick (Eds.), *Close relationships: A sourcebook* (pp. 203-215). Thousand Oaks, CA: Sage.

7) 이기학, 이경아, 이정화(2008). 2007년도 재학생 실태조사. 연세상담연구(연세대 리더십개발원 상담센터), 24, 45-102.

8) 아주대학교 학생상담센터(2008). 2008학년도 아주대학교-재학생 실태조사 보고서.

9) 서울대학교 대학생활문화원(2009). 2009학년도 서울대학교 신입생 특성

조사 보고서.

10) 서울대학교 대학생활문화원(2009). 효과적인 대학교육 정책수립을 위한 대학생활 의견조사 보고서: 2008년 8월 및 2009년 2월 대학 졸업 예정자를 대상으로.

11) 아주대학교 학생상담센터(2008). 2008학년도 아주대학교-재학생 실태조사 보고서.

12) 김정운, 이장주(2005). 여가와 삶의 질에 대한 비교문화 연구. 한국심리학회지: 사회 및 성격, 19(2), 1-15.

13) 권석만(2008). 긍정 심리학: 행복의 과학적 탐구. 서울: 학지사.

14) Roese, N. (2005). *If only: How to turn regret into opportunity.* New York: Random House. (허태균 역(2008). If의 심리학. 파주: 21세기북스)

15) James, W. (1890). *Principles of psychology.* New York: Holt. 권석만(1996). 자기개념의 인지적 구조와 측정도구의 개발. 학생연구(서울대학교 학생생활연구소), 31, 11-38.

16) Seligman, M. E. P. (2002b). *Authentic happiness.* New York: Free Press. (김인자 역(2006). 긍정 심리학. 서울: 물푸레)

17) 홍두승(1991). 서울대생의 의식과 생활에 관한 조사연구. 미발표 연구자료집.

18) 이기학, 이경아, 이정화(2008). 2007년도 재학생 실태조사. 연세상담연구(연세대 리더십개발원 상담센터), 24, 45-102.

19) 원호택, 이명선, 김순진(1989). 서울대생의 스트레스 실태조사. 학생연구(서울대학교 학생생활연구소), 24, 80-92.

20) 권석만(1995). 대학생의 대인관계 부적응에 대한 인지행동적 설명모형. 학생연구(서울대학교 학생생활연구소), 30, 38-63.

21) Schmidt, N., & Sermat, V. (1983). Measuring loneliness in different relationship. *Journal of Personality and Social Psychology, 44,* 1038-1047.

22) Pope, K. S. (1980). Defining and studying romantic love. In K. S. Pope (Ed.), *On love and loving* (pp. 1-26). San Francisco: Jossey-Bass.

23) Tennov, D. (1979). *Love and limerence*. Chelsea: Scarborough House Publishers.

24) 김종백, 이루진(2008). 2008학년도 재학생 실태조자 연구. 학생생활연구(홍익대학교 취업진로지원센터 학생상담팀), 22, 125-154.

25) Gottman, J. M. (1994). *Why marriages succeed or fail*. New York: Simon & Schuster.

26) http://www.johngoddard.info

27) Emmons, R. A. (1992). Abstract versus concrete goals: Personal striving level, physical illness, and psychological well-being. *Journal of Personality and Social Psychology, 62*, 292-300.

28) King, L. A. (2001). The health benefit of writing about life goals. *Personality and Social Psychology Bulletin, 27*, 798-807.

29) Roese, N. (2005). *If only: How to turn regret into opportunity*. New York: Random House. (허태균 역(2008). If의 심리학. 파주: 21세기북스)

30) Baumgardner, S. R. (1989). *College and jobs: Conversations with recent graduates*. New York: Human Sciences Press.

31) 대구가톨릭대학교 취업경력개발처 학생상담센터(2008). 2008학년도 재학생 실태조사 보고서.

32) Drucker, P. F. (2002). *The effective executive by Peter F. Drucker*. (이재규 역(2003). 피터 드레커의 자기경영 노트. 서울: 한국경제신문.)

33) Covey, S. R. (1989). *The seven habits of highly effective people*. (김경섭 역(2008). 성공하는 사람들의 7가지 습관. 서울: 김영사.)

34) Gollwitzer, P. M., & Brandstatter, V. (1997). Implementation intentions and effective goal pursuit. *Journal of Personality and Social Psychology, 73*, 186-199.

35) 박명실 외(2008). 2008 신입생 및 재학생 의식조사. 학생생활연구(중앙대학교 학생생활상담센터), 33, 1-73.

36) Weissman, A. N., & Beck, A, T. (1978). Developmental validation of the Dysfunctional Attitude Scale. Paper presented at the

Annual meeting of the Association of Advancement of Behavioral Therapy, Chicago.

권석만(1994). 한국판 역기능적 태도척도의 신뢰도, 타당도 및 요인구조. 심리과학, 3, 100-111.

37) Beck, A. T., Rush, A. J., Shaw, B. F., & Emery, G. (1979). *Cognitive therapy of depression.* New York: Guilford.

권석만(2000). 우울증(이상심리학 시리즈 2). 서울: 학지사.

38) Cohn, M. A. (2004). Rescuing our heroes: Positive perspectives on upward comparisons in relationship, education, and work. In P. A. Linley & S. Joseph (Eds.), *Positive psychology in practice* (pp. 218-237). New York: Wiley.

39) Veenhoven, R. (2003). Hedonism and happiness. *Journal of Happiness Studies, 4,* 437-457.

권석만(2008). 긍정 심리학: 행복의 과학적 탐구. 서울: 학지사.

40) Mischel, W., Shoda, Y., & Peake, P. K. (1988). The nature of adolescent competencies predicted by preschool delay of gratification. *Journal of Personality and Social Psychology, 34,* 687-696.

41) 권석만(2003). 현대 이상심리학. 서울: 학지사.

42) Ben-Shahar, T. (2007). *Happier.* New York: McGrow-Hill. (노혜숙 역(2007). 해피어. 서울: 위즈덤하우스)

43) Emmons, R. A. (1999). *The psychology of ultimate concerns: Motivation and spirituality in personality.* New York: Guilford.

권석만(2008). 긍정 심리학: 행복의 과학적 탐구. 서울: 학지사.

44) Bryant, F. G., & Veroff, J. (2007). *Savoring: A new model of positive experience.* London: Lawrence Erlbaum.

45) Bryant, F. G., & Veroff, J. (2007). *Savoring: A new model of positive experience.* London: Lawrence Erlbaum.

46) 좋은생각. 2008년 3월호.

저자 소개

권석만 교수는 서울대학교에서 17년째 재직하고 있는 임상심리학 전공교수다. 검정고시를 통해 대학에 진학하였으며 대학 재학시절 많은 방황을 경험한 바 있다. 대학원을 마치고 서울대학교 병원에서 임상심리학 수련과정을 이수하였으며, 호주 퀸즐랜드 대학교에서 박사학위를 받았다. 대학교수로 재직하게 된 1993년부터 전공분야의 특수성으로 인해 대학생의 대학생활을 지원하는 상담활동과 보직활동에 관여해 왔다. 수많은 대학생에 대한 상담경험과 여러 대학의 상담사례 지도경험을 지니고 있어 한국 대학생들의 생활상을 가장 잘 알고 있는 대학교수 중 한 명이라고 할 수 있다. 서울대학교 학생생활연구소 상담부장, 사회과학대학 학생부학장, 한국임상심리학회장 등을 역임하였으며 현재 서울대학교 대학생활문화원장을 맡고 있다. 주요 저서로는 『젊은이를 위한 인간관계의 심리학』 『긍정 심리학: 행복의 과학적 탐구』(2009년 대한민국학술원 선정 우수도서), 『현대 이상심리학』(2004년 대한민국학술원 선정 우수도서), 『우울증』 『자기애성 성격장애』 등이 있으며, 『단기 심리치료』 『정신분석적 심리치료』 『마음읽기: 공감과 이해의 심리학』 등의 역서를 발간한 바 있다.

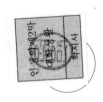

인생의 2막 대학생활

2010년 1월 15일 1판 1쇄 발행
2019년 6월 20일 1판 8쇄 발행

지은이 • 권 석 만

펴낸이 • 김 진 환

펴낸곳 • ㈜ **학지사**

    04031 서울특별시 마포구 양화로 15길 20 마인드월드빌딩 5층

대표전화 • 02) 330-5114   팩스 • 02) 324-2345

등록번호 • 제313-2006-000265호

홈페이지 • http://www.hakjisa.co.kr
페이스북 • https://www.facebook.com/hakjisabook

ISBN 978-89-6330-294-2 03370

정가 13,000원

출판 · 교육 · 미디어기업 **학지사**

간호보건의학출판 **학지사메디컬** www.hakjisamd.co.kr
심리검사연구소 **인싸이트** www.inpsyt.co.kr
학술논문서비스 **뉴논문** www.newnonmun.com
원격교육연수원 **카운피아** www.counpia.com